中国式现代化与
浦东引领区建设

邢 炜 张武君 主编

上海社会科学院出版社

以中国式现代化全面推进中华民族伟大复兴(代序)

冯 俊

习近平总书记在党的二十届三中全会上讲话指出:"新征程上,我们靠什么来进一步凝心聚力? 就是要靠中国式现代化。党的二十大对全面推进中国式现代化作出了战略部署。进一步全面深化改革,必须紧紧围绕推进中国式现代化这个主题来展开。"同时强调:"当前和今后一个时期是以中国式现代化全面推进强国建设、民族复兴伟业的关键时期。"习近平总书记关于中国式现代化的重要论述,为我们准确把握中国式现代化和实现中华民族伟大复兴提供了科学指南。

第一,中国走向并实现现代化的历史进程就是走向和实现中华民族伟大复兴的历史进程,我们经历了从"现代化在中国"到"中国式现代化"的历史性转变。习近平总书记在纪念辛亥革命110周年大会上的讲话中指出:"1840年鸦片战争以后,中国逐步成为半殖民地半封建社会,国家蒙辱、人民蒙难、文明蒙尘,中国人民和中华民族遭受了前所未有的劫难。从那时起,实现中华民族伟大复兴,就成为中华民族最伟大的梦想。"鸦片战争以后,西方列强的船坚炮利打开了中国的大门,西方现代化冲击了中国社会,中国成为了一个半殖民地半封建的国家。落后就要挨打,是刻在中华民族和中国人民心中最深刻的记忆。中国人也想使自己强大起来,从洋务运动的"师夷之长技以制夷"、到孙中山先生的建国方略,都是对西方现代化冲击的回应,但这些都是"现代化在中国",还不是"中国式现代化"。只有中国共产党领导中国人民为完成国家独立、民族解放和国家富强、人民幸福这两大历史任务而奋斗,建立起中华人民共和国、确定了社会主义基本制度之后,才真正走上"中国式现代化"之路。中国式现代化有两个重要因素:一个是中国共产党领导,一个是社会主义制度。

新中国的历史可以分作改革开放前和改革开放后两个历史时期,同样,中国式现代化也可以分作改革开放前和改革开放后两个历史时期。这两个历史时期是我们社会主义建设和中国式现代化探索的两个不同阶段。特别是不能否定改革开放前那个历史时期对中国式现代化作出的贡献。在这一时期,社会主义革命和建设取得了独创性理论成果和巨大成就,为现代化建设奠定根本政治前提和宝贵经验、理论准备、物质基础。

党的十一届三中全会是新中国历史上的一次伟大转折,改革开放是一场深刻的伟大革命,是改变中国命运的关键一招。正是改革开放成为了推进中国式现代化的强大动力,使中国式现代化得到了迅猛发展。党的十八大提出"全面建成小康社会"。如果不是改革开放,中国式现代化就不可能取得如此辉煌的成就。改革开放和社会主义建设新时期实现了人民生活从温饱不足到总体小康、奔向全面小康的历史性跨越,为中国式现代化提供了充满崭新活力的体制保证和快速发展的物质条件,推进了中华民族从站起来到富起来的伟大飞跃。

第二,中国特色社会主义新时代使中国式现代化迈上了新台阶,谱写出时代新篇,开启了强国新征程。党的十八大以来,中国特色社会主义"五位一体"总体布局和"四个全面"战略布局不断推进,确立了继续完善和发展中国特色社会主义制度、推进国家治理体系和治理能力现代化的全面深化改革总目标。深化中国特色社会主义市场经济的体制机制改革,让市场在资源配置中起决定性作用和更好地发挥政府的作用。打赢脱贫攻坚战,消除了绝对贫困问题,在中华大地上全面建成了小康社会。深入实施科教兴国战略、人才强国战略、乡村振兴战略等一系列重大战略,为中国式现代化提供了更为完善的制度保证、更为坚实的物质基础、更为主动的精神力量。中国式现代化使中国创造出世所罕见的经济快速发展、社会长期稳定的奇迹。党的二十届三中全会以进一步全面深化改革、推进中国式现代化为主题,进一步明确到2035年,全面建成高水平社会主义市场经济体制,中国特色社会主义制度更加完善,基本实现国家治理体系和治理能力现代化,基本实现社会主义现代化,为到本世纪中叶全面建成社会主义现代化强国奠定坚实基础。今天,我们比历史上任何时期都更接近、更有信心和能力实现中华民族伟大复兴的目标。

第三,中国式现代化打破了"现代化=西方化"的迷思,现代化不等于西方化,世界各国的现代化既有共同性,又有基于各自国情的独特性,世界上既不存在定于一尊的现代化模式,也不存在放之四海而皆准的现代化标准。习近平总书记在党的二十大报告中指出:"中国式现代化,是中国共产党领导的社会主义现代化，既有各国现代化的共同特征，更有基于自己国情的中国特色。"习近平总书记的这一重要论断深刻揭示了现代化既有普遍性，又有特殊性。现代化是世界各国都要经历的一个发展过程，随着科学技术的进步和生产力水平的提高，每一个国家的现代化进程与该国科学技术进步的发展阶段相关，与该国的社会政治制度和历史发展阶段相关，与其历史文化、人口资源环境等其他国情相关。因为现代化最早出现在西方资本主义国家，和资本主义的发展相伴随，很多人就认为现代化就是"西方化"，或者说只有通过资本主义才能实现现代化，这是对现代化的一种狭隘的理解。一个国家走向现代化，既要遵循现代化一般规律，更要符合本国实际，具有本国特色。中国式现代化为广大发展中国家独立自主迈向现代化树立了典范，拓展了发展中国家走向现代化的路径选择，给世界上那些既想加快发展、又想保持自身独立性的国家和民族提供了中国智慧和中国方案。

第四，中国式现代化是创造人类文明新形态、建设中华民族现代文明、实现中华民族伟大复兴的必由之路。在庆祝中国共产党成立100周年大会上习近平总书记首次讲道，我们坚持和发展中国特色社会主义，五个文明协调发展，创造了中国式现代化新道路，创造了人类文明新形态。在这里，他把中国特色社会主义与中国式现代化新道路、人类文明新形态联系在一起，揭示了三者之间的内在联系。人类文明新形态就是中国式现代化创造的新的文明形态。在文化传承发展座谈会上，习近平总书记指出："对历史最好的继承就是创造新的历史，对人类文明最大的礼敬就是创造人类文明新形态。希望大家担当使命、奋发有为，共同努力创造属于我们这个时代的新文化，建设中华民族现代文明！"在这里，习近平总书记把创造人类文明新形态和建设中华民族现代文明对等起来讲，指出"在新的起点上继续推动文化繁荣、建设文化强国、建设中华民族现代文明，是我们在新时代新的文化使命。"这里把中国式现代化和建设中华民族现代文明联系起来，推进中国式现代化必然要建设中华民族现代文明。中华民族现代文明是植根于中华优秀传统文化、具有中华文化主体性的文明，是中国式现代化创造出来的新文明，是借鉴吸收人类一切优秀文明成果的文明，是引导中华民族走向伟大复兴的文明。因此，我们可以说中国式现代化是创造人类文明新形态、建设中华民族现代文明、实现中华民族伟大复兴的必由之路。

第五，概括提出并深入阐述中国式现代化理论，是党的二十大的一个重大理论创新，是科学社会主义的最新重大成果。中国式现代化理论是习近平新时代中国特色社会主义思想的重要组成部分,是以中国式现代化推进中华民族伟大复兴的指导思想和根本遵循。党的二十大以来,习近平总书记对中国式现代化理论作了系统的阐发。他强调指出,中国式现代化是中国共产党领导的社会主义的现代化,有基于国情的五大特色。中国式现代化是人口规模巨大的现代化,是全体人民共同富裕的现代化,是物质文明和精神文明相协调的现代化,是人与自然和谐共生的现代化,是走和平发展道路的现代化。他提出了中国式现代化的九条本质要求、五条重大原则,还专门论述了中国式现代化应该处理好六对关系的科学方法论等。他强调指出:"中国式现代化蕴含的独特世界观、价值观、历史观、文明观、民主观、生态观等及其伟大实践,是对世界现代化理论和实践的重大创新。"习近平总书记关于中国式现代化的重要论述博大精深、内涵丰富,蕴含着强大的真理力量和实践伟力,使"我们进一步深化对中国式现代化的内涵和本质的认识,概括形成中国式现代化的中国特色、本质要求和重大原则,初步构建中国式现代化的理论体系,使中国式现代化更加清晰、更加科学、更加可感可行。"习近平总书记还把推进中国式现代化与构建人类命运共同体联系起来,认为"实现现代化是世界各国不可剥夺的权利。""现代化道路上一个都不能少,一国都不能掉队。"中国式现代化不仅能使中国人民走向中华民族伟大复兴,还为世界各国人民共逐现代化之梦提供了新机遇、注入了新动能!习近平总书记关于中国式现代化的重要论述是关于人类文明新形态创造的原创性理论,极大丰富和发展了习近平新时代中国特色社会主义思想,开辟了马克思主义中国化时代化的新境界。

第六,党的二十届三中全会深刻揭示了改革开放和中国式现代化的关系,昭示我们进一步全面深化改革必须聚焦中国式现代化,推进中国式现代化必须进一步全面深化改革,两者是紧密联系内在统一的。党的二十届三中全会审议通过的《中共中央关于进一步全面深化改革 推进中国式现代化的决定》(以下简称《决定》),围绕进一步全面深化改革、推进中国式现代化这一主题,用3大板块、15个部分、60条目提出了300多项重要改革举措。这些改革举措涉及体制、机制、制度等多个层面,呈现出鲜明的问题导向和艰巨的制度建设任务。该决定在具体论述进一步全面深化改革总目标时提出了"七个聚焦",即聚焦构建高水平社会主义市场经济体制,聚焦发展全过程人民民主,聚焦建设社会主义文化强国,聚焦提高人民生活品质,聚焦建设美丽中国,聚焦建设更高水平平安中国,聚焦提高党的领导水平和长期执政能力,重点明确,纲举目张。此外,《决定》强调了进一步全面深化改革、推进中国式现代化应该遵循的六条原则,即坚持党的全面领导,坚持以人民为中心,坚持守正创新,坚持以制度建设为主线,坚持全面依法治国,坚持系统观念。以上六条原则既是以往全面深化改革历史经验的总结,也是在新时代新征程上以全面深化改革推进中国式现代化的科学方法论。只有深入学习领会和贯彻落实好这六条重要原则,才能在进一步全面深化改革、推进中国式现代化进程中行稳致远,砥砺奋进。

2021年7月15日,《中共中央 国务院关于支持浦东新区高水平改革开放打造社会主义现代化建设引领区的意见》发布,要求浦东新区在推进中国式现代化方面发挥示范引领作用,当好更高水平改革开放的开路先锋、自主创新发展的时代标杆、全球资源配置的功能高地、扩大国内需求的典范引领、现代城市治理的示范样板,打造全面建设社会主义现代化国家窗口。贯彻落实好党的二十届三中全会精神,浦东新区到2035年将会实现现代化经济体系全面构建、现代化城区全面建成、现代化治理全面推进、城市发展能级和国际竞争力跃居世界前列,为实现中华民族伟大复兴作出更大的贡献。

(冯俊 原中共中央党史研究室副主任,中共中央党史和文献研究院原院务委员、教授)

目 录

改革开放编

浦东首创性改革与引领性开放的特点与前景分析 …………………… 003
浦东服务上海打造国际交往中心城市的理论与实践研究 ……………… 015
关于发挥金融市场优势、强化浦东全球资源配置功能的研究 ………… 027
浦东新区集聚国际经济组织及其作用发挥研究 ………………………… 034
上海自由贸易试验区及临港新片区探索数据跨境流动机制研究 ……… 048

创新发展编

以科技创新催生新质生产力的浦东实践与探索 ………………………… 061
关于浦东因地制宜发展新质生产力、推动科创生态建设的实践思考 …… 071
科技自立自强视角下浦东新区创新链和产业链深度融合研究 ………… 084
加快推动低空经济发展　培育新质生产力 ……………………………… 094
长三角一体化背景下加强新型产业用地规划管理　助推高科技产业高质量
　　发展 …………………………………………………………………… 103
关于推动数字技术赋能浦东高端制造业绿色发展的思考 ……………… 113
提升农业新质生产力　加快实现浦东农业农村现代化建设 …………… 124

城市治理编

从营商到宜商——数字赋能浦东营商环境提升研究 …………………… 137
加强小微企业法律帮扶，全面提升浦东营商环境 ……………………… 150

政务大模型如何赋能数字政府——应用场景与治理路径 …………… 163
数智赋能韧性安全城市建设的路径研究——基于浦东新区城市大脑的
　实践 ……………………………………………………………………… 176
加强社会工作者队伍建设　推进基层治理现代化 …………………… 188
浦东新区锚定引领区建设目标　推动"现代城镇"全面提质升级 …… 196
浦东推动城乡融合发展的理论与实践指向 …………………………… 203
推进浦东新区文化产业高质量发展研究 ……………………………… 215
提升社会主义现代化国际大都市核心承载区文化软实力路径研究 … 228

党建引领编

抓好国有企业领导人员队伍建设　以党建引领助推新一轮国企改革 … 243
浦东以高质量党建引领民营企业高质量发展的路径研究 …………… 253
超大城市城区党建引领物业治理的探索实践——以上海市浦东新区
　为例 ……………………………………………………………………… 268
党建引领乡村治理共同体构建的新内生发展逻辑——基于浦东海沈村
　的考察 …………………………………………………………………… 278
人工智能助力基层党建工作的三维叙事——优势、困境和策略 …… 294

改革开放编

戴文十字街

浦东首创性改革与引领性开放的特点与前景分析

徐全勇　涂佳慧*

摘　要：浦东一直担任中国改革开放的排头兵，在承担国家改革开放的战略重任中取得了卓著的成就。在中国式现代化的新征程上，随着经济发展与改革开放内外环境的变化，浦东需要进一步发挥首创性改革与引领性开放的作用，重点推进"五个中心"的战略任务，加强改革系统集成，建设高水平社会主义市场经济体制，提升全球资源的配置能力，充分发挥国内国际"双循环"战略链接对中国经济高质量发展的推动作用。

关键词：首创性改革；引领性开放；浦东引领区

1990年党中央开发开放浦东，是中国改革开放不断走向深入的标志性事件与重大决策。经过30多年的发展，一座现代化城区已经建成，并且推动上海国际大都市的全球地位不断上升。2020年11月，习近平总书记在浦东开发开放30周年庆祝大会上作了重要讲话，依据推进中国式现代化、实现中华民族伟大复兴的历史使命要求，高屋建瓴地提出了浦东要构建"社会主义现代化建设引领区"的新论断，并对浦东引领区建设的目标与任务做了明确的指示。2024年7月，党的二十届三中全会通过了《中共中央关于进一步全面深化改革推进中国式现代化的决定》（以下简称《决定》），其中明确了进一步全面深化改革的重要性和必要性，为浦东开发开放指明了方向。

纵观全球区域改革开放，一个国家在自己领土内部的小区域建立经济特别区（例如自由贸易区、出口加工区、自由贸易港等），实施特别的经济政策，以便更好加入经济全球化，促进国家经济整体发展，成为普遍的做法。但将某一区域作

---

* 作者简介：徐全勇，中共上海市浦东新区委员会党校副教授，研究方向为政治经济学。涂佳慧，中共上海市浦东新区委员会党校助教，研究方向为经济与金融、科技创新战略与规划。

为一个国家全面现代化的引领区、示范区还是头一次。随后,从中央到地方对浦东引领区相继颁布了《关于支持浦东新区高水平改革开放打造社会主义现代化建设引领区的意见》《落实支持浦东新区高水平改革开放打造现代化建设引领区的行动方案》《浦东新区推进高水平改革开放打造社会主义现代化建设引领区实施方案》等重要文件,科学谋划、精细布局了现代化引领区建设的思路与方案,提出了450项具体任务。经过3年的时间,所有任务事项已全面启动和实施。

一、浦东社会主义现代化建设引领区首创性改革与引领性开放的特点

(一)始终以国家意志与国家战略的重点难点问题为使命,以首创性改革与引领性开放为国家现代化建设进行制度试验与路径探索

浦东引领区建设是中国特色社会主义现代化实践整体的一部分,是上海建设具有世界影响力的社会主义现代化国际大都市的核心区,是推进中国式现代化在浦东的主动探索,在中国现代化建设中发挥着增长极与火车头作用。它将与资本主导下的西方全球城市发展或者区域发展有着本质差异。浦东社会主义现代化全球城市建设与西方全球城市的差异不但体现在城市建设的具象上,更体现在浦东全球城市建设把国家战略意志与战略目标作为城市发展的基本目标,把推动国家改革开放试验、探索与发展社会生产关系,以及推动国家生产力整体的发展作为浦东全球城市发展的历史任务。

1990年4月18日,国务院宣布开发开放浦东,明确指出"开发和开放浦东是深化改革,进一步实行对外开放的重大部署……有计划、有步骤、积极稳妥地开发和开放浦东,必将对上海和全国的政治稳定与经济发展产生极其重要的影响"。中国渐进式改革开放事业经过了10年的迅速发展后,改革开放的深层次问题与难点问题摆在当时的国人面前。针对中国改革开放的要素市场发展滞后、国有企业改革滞缓、深入开放的难度与风险增加等问题,开发开放浦东就是要发展中国要素市场、加快开放不断向深层次广领域发展,因此提升经济发展的层次和水平成为了浦东开发开放的初心使命。党的十四大报告明确要求,开发开放浦东的宗旨就是要尽快把上海建成国际经济、金融、贸易中心之一,从而带动长三角乃至长江流域新飞跃。之后在党的十五大到十九大报告中都对浦东发展做了明确要求(限于篇幅这里不作论述)。2005年浦东新区进行综合配套改革试点获批,国务院对浦东综合配套改革试点提出了"三个

着力、四个结合"的总体要求,即着力转变政府职能、着力转变经济运行方式、着力改变城乡二元经济与社会结构等三个方面任务。这些也是当时国家经济社会改革发展的重点与难点。2013年中国(上海)自由贸易试验区(以下简称"上海自贸区")在浦东正式成立,成为中国第一个自由贸易试验区。上海自贸区是中国进入新时代,不断走向世界舞台中央,更加融入经济全球化的重大举措与重要试验。上海自贸区是中国深入对外开放进行的压力测试与风险检验,也是浦东全球城市建设的新机遇。2015年浦东国家科技创新中心核心区建设,又一次把浦东作为中国经济高质量发展的领头羊。2020年浦东社会主义现代化建设引领区更加要求浦东加快自身的现代化,以及发挥对全国现代化进程的带动作用。在浦东改革开放30周年庆祝大会上,习近平总书记提出了浦东社会主义现代化建设引领区的论断,浦东在中国式现代化新征程上的战略使命更加综合更加全面。

开发开放浦东的国家战略意志与战略意图确立以后,国家改革开放重大战略举措、重大平台、重要设施与重要的改革事项试验相继落户浦东,成为推动浦东改革发展的根本动力。概括起来:一是重要的市场。1990年,浦东就成为国家要素市场改革与建设的集中地,是中国渐进式改革开放由商品市场向资本、技术、土地、信息、人才等要素市场进军的关键节点,是改革开放不断向更深层次、更宽领域拓展的重大举措。中国证券市场、期货市场、金融期货、产权交易、房地产、人才市场等重大市场平台相继落户浦东。近年来,随着新一轮科技革命与产业革命的发展,数据要素市场的重要性不断显现,数据国际交易中心落户浦东。浦东已经成为全球资本市场、要素市场最为集中的城区。二是重要的改革事项。1990年浦东作为不是特区的特区充当改革开放的前锋。20世纪90年代中期,随着服务业改革开放的需要,国家将服务业先行于浦东试点,贸易、金融、航运等产业获得了快速发展。此后,随着上海自贸区的设立,浦东投资贸易体制不断向国际一流靠近,浦东服务业也一直获得先行发展的机会。三是国家重点产业基地的建设。国家信息产业基地、生物医药产业基地、软件产业基地、文化产业示范基地等相继在浦东诞生,浦东拥有上海市的产业基础、优良的区位条件与政策优势,使国家级基地得以快速腾飞。

(二)始终以经济高质量改革与发展为牵引,不断强化浦东对全国经济发展的带动和辐射作用

浦东在开发开放之初,只是一个布局少数石化、钢铁、船舶等重型工业,整体上乡镇工业较为发达的农村地区,是上海市经济发展水平相对落后的郊区。这种经济现状虽然为浦东整体高起点开发、高水准规划减轻了难度,但是浦东高水平发展现代产业的基础较为薄弱。为了更好地担当起上海国际大都市功能转型核心区、带动长江流域乃至全国发展的历史使命,浦东以"高科技先行"和"金融贸易先行"为策略,充分发挥市场配置资源的作用,充分发挥政府手段的优势,充分利用国内外资源,实现了产业跨越式发展。

浦东充分利用自身的区位优势以及上海市的基础,主动对接国家先行先试的政策,积极在城市基础设施、产业发展与市场平台方面创新政策设计,走出了一条经济高质量发展的道路,彰显了社会主义的制度优势。首先是超常规开展城市形态开发。积极利用中国改革开放的机遇与政策许可,创造了"土地实转、资金空转"的土地批租模式,积极探索城市基础设施建设—经营—转让(BOT)政策,推动了浦东基础设施飞速发展。其次是浦东的城市功能迅速提升。利用国家在金融、贸易、自主创新的政策试验,加速引进国内外企业集聚,城市金融中心、贸易中心与自主创新中心的地位迅速上升。再次是锻造区域的整体优势。随着浦东经济总量的迅速增大、上海城市核心区的地位确立,浦东加强了区域整体制度创新,全面塑造区域的竞争优势。自 2005 年浦东进行综合配套改革试点以来,开启了经济体制、行政管理体制、社会治理体系与文化发展体制的全面系统创新,全力锻造区域发展的整体优势。

浦东经济高质量发展迅速跨越了注重引进高科技产业和先进制造业阶段,快速构建起了完善的高科技产业集群与产业链条,进入了加快自主创新、自主发展的阶段。浦东信息技术制造业几乎在一片空白的基础上迅速成为全国领先,拥有全球影响力显著的集成电路产业基地,和集成电路设计、制造、封装测试,以及生产设备完整的产业链条。浦东集聚了国内集成电路设计企业 10 强中的 4 家企业、全国最大的 2 家集成电路制造企业,产业集群的竞争优势不断增强,对中国经济高质量发展起到了有力的支撑作用。生物医药产业走过了引进国内外制药企业、国内外药物研发中心合作生产、自主创新三个阶段,成为具有自主研发能力与全球影响力的"药谷"。金融、贸易、航运现代服务业体系已经形成,全球影响力的资源中心作用不断显现。建设全球现代金融贸易中心是浦东开发开放的初始目标,大力发展高端现代服务业成为浦东产业发展的重点之一。自中国原金融管理部门的"一行三会",即中国人民银行上海总部、证监会上海局、保监会上海局、银监会上海局落户浦东,大批国内外金融、贸易、航运等机构与公司纷至沓来。随着跨国公司总部、贸易公司总部等相关政策的实施与完善,浦东集聚全球跨国公司开展全球经营的条件日臻成熟,浦东现代金融服务产业体系、现代航运服务产业体系与贸易服务产业体系初步具有国际竞争力。受益于国家的支持,国家证券市场、外汇市场、期货市场在浦东设立与运营,浦东已经成为全球资金市场最为齐全的城市,全球金融、航运、贸易高端资源的配置能力日益增强。

(三) 勇于担当高水平开放开路先锋,协同推进改革的系统集成

对外开放是浦东发展的重要引擎,高水平对外开放是浦东开放的使命。自1990年浦东开发开放以来,浦东一直是对外开放的先锋。就各类平台与实体来说,多个第一诞生于浦东,其中包括:国内首个以金融贸易命名的开发区——陆家嘴金融贸易区;国内首个以出口加工命名的开发区——金桥出口加工区;首个综合配套改革试点区——浦东综合配套改革试验区;国内首家钻石进出口交易平台——上海钻石交易所;以及国内首个保税交易市场——上海保税生产资料交易市场;等等。就具体的项目来说,首家中外合资医院——上海莱佛士国际医院、国内首家外商独资职业培训机构——普华永道商务技能培训(上海)有限公司、国内首家中外合资贸易公司——兰生大宇贸易公司等许许多多的第一个开放实体诞生于浦东。这些第一背后是开放政策创新与开放领域的突破,为国家对外开放起到了探索试验的作用。

高水平改革开放始终是浦东的重要使命,从最初国有土地市场化改革的突破、到对外贸易的管理体制改革与外贸质量的提升、人民币国际化的试点等等,对外开放领域依循国家战略需求与开放的目标不断深入。2013年浦东自由贸易试验区设立是中国对外开放的重要节点,是新发展时期中国推进改革开放的重大举措,也是为应对经济全球化新形势、全面深化改革和扩大开放探索新途径、积累新经验。具体而言,包括对外商投资实行负面清单管理,提升外商投资质量;对外贸体制进行单一窗口的便利化管理,发展现代服务贸易;以FT账户为突破口,加速人民币自由化进程;抢抓数据资源机遇,加快国际数据中心建设,推进数据跨境流动,等等。

与开放相伴随的是风险,与开放相适应的是管理水平提升,高水平改革开放倒逼浦东改革的系统集成水平不断提升。首先,建立政务服务"一网通办"制度,满足企业与居民的服务需求。运用先进的信息技术、智能手段,加快实现政务信息跨领域、跨层级、跨部门的互联互通,实现政府服务方式的现代化、智能化。深化政务服务"一网通办",区级涉企审批事项100%实现线上"不见

面审批"。企业和居民办事可以在线上"一网通办"、线下"一窗通办",总体一次办成。其次,建立城市高效运行"一网统管"制度。例如,设立城市运行综合管理中心,充分发挥"一网统管"体系优势和"城市大脑"智慧功能,探索城市设施、市政管理、环境卫生等六大领域的精细化管理,使主动智能发现、快速及时处置问题的能力得到大幅提升。再次,建立完善的事中事后监管体系。具有浦东特点的"六个双"事中事后监管体系的高效运行,为经济高质量发展创造了良好的市场环境。

加强经济高质量发展资源整合,发展的系统集成优势不断显现。浦东新区三大先导产业要建设世界级产业集群,除了需要一流的要素投入以外,必须构建经济高质量发展的系统优势与整体优势。目前,浦东在集成电路领域构建形成了从EDA基础软件、核心产品设计、先进制造封测到装备材料的全链条产业体系,浦东集成电路产业的全球影响力不断提高;生物医药领域构建形成了从靶点发现、药物筛选、临床研究、中试放大、注册认证直至量产上市的全周期创新高地,生物医药产业正在改变对国外依赖的局面;人工智能领域已构建形成了基础研究、创新孵化、品牌集聚、制度支撑的全要素生态优势,人工智能对产业的渗透力不断增强。此外,具有自主知识产权的ARJ21(现名C909)支线飞机和C919大飞机稳健商业化运营,是新型举国体制优势在浦东的生动体现。

(四)践行以人民为中心的发展理念,增强人民享受浦东发展成果的获得感

西方资本主义城市是在资本的主导下发展起来的,资本追求剩余价值的本性促进了生产力的极大发展,推动了城市的现代化发展,但是社会财富的迅速积累与人的价值贬值呈现日益背离的趋势,社会基本矛盾不断加深。西方城市发展的资本特点、空间的异化等在全球大都市中日益突显:大都市破碎化严重、工人的居住问题艰难、平民窟问题积重难返、产业结构固化等。只有在生产资料公有制(特别是土地公有制)下,在党的集中统一领导下,人民城市的目标才能够实现。浦东新区在经济迅速发展的同时,城市的人民特性不断增强。首先是科学系统的规划为人民城市的发展提供了蓝图与约束条件,确保了各类资本与劳动在有序框架内实现合理且稳健的发展。浦东开发开放伊始,就吸取国内外城市发展的经验教训,引入以人为本、绿色发展的理念,"采取轴向开发、组团布局、社会生活多中心、用地布局开敞的城市模式",全面考量城市经济发展与人的社会需求及生态需求,避免资本主导下的城市空间肆意扩张。之后,浦东坚持不懈地推进城市规划体制机制改革,着力解决规划的多头管理和交叉管理,按照人们生活需求日益多样化留出发展空间。2010年,浦东开始实施"两规合一"的管理体制改革,即在编制土地利用总体规划的同时,结合同步编制的城乡规划方案,解决两个规划在编制实施过程中的矛盾。2020年以来,为了进一步推动城市发展更加适合人的发展需要,浦东新区政府大力探索"两规融合、多规合一"的规划体系建设,科学严密统筹谋划人口发展、经济布局、环境保护、国土利用、城镇化格局与人的生活需要相契合,推动现代城市规划体系的形成。其次是逐步加大对社会文化基础设施的投入,保证人民对美好生活的需要得到满足。浦东社会民生投入占一般公共预算支出的比重始终保持在45%左右,教育医疗的发展速度与经济增长同步。再次是不断改革公共服务的方式,提高公共服务的质量。全方位推进"家门口"服务体系建设,全覆盖建成居村"家门口"服务站,街镇社区事务受理中心所有事项全部下沉居村,公共服务的质量与水平不断提高。

二、浦东社会主义现代化建设引领区的不足与差距分析

(一) 全球高端要素的集聚力与辐射力还不强

一是全球金融资本配置能力还不够强。浦东已经成为全球金融要素市场最为齐全、最为密集的地区之一,2022年,浦东集聚了1173家金融机构,拥有股票、期货、债券、保险、信托、外汇等13家金融要素市场。但是受到人民币开放程度的制约,资本的全球配置功能还较弱。资本的对外开放程度还不够高,自由贸易账户跨境交易总额虽然创新高,但总体数量不超过1万亿元,金融开放度与国际金融中心的差距明显。从证券交易来看,中国A股市场北向资金累计净买入创下历史纪录,但总量较小,证券市场的全球资源配置功能不强。从期货交易来看,2023年底白银、锡、镍等15个期货品种成交量位居全球第一,铜、铝、黄金等5个品种成交量位居世界第二,"上海金""上海油""上海铜"等大宗商品价格初显国际影响力,但是其作为全球大宗商品交易的价格发现与套期保值的功能还不强。二是全球航运资源配置能力不够高。2022年,上海港集装箱吞吐量4279万标箱,已连续14年保持世界第一,但是国际中转比例不到20%,特别是航运金融、航运服务发展相对滞后,航运高端资源的全球配置能力还不高。上海机场"全球最大航空枢纽连接度指数"排名第14,特别是疫情结束以后浦东机场的国际航班还未恢复到2019年水平。三是全球人

力资源配置能力不显著。上海当前入境游客占旅游总人数的比例约为10%，而纽约和伦敦等均在30%以上。维基百科（Wikipedia）城市统计显示，上海的外籍出生人口占比仅为0.83%，远低于伦敦、纽约、香港和新加坡30%左右的水平。政策方面，2016年纽约推出了H1-B签证等人才不限额制度；伦敦规定，英联邦国家技术人才无需办理工作签证就可以在伦敦工作两年。浦东在全球人才体制机制创新上虽然走在全国前列，人才集聚成效也十分显著，但是与国际领先城市相比整体上优势不明显。四是全球数字资源配置的机遇还需要抢抓。近年来，浦东的数字经济、数字产业和数字治理发展已进入快车道，《2020联合国电子政务调查报告》将上海"一网通办"经验作为经典案例写入报告，在联合国全球城市电子政务评估排名中，上海位列第九，首次跻身前十。但总体上看，浦东数字资源、数字跨境流通才刚刚起步，发展空间不可估量。

（二）全球价值链生产链的构建与管控能力还不足

一是全球价值链的构建与引领力不强。浦东在全球价值链管控领域总体处于第二梯队，全球高端环节管控和价值链的引领能力仍显不足。2021年，全球主要城市拥有世界500强的排名依次为，北京60家，东京39家，纽约17家，伦敦15家，上海9家，位居第7位，其中浦东6家。2022年5月，浦东认定的跨国公司达到398家，浦东已成为跨国公司投资的热土。但是绝大多数是跨国公司的地区总部或分部，对全球价值链的构建与管控能力还不够强。另外，全球价值链的增值能力也不够强，主要表现为金融服务业、会计服务业、法律服务业的发展水平还落后于纽约与伦敦。二是全球价值链的外部资源吸引能力较强，但辐射能力不足。世界城市指数（GaWC）显示，上海先进服务业和制造业的"点出度"全球排名第7位，逊色于"点入度"，"点出度"仅相当于伦敦的44.9%、纽约的61.8%；说明浦东在全球经济网络中的资源吸引力较强大，但辐射力不足。究其原因，浦东前期城市发展处于资源与要素集聚阶段，所以对资源的吸引力较强，而资源的辐射与扩散力不足。三是当前少数国家采取"逆全球化"的竞争干预政策对浦东价值链升级影响已经显现，而且这种趋势大概率会持续。当前，美国等少数国家采取了逆全球化的做法，对中国技术交流和经贸往来采取了打压与抑制的态度，且大概率这种趋势会持续不可逆转。特别是芯片断供对浦东生产链的影响已经显现，浦东电子信息产业产值近年已经连续出现较大波动。在全球供应链的"两链""三格局"总体态势难以发生格局性变化的情况下，提升自主创新能力与筑强国内创新链成为浦东的必由之路。

(三) 自主创新"策源地"的影响力还不够大

近年来,上海与浦东在全球高水平科技创新中的贡献稳步提高,已达到国际大都市的上等水平。根据上海科学技术情报所发布的2022《全球科技创新中心评估报告》,上海科技创新能力已位居全球第8位,在全球创新网络中的地位仅次于北京,位居国内第二。但是上海在创新质量、创新主体数量、创新趋势上等分项指标上还存在短板,特别是原始性创新数量不多,未能从根本上解决中国技术创新的"卡脖子"问题。此外,浦东自主创新的引领力还有待提高,2021年浦东授权专利数为30 119件(浦东统计月报2022年5月仍沿用2021年数据),不到东京科技集群的1/12、纽约科技集群的1/3。

(四) 经济高质量发展规则与治理的主动权仍需增强

全球经济发展与资源配置规则可分为三个层面:国家参与多边国际组织建立的规则;企业参与国际行业组织建立的规则;全球垄断或者寡头企业利用自身的主导地位制定的规则。浦东在上述三个方面中都不具备主动权。首先,全球投资贸易规则是第二次世界大战后在发达国家主导下构建的有利于资本流动的规则,其歧视性是公认的,但短期内又难以改变。其次,浦东国际组织常驻机构较少,在全球性事务业务中影响力较低。目前,浦东拥有一家国家层面的国际组织总部(金砖国家发展银行),以及为数不少的企业层面与行业组织层面的国际组织。但是与纽约全球非政府机构有3 115家,伦敦有1 361家,巴黎有407家相比,浦东的国际机构数量较少,层级不高。再次,近年来,引进和培育国际组织与机构工作已经受到浦东新区政府的高度重视,正在实施引进国际组织计划,但国际机构的数量与层级都亟待提高,国际话语权与规则治理能力需增强。

三、思路与对策建议

(一) 提升浦东全球资源的配置力与影响力,发挥在国家"双循环"中的作用

面对百年未有之大变局,随着中国日益走向国际舞台的中央,以及构建人类命运共同体的实践不断深入,浦东面临新的发展机遇与新目标任务,必须要有新思路与新举措,落实浦东打造国内外战略链接的战略。一要更高水平推进对内对外双向开放,促进对内对外开放良性互动发展。要转变重视对外开

放的思路,积极推进对内对外双向高水平的开放,对内开放要发挥浦东引领长三角经济发展质量与提高城市群整体竞争力的作用;对外开放要发挥浦东带动中国参与国际经济大循环的作用,做大做强战略链接的功能,促进对内对外开放的良性互动。二是紧紧抓住中国深度融入经济全球化与人民币国际化的机遇,提升金融航运贸易中心的新内涵。随着中国对外开放不断走向深入,人民币国际化的步伐加快,要大力打通人民币国际化的双向通道,大力发展金融贸易航运高端产业,提升金融航运贸易中心功能与地位,建设人民币资产的全球配置中心。三是抢抓新一轮技术革命的新机遇,加快提升经济科技的数字化、智能化水平,促进浦东国际竞争力弯道超车。习近平总书记说:"要牵住数字关键核心技术自主创新这个牛鼻子",浦东要抢抓数字技术、智能技术的机遇,大力推进数字货币、数字航运、数据贸易,促进传统经济数字化智能化改造,实现核心功能的跨越式发展。四是强基筑链,实现自主创新的突破与创新链条的跃迁。在全球经济社会的大变局中,面对疫情与少数国家打压的严峻形势,要立足国内强大的经济体量,加强关键核心技术的研发与突破。

(二) 实施对内外最高水平开放,进一步掌握全球规则的主动权

《决定》中关于经济体制改革的部分明确提出要完善高水平对外开放体制机制,因为开放是中国式现代化的鲜明标识。推进浦东对内对外最高水平开放,一是着力构建金融高水平开放规则与制度。围绕人民币可自由使用与资本项目可兑换的目标,充分利用自贸区金融开放的基础与经验,主动配合国家管理部门,积极推进离岸金融的开放,发展人民币离岸交易、跨境贸易结算和海外投融资业务等,拓宽离岸与在岸金融双向通道。抓紧股票、债券、保险、期货等多层次资本市场制度完善、功能提升与产品丰富,提升"上海价格"的全球影响力,建设人民币全球资产配置中心。二是加快航运高端服务业的开放与发展步伐。加快国际船舶管理服务创新改革,大力推进航运金融服务、海事服务与法律仲裁等航运高端服务业发展,支持航运交易所提升"上海航运指数"的影响力,创新业务订舱、船舶交易等业务。三是建立全球高端人才"直通车"制度。加快落实"高精尖缺"海外人才审核权限下放,进一步提升人才出入境、居留、资格证书认可、创新创业等便捷程度。四是抢抓数字经济、智能经济的先机。加快推进数据交易所与国际数据港的建设,积极推进数据有效流动与有效管理,超前建设新型基础设施,加快推进数字技术、智能技术的推广与运用,大力发展数字金融、数字航运、数字贸易,加快制定数字经济、智能经济的

"浦东标准",积极参与、引领国家与国际标准建设。五是对内开放要有更大的力度。充分利用浦东的金融优势、创新基础优势与开放优势,积极引进国企民企总部与分部,吸引国内"专精特新"企业落户;针对企业的国际业务比重,精准制定实施支持鼓励政策,促进中国跨国公司构建全球生产经营网络。

(三)提升浦东在全球价值链创新链中的地位,发挥浦东自主创新的全球引领力

《决定》中提出教育、科技、人才是中国式现代化的基础性、战略性支撑,进一步全面深化改革要注重构建支持全面创新体制机制。提升浦东在全球价值链创新链中的地位,一是必须突破一批关键核心技术与"卡脖子"技术。推动以张江科学城为主阵地的重大科研装置建设,积极探索重大科技基础设施的运行机制,促进专业研发集群发展,突破一批关键技术"卡脖子"技术。围绕关键技术的价值链、创新链与生产链,落实《中共中央 国务院关于支持浦东新区高水平改革开放打造社会主义现代化建设引领区的意见》(以下简称《引领区意见》)中的企业所得税个人所得税等相关优惠政策,吸引国内外企业的集聚与发展,加快集成电路、生物医药、人工智能领域形成世界级产业集群。二是主动构筑创新链条,提升创新国际影响力。充分利用国家科学设施集聚的优势,积极探索新型举国体制在浦东的运用,构筑联系国内创新资源和辐射全球创新力量的创新链,提升浦东构建全球价值链中的地位与链接能力。主动融入长三角战略,加快建设浦东与长三角连接的立体交通运输体系建设,提升全球航运中心体系硬件水平。主动推进长三角自贸试验区联盟的建设,推动集成电路、生物医药制造等有关政策与长三角地区对接融合,促进浦东产业链条与长三角有关产业的融合与重构,提升产业链的国际竞争力与创造力。三是区域整体创新体系要显现国际竞争力。加快科技创新体制改革步伐,拓宽基础研究、应用研究和产业化双向链接的快车道,创新研发机构的管理模式,加快落实中央《引领区意见》中有关创新激励机制的政策。着力完善全过程的创新孵化体系、全链条的科技公共服务体系、全覆盖的科技投融资体系、全方位的知识产权体系,加大孵化器、加速器建设的力度,促进浦东区域创新体系显现国际竞争力。

(四)加大系统集成改革力度,浦东治理体系要显现中国特色与制度优势

改革既要突出重点,又要注重系统集成。一是加快系统集成改革的力度与步伐。对标《全面与进步跨太平洋伙伴关系协定》等国际高标准经贸规则，积极推进制度型开放，在投资准入、新型国际贸易、高端服务、数据跨境流动、国际商事争端解决等领域实施更深更大的压力测试，为全国探索经验，为浦东全球资源配置提供更加开放便捷的制度环境。二是加强政策系统集成创新，促进价值链的高端产业发展。利用浦东全方位开放、多方面政策的优势，综合运用国家和市有关政策，发挥浦东的优势，加大政策的系统集成创新与微观设计，分别制定实施促进大企业开放式创新中心、全球运营商计划、全球资产管理中心、跨国公司总部等高端产业发展的政策体系，提升价值链中的高端产业，促进价值链核心环节的发展。三是大力引进和支持国际功能性社会组织发展与开展活动。推进国际经济组织集聚计划（GOC），吸引和培育与浦东经济功能相适应的国际商会、行业协会、同业公会等国际经济组织，打造国际经济组织发展与开展国际活动的专业集聚区。四是提升浦东区域治理体系的国际影响力。持续深入推进"一网统管"，拓展管治范围和领域，增加政府服务内容，增强治理功能，率先构建与最开放区域相适应的最高治理水平，使国际资本、人才、技术、信息能够感受浦东治理的吸引力，展现"中国治理"的优越性。五是人民城市建设要彰显国际形象。满足人的全面发展的需求，积极落实人民城市理念与中央有关举措，对标国际一流宜居城市，全面协调推进浦东城市建设、社会建设及生态建设，逐步显现美丽浦东的国际吸引力。

参考文献：

上海社会科学院上海重点产业国际竞争力研究课题组、汤蕴懿、黄烨菁等：《2020年的城市投资监测报告》，《构筑新开放优势，在新发展格局中提升产业国际竞争力——2020—2021上海重点产业国际竞争力指数暨"十三五"上海重点产业国际竞争力研究》，《上海经济》2021年第6期。

邵辛生：《上海浦东新区总体规划初探》，《城市规划》1992年第6期。

丝奇雅·沙森：《全球城市——纽约、伦敦、东京》，周振华等译，上海社会科学院出版社，2005。

徐珺、戴跃华、尚勇敏等：《上海建设具有世界影响力的现代化国际大都市的经济功能及其提升路径》，《科学发展》2021年第12期。

中共浦东新区委员会：《中共浦东新区委员会关于制定浦东新区国民经济和社会发展第十四个五年规划和二〇三五年远景目标的建议》，https://www.pudong.gov.cn/zwgk/qtzcxwj-fgwzcwj/2023/129/309963/ee06ae6130284ef5a8610f6ee2461995.pdf，2020年11月30日。

浦东服务上海打造国际交往中心城市的理论与实践研究

王 畅[*]

摘 要：上海浦东作为中国改革开放的重要窗口，在国际交往中的角色日益凸显。本文从国际交往中心城市的内涵与特征出发，深入研究浦东打造国际交往中心城市的理论基础与实践经验，为全球城市竞争中的浦东发展提供参考思路。文章分析了全球背景下国际交往中心城市的衡量指标、统计维度及上海的排名现状，揭示了浦东在影响力、联通力等方面的显著优势，同时也指出了在宜居、宜商、宜游的吸引力和国际事务影响力等方面面临的挑战。据此提出了具体路径，以期浦东引领区在全球城市竞争中占据更为重要的地位。

关键词：上海浦东；国际交往中心；城市发展策略

一、引言

随着共建"一带一路"高质量发展为全球共同发展搭平台、做增量、添动力，中国构建国内大循环为主体、国内国际双循环相互促进的新发展格局也渐次拉开序幕。作为经济发展最重要的空间载体，城市在全球化中的地位日益凸显，城市间的竞合关系日益强化，国际交往中心城市的建设将成为衡量一个国家和地区国际竞争力的重要指标。

构建"人类命运共同体"理念和共建"一带一路"国际合作需要构建以中国为节点的全球"互联互通"，同时，伴随着中国经济赶超的是中国城市登上全球一线城市舞台。当前上海、北京、深圳的地区生产总值（GRP）分别位列全球第9、10、14位，预计2035年提升至第2、4、7，从亚洲一线城市挤进全球一线城

---

[*] 作者简介：王畅，中共上海市浦东新区委员会党校讲师，研究方向为国家战略。

市。届时中国将有 20 个城市进入全球前 50,超过美国的 12 个。[①]

上海浦东新区作为中国改革开放的前沿阵地,在国际交往中的角色举足轻重。本文旨在探讨和研究上海浦东打造国际交往中心城市的理论基础及实践意义,为深入理解浦东在这一进程中的战略定位提供理论支撑,并为全球城市竞争中浦东的未来发展提供战略分析。

二、国际交往中心城市的概念范畴

"大都市"(mega-city)或者"世界城市"(world city)以其对政治外交、信息流通、人员流动、经贸往来、文化交融、媒介传播等国际交往要素的高度承载力,在新的全球文化秩序和传播地理格局形成中扮演了极其重要的角色。根据清华大学中国发展规划研究院(THU-CIDP)和德勤中国(Deloitte China)共同研究的报告,国际交往中心城市是具备联通和服务世界功能、能够集聚国际高端要素、在全球事务中发挥重要影响的全球性或区域性中心城市,是国际交往动态网络中的关键性节点和枢纽性平台。

从理论上看,学界对国际交往中心城市的研究虽有一段历史,但尚未形成体系。1915 年英国学者格迪斯(Patrick Geddes)提出"世界城市"概念,将其定义为"集聚绝大部分全球性重要商务活动的大城市"。[②] 1966 年英国城市地理学家霍尔(Peter Hall)指出,世界城市是能够对全世界或大多数国家经济、政治、文化等产生影响的国际一流大都市。[③] 1986 年弗里德曼(John Friedmann)提出了衡量世界城市的若干标准,包括主要金融中心、跨国公司总部所在地、国际性机构集中地、主要制造业中心、世界交通枢纽等。[④] 1991 年美国学者萨森(Saskia Sassen)提出"全球城市"概念,指出全球城市是那些能为跨国公司全球运营和管理提供良好服务的城市。[⑤] 但是,上述概念往往只阐释了城市在国际交往中的某些作用,或侧重城市在国际经济分工中的位置,或

[①] 北京大学光华管理学院:《2035 城市发展新格局》,《研究简报》第 129 期。
[②] Geddes, P., *Cities in Evolution: An Introduction to the Town Planning Movement and to the Study of Civics*, London, Williams, 1915.
[③] Hall, P., *The World Cities*, London: Weidenfeld, 1966.
[④] Friedmann, J., The World City Hypothesis, *Development and Change*, 1986, Vol. 17, No. 1, pp. 69–83.
[⑤] Sassen, S., *The Global City*. Princeton: Princeton University Press, 1991.

侧重城市在全球交通网络中的地位,或仅仅从影响力本身进行定义,无法站在整体性、系统性的角度描绘当代国际交往中心城市的共性特征与发展特色。

既有的城市研究涉及多元化的学科视野,"城市国际交往"这个交叉领域的学术面向,可从以下六个维度进行梳理。[①] 第一,外交学和国际关系/国际政治中的主场外交问题。对于重要的政治中心城市来说,如何有效承担主权国家的外交活动,特别是外交关系的处理,已经成为其展示传播主体性的一个重要方面。这一现象强调了城市在国际事务中的角色日益突出,昭示着城市成为国家对外交流的一个重要平台和载体。第二,国际关系中公共外交视野下的城市外交问题。作为公共外交的渠道之一,城市外交可以改善城市国际形象、提升城市国际传播能力,从多元主体和他者视野弥补政府外交框架的单一性,而且更加聚焦针对目标受众的定制化传播。随着数字平台的井喷式发展,城市数字公共外交也在媒介化交往中日益凸显。第三,传播学中城市的可沟通性和国际传播问题。目前关于城市国际传播的研究"规范性理论"(normative theory)较多,多集中于国际媒体和社交媒体平台上的"城市形象"及其传播策略,而对于通过城市这个空间媒介进行的国际或跨文化交流问题关注较少。简言之,从传播的角度看待城市,一方面研究者关注不同主体之间沟通的有效性与共识的构建,以及相关的基础设施建设;另一方面,也注重研究城市在国际传播中的呈现策略。第四,跨文化传播视野中的移民及其文化适应与融合问题。受芝加哥学派的功能主义城市观影响,大都市的移民(以及难民)问题和文化认同问题(跨文化协商/适应/融合)受到广泛关注,研究者多从社会学的功能主义范式来讨论社区建设、移民管理等问题,或从跨文化传播理论来讨论身份认同议题。第五,政治经济学视野下城市在全球资源配置中的角色问题。全球城市被视为在全球经济、政治、文化和社会方面具有重要影响力的城市,它们具备管控资源的能力,特别是在国际生产和信息分配方面。这种能力体现在资本、信息和文化的国际交往中。考虑到资本的流动和集聚,许多大城市致力于成为具有全球影响力的金融中心,并通过高耸入云的城市天际线(资本高度景观)展示其与全球金融体系的密切联系。这些大城市通过公共政策的支持和引导,努力在文化产业、会展经济、大数据产业等领域实现资源要素集聚。具有重要国际联结性的大型文化市场通常集中在不断扩张的大城市空间中,代表这些利益的常常是跨国公司和国际组织。第六,"新马克

[①] 姬德强、闫伯维:《在本土与全球之间:城市国际传播的主体性构建》,《青年记者》2024年第4期。

思主义"视野下的城市空间生产问题。正如亨利·列斐弗尔（Henri Lefebvre）所说，空间的生产是为了修复资本主义危机，调节资本主义矛盾，是资本主义内生的自我调节和修复机制。① 此理论影响了大卫·哈维（David Harvey）等学者，他们通过马克思主义的视角分析城市化、资本积累，以及社会不平等在空间上的体现，强调对资本主义社会中空间发展和城市化进程的批判分析，即城市空间是"第二自然"，是一种社会产物，并非客观的和独立的。综上所述，国际交往中心城市建设涉及了政治、经济、社会、文化、传播、空间等多个维度，依赖不同的学科视角介入，形成了丰富多面的主体性构成以及跨学科研究的可能性。

三、国际交往中心城市的基本特征

《国际交往中心城市指数2022》报告提出，从概念上讲，国际交往中心城市与全球城市或世界城市不同，更加关注一个城市在全球要素集聚、政治经济交往和人文交流等方面的参与程度及潜力，更加看重其对世界格局、国际关系和全球文明的影响力，更加强调拥有全球资源配置能力以及承载这种能力的机构、平台和规则。

国际交往中心城市通常表现出以下十个方面的特征：一是国际政治影响力强，与国家政治实力高度匹配，驻有众多外交代表机构和国际组织。二是经济较为发达，汇聚了人才、资本、技术、能源资源和数据信息等各类经济要素，拥有众多跨国公司总部和国际金融机构，城市发展空间和国际交往场所较为充足。三是具有广泛的世界声誉和极具影响力的城市品牌，具有深厚的历史积淀，拥有地标性文旅资源。四是自然生态优越，气候宜人，具有良好的人居环境和可持续发展能力。五是城市治安良好、社会秩序稳定，居民拥有较高安全感，社会具有较高韧性和弹性。六是形成了特色鲜明、多元包容的城市文化形态，居民文化观念较为开放，对外来文化的接纳度较高。七是拥有国际化的市政基础设施和城市运行管理体系，政务服务、教育医疗、养老托幼、文化体育等公共服务能够尊重和满足国际人士的工作和居住需求。八是拥有国际水准的科研机构和世界一流的科技人才，形成了良好的创新创业氛围，涌现出一批引领性科创平台。九是具备联通国际、通达四方的交通网络和物流体系，是全

---

① ［法］亨利·列斐伏尔：《空间的生产》，刘怀玉等译，商务印书馆2021年版。

球城市网络体系中的重要节点。十是具备符合国际通行规则的制度体系和社会规范，建立起较为开放的政府管理架构和稳定的国际化发展环境。作为一个国际交往中心城市，不一定需要在十个方面同时表现优秀，但至少应在其中某几个方面具有较强的比较优势。

总体而言，国际交往中心城市一般兼具"硬实力"和"软实力"：一方面，有高度的经济开放性和强大的经济实力，吸引并汇集全球的资本、技术、人才等资源，具有广泛的国际联系，体现在频繁的国际商务活动、多元文化的交融、高效的国际交通枢纽地位以及国际组织和会议的举办上。此外，这些城市通常拥有先进的基础设施，包括高效的交通网络、先进的通信设施和高品质的商务环境，以支持高强度的国际交流活动。另一方面，有全球文化、知识、信息、理念交汇点的国际形象，涵盖社会文化层面的多元性和包容性，吸引着全球各地的文化元素，促进了不同文化的碰撞、融合与创新。艺术、音乐、电影、设计等领域的国际交流丰富了城市的内涵，提升了其软实力，使之成为全球文化交流的平台。同时，国际交往中心城市的可持续发展能力不容忽视。它们倡导绿色、低碳的生态环境，注重资源的高效利用，追求经济、社会、环境的和谐共生。通过构建绿色城市，这些城市吸引着高度关注环保的国际企业和人才，也在全球气候变化议题上发挥着示范作用。这些要素共同塑造了国际交往城市在全球城市体系中的独特角色和地位。

四、国际交往中心城市的功能模型

（一）国际交往中心城市的测评维度

国际交往中心城市至少需要具备三方面基本功能：一是能够吸引和集聚国际化高端发展要素，如高端人力资源、商务资源、创新资源、文化旅游资源等；二是能够在全球事务中发挥重要影响，如在国家外交、全球治理、经济发展、科技创新、文化教育、气候变化等领域具有较强的影响力和话语权；三是具备联通和服务世界的功能，如为跨国人流、物流、资金流和信息流提供便利，服务全球商贸活动和人文交流等。基于上述认识，前人从要素集聚水平、影响辐射范围和互联互通能力三个角度，界定了三个一级指标来评价国际交往中心城市的发展现状和潜力，分别是吸引力（attractiveness）、影响力（influence）和联通力（connectivity）。

国际交往中心城市的吸引力是指吸引全球人力资本、物质资本和其他各类高端要素资源流入到本地的条件。通常,在国际上拥有某些独特魅力(charm)或引力(gravity)的城市,更适宜全球高端人才居住,更适宜国际企业投资经营,更适宜海外游客到本地旅游购物。从吸引力的角度看,国际交往中心城市至少应具备适宜居住(宜居)、适宜就业创业(宜业)、适宜投资经商(宜商)和适宜旅游消费(宜游)等特色。

国际交往中心城市的影响力是指在区域性或全球性政治、经济、科技和文化等领域的资源配置和发展引领中扮演重要角色的潜力。国际交往中心城市往往也是经济发展的动力源、科技创新的策源地、国际组织和机构的集聚地、人类文明进步的贡献者。从影响力的角度看,国际交往中心城市至少应该具备参与国际事务(国际事务)、引领科技创新(科技创新)、驱动全球经济(经济发展)以及展现人类文明成就(文化教育)等功能。

联通力是指一座城市与外部世界互联互通的广度与密度。国际交往中心城市往往具备联结各国、沟通世界的强大能力,是所在国联通外部世界的枢纽。一个城市的联通力主要体现为物流基础设施(交通联通)、数字基础设施(数字网络)、信息交换和人员交流平台(商务交往)等与外部世界互联互通的水平,也是支撑该城市开展国际交往、发挥城市吸引力和影响力所必需的基础性条件。

核心理论模型如图1所示。

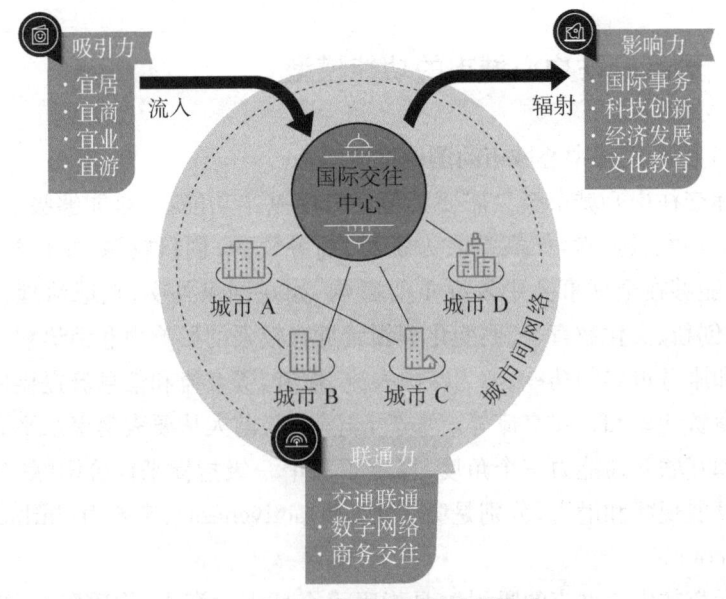

图1 国际交往中心城市功能模型

(二)国际交往中心城市的评估框架

采用的国际交往中心城市指数评估指标体系构成如表1所示,包括3个一级指标、11个二级指标、26个三级指标。详细计算方法和指标解释说明参见清华、德勤两期《国际交往中心城市指数》报告中的技术附录。

表1　　　　国际交往中心城市指数评估指标体系构成

序号	一级指标	二级指标	三级指标	单位	数据来源	三级权重	指标调整
1	吸引力 1/3	宜居 1/12	教育服务	指数得分	经济学人智库全球宜居指数中教育服务得分	1/48	
2			医疗服务	指数得分	经济学人智库全球宜居指数中医疗服务得分	1/48	
3			$PM_{2.5}$空气质量等级	等级得分	Iqair.com	1/48	
4			谋杀犯罪率	受害者/十万人口	联合国毒品和犯罪问题办公室;City-Data	1/48	2024年更新为"犯罪率综合指数"
5		宜商 1/12	世界银行营商便利度指数	指数得分	世界银行	1/12	
6		宜业 1/12	全球创业生态系统指数	指数得分	Startup Blink	1/12	
7		宜游 1/12	入境游客数量	万人	欧睿国际;MasterCard	1/24	2024年调整为1/12
8			入境游客人均消费	美元	世界旅游城市联合会;世界旅游及旅行理事会	1/24	2024年删去此指标
9	影响力 1/3	国际事务 1/12	驻本地外国使领馆数量	个	公开信息	1/36	
10			政府间国际组织总部数量	个	国际协会联盟	1/36	

续表

序号	一级指标	二级指标	三级指标	单位	数据来源	三级权重	指标调整
11	影响力 1/3	科技创新 1/12	非政府国际组织总部数量	个	国际协会联盟	1/36	
12			近五年高被引科技论文数量	篇	科睿唯安	1/24	2024年更新为"高水平科技论文指数"
13			PCT国际专利申请总数	个	《世界创新报告》	1/24	
14		经济发展 1/12	人均地区生产总值（2017年PPP不变价）	国际元	OECD；各国统计资料	1/48	
15			《财富》G500总部数量	个	《财富》杂志	1/48	
16			全球金融中心指数GFCI	指数得分	Z/Yen集团	1/48	
17			GaWC世界城市分级排名	名次	GaWC	1/48	
18		文化教育 1/12	世界遗产数量	个	UNESCO	1/24	2024年更新为1/36
19			全球顶尖高校数量	个	Times；软科高校排名	1/24	2024更新为"全球顶尖高校指数"1/36
20			高水平人文社科论文指数	篇	科睿唯安	1/36 (2024)	

续表

序号	一级指标	二级指标	三级指标	单位	数据来源	三级权重	指标调整
21	联通力 1/3	交通联通 1/9	国际航班联通密度	指数得分	variflight.com	1/18	2024年测算以实际执飞航班为分子
22			国际直航城市数量	个	variflight.com	1/18	
23		数字网络 1/9	固定宽带连接速度	Mbps	Speedtest	1/18	
24			移动宽带连接速度	Mbps	Speedtest	1/18	
25		商务交往 1/9	UFI认可展览数量	个	国际展览业协会	1/18	
26			ICCA认可会议数量	场	国际大会及会议协会	1/18	

五、浦东服务上海建设国际交往中心

(一) 上海目前在国际交往中心城市中的排名

笔者基于上述不断调整优化的指标体系，测算了2022年37个和2024年43个国际交往中心城市的综合得分与排名，上海在各项指标中的排名情况如表2所示。

表2　上海在各项指标中的排名情况

	2022年上海排名(分值)	2022年排名最高城市	2024年上海排名(分值)	2024年排名最高城市
综合得分	16(84.7)	伦敦(100)	11(85.3)	伦敦(100)
吸引力得分	29(77.04)	纽约(100)	37(74.6)	伦敦(100)
—宜居	35(66.9)	东京(100)	35(69.4)	悉尼(100)
—宜商	30(74.3)	新加坡(100)	31(82)	新加坡(100)
—宜业	7(71.4)	旧金山(100)	7(71.8)	纽约(100)

续表

	2022年上海排名（分值）	2022年排名最高城市	2024年上海排名（分值）	2024年排名最高城市
—宜游	11(89.7)	香港(100)	23(67)	伊斯坦布尔(100)
影响力得分	17(77.04)	巴黎(100)	12(82.4)	伦敦(100)
—国际事务	32(66.8)	巴黎(100)	33(66.6)	布鲁塞尔(100)
—科技创新	9(81.7)	旧金山(100)	8(90.1)	旧金山(100)
—经济发展	11(86.7)	纽约(100)	9(88)	纽约(100)
—文化教育	15(74.3)	巴黎(100)	13(74.2)	北京(100)
联通力得分	9(90.01)	巴黎(100)	4(97.2)	新加坡(100)
—交通联通	26(72.6)	伦敦(100)	12(83.6)	伦敦(100)
—数字网络	7(90.2)	哥本哈根(100)	2(99.7)	北京(100)
—商务交往	4(87.9)	马德里(100)	8(81.8)	马德里(100)

根据这两轮国际交往中心城市测评，上海的综合排名从第16位提升至第11位，主要源于影响力和联通力的提高。

可以看出，上海在吸引力方面仍存在差距，宜居、宜商、宜游三个指标的表现仍不尽如人意，在政治外交、国际事务上的影响力也比较有限。当然，上海毕竟是一座非首都城市，其"五大中心"建设也更加侧重经济功能。从国际事务这一指标来看，与北京相比，北京的国际化属性和国际吸引力绕不过其千年古都和亚洲地缘政治重要中心的地位，首都的城市国际化发展能力也随着中国综合国力的持续上升、新时代大国外交成就积累和对全球对多边主义倡导力、推动力而不断提高，这是上海无法也无需比拟的。尽管上海面临宜居、宜商、宜游、国际事务这四个指标方面的短板，但是上海的科创影响力、金融影响力和国际联通力正在稳步提升。在影响力方面，科技创新排名从第9位提升至第8位。高水平科技论文指数排名第5，其中近十年高被引科技论文数量6719篇，排名第4；PCT(专利合作条约)国际专利申请总数相比上一轮评估期提升44%，远高于10.6%的平均增幅。联通力从第9位提升至第4位，尤其是数字网络从第7位升至第2位——固定宽带连接速度(155.1Mb/s)和移动网络连接速度(128.3Mb/s)相比2022年分别提升46%和108%，增幅优于参评城市平均30.3%和35.5%的增速水平。

(二) 浦东服务上海建设国际交往中心城市的路径探索

后疫情时代,跨国政商交流和人员往来受到一定阻碍,但城市间的交往正从短期冲击中逐步恢复,城市发展韧性和抗冲击能力也普遍得到了增强。伦敦、纽约、巴黎、北京、东京等一批具有全球影响力的国际交往中心城市正在纷纷谋划新的战略定位,力争将自身打造成为功能齐备、独具特色的新时代国际交往中心城市,以期在未来全球要素配置中抢占先机、引领发展。例如,伦敦提出到2036年成为"顶级全球城市"的愿景;巴黎的目标是"提升吸引力和辐射力度";北京则提出了"四个中心"的城市战略定位,其中之一就是大力建设国际交往中心。

浦东引领区建设对于提升上海国际交往中心城市的吸引力、影响力和联通力,有着重要意义。实践路径可以从以下几个具体方面考虑:

1. 提升吸引力

一是打造宜居宜业环境。推动形成超大特大城市智慧高效治理新体系,建立都市圈同城化发展体制机制。加快公共服务体系国际化,提升教育、医疗、文化等方面的国际化程度,吸引全球高端人才和家庭。优化城市规划,打造宜居宜业的生活环境,注重环境保护,建设绿色生态社区,提升城市的舒适度和竞争力。

二是构建市场化、法治化、国际一流营商环境。依法保护外商投资权益。扩大鼓励外商投资产业目录,合理缩减外资准入负面清单,落实全面取消制造业领域外资准入限制措施,推动电信、互联网、教育、文化、医疗等领域有序扩大开放。深化外商投资促进体制机制改革,保障外资企业在要素获取、资质许可、标准制定、政府采购等方面的国民待遇,支持参与产业链上下游配套协作。完善境外人员入境居住、医疗、支付等生活便利制度。完善促进和保障对外投资体制机制,健全对外投资管理服务体系,推动产业链供应链国际合作。

三是打造国际消费中心城市。提升城市购物、餐饮、娱乐等方面的国际化水平,吸引全球游客和高端消费者。推动文化和旅游产业融合发展,打造具有国际影响力的文化旅游目的地,提升城市的文化吸引力。

2. 提升影响力

一是打造全球科技创新中心。汇聚全球顶尖科研机构和高校,建设世界级的创新生态体系,提升科技创新能力,引领全球科技发展趋势。加强知识产权保护,吸引全球科技人才和企业落户,推动科技成果的转化和产业化。

二是强化国际合作与交流。主动参与全球治理,积极参与国际组织和国际合作项目,提升上海在全球事务中的影响力。加强与国际知名高校、研究机构、企业等的合作,打造国际化的人才培养和科研合作平台。在国家"一带一路"科技创新行动计划中发挥浦东的引领作用。

三是提升文化软实力。挖掘和保护中华优秀传统文化,积极参与国际文化交流,提升上海的文化软实力。发展国际文化交流平台,支持开展国际文化活动和艺术创作,推动文化产业发展。

3. 提升联通力

一是建设全球领先的数字基础设施。加快5G网络建设,提升网络速度和网络质量,为国际交流提供更加便捷高效的数字通道。二是推动数字经济发展,建设智慧城市,提升城市管理的效率和国际化水平。三是打造国际交通枢纽。优化航空枢纽布局,加强与国际航线的连接,提升上海的国际航运中心地位。做强上海东站,完善高铁网络,加快与周边城市联通,构建高效便捷的交通运输体系。四是推动金融市场互联互通。进一步开放金融市场,加强与国际金融市场的互联互通,提升上海的全球金融中心地位。服务构建"一带一路"立体互联互通网络,加强绿色发展、数字经济、人工智能、能源、税收、金融、减灾等领域的多边合作平台建设。

建设国际交往中心城市是世界主要国家的共同愿景,是形成国际城市交往合作体系的重要基石,是推动全球城市治理现代化和国家治理能力现代化的重要尝试,也是在数字时代探索各具特色的城市发展模式的重要实践,有助于我们深化对人类命运共同体和人类文明新形态的认识。

浦东引领区建设的成功,离不开制度创新、科技进步和开放合作。上海需要不断学习借鉴国际经验,在城市规划、产业发展、文化交流、科技创新、人才培养、基础设施建设等方面持续发力,才能成为真正具有全球影响力的国际交往中心城市。

关于发挥金融市场优势、强化浦东全球资源配置功能的研究

周海成[*]

摘 要:金融市场是全球资源配置功能四大核心要素之一,浦东应该发挥自身的禀赋优势,通过建设更加有竞争力和影响力的金融市场,强化全球资源配置功能。当前浦东金融市场在增强全球资源配置功能中存在的问题有:金融市场国际化程度不足,对数据、资金等要素跨境流动的限制较多,人民币国际化程度不足,等等。因此一是要以国际化为重点,提高上海金融市场的影响力和竞争力;二是要积极改革创新、突破要素跨境流动的制度性瓶颈;三是稳慎扎实推进人民币国际化。

关键词:金融市场;全球资源配置功能

强化全球资源配置功能是新时期上海肩负的重大使命,是习近平总书记多次强调、交付上海和浦东的重要任务。总书记早在 2018 年 11 月上海考察期间,对上海提出了五个方面的工作要求,其中一条就是要"推动经济高质量发展","要"在提升配置全球资源能力上下功夫","全面提升上海在全球城市体系中的影响力和竞争力。"2019 年 11 月他在上海考察时再次强调"要推动经济高质量发展。强化全球资源配置功能,积极配置全球资金、信息、技术、人才、货物等要素资源……加快提高上海金融市场国际化程度。"2020 年 11 月,习近平总书记在浦东开发开放 30 周年庆祝大会上对浦东提出"五个新"的要求,第四条是"增强全球资源配置能力,服务构建新发展格局"。其中特别指出要"提高对资金、信息、技术、人才、货物等要素配置的全球性影响力"。为完成这一任务,浦东应该立足自己的独特优势,开辟具有浦东特点的全球资源配置功能

---

[*] 作者简介:周海成,中共上海市浦东新区委员会党校讲师,研究方向为上海国际金融中心建设、资本市场的改革与发展等。

的增进路径。

一、金融市场建设是浦东强化全球资源配置功能的着力点

(一)强化全球资源配置功能的核心要素

全球资源配置功能由主体、载体、条件、保障四大核心要素构成：主体是机构，即以跨国公司为主的国际功能性机构；载体是要素平台，即资本市场、大宗商品交易平台、技术市场、人才市场、信息市场等；条件是流量，全球资源配置必然是个动态的过程，因此一定要产生大规模流量，包括资金流、技术流、信息流、人才流、商品流等；保障是环境，包括产业服务环境、法治和营商环境等。总体来说，四大核心要素都是强化资源配置功能所必须的，也是衡量全球资源配置功能的重要尺度：一个城市集聚的相关主体(跨国公司、国际组织)越多，拥有的要素市场的竞争力、影响力越大(主要表现在金融要素市场的成交量大、参与者的国际化程度高等)，与世界其他地区的国际联系网络越密集、跨境的交通设施网络越发达、跨境数据流动量越大，以及产业服务环境、法治和营商环境越完善，这个城市的全球资源配置功能就越强大。

(二)强化全球资源配置功能需要发挥自身禀赋优势

上述四大核心要素虽然都很重要，但具体到某一个城市，则要通过抓住重点、发挥长项优势，从而更好地提升自身的全球资源配置能力。从纽约、伦敦、东京等城市全球资源配置功能的形成路径看，都是立足于城市自身特点、与时俱进、不断积累、动态发展的。这些城市的全球资源配置功能并非"全能型"，而是在拥有较强金融、贸易、经济、投资等综合功能的基础上，突出优势功能。禀赋优势是纽约、伦敦、巴黎和东京等全球城市形成全球资源配置功能的重要支撑点。因此上海和浦东同样应该立足自己的独特优势，走出一条具有上海和浦东特点的全球资源配置功能的提升路径。

(三)要充分发挥浦东金融市场的优势、强化全球资源配置功能

金融市场是浦东金融的优势。金融市场的建设与发展有力增强了浦东的全球资源配置功能。目前浦东汇集了上海证券交易所、上海期货交易所、中国金融期货交易所、中国外汇交易中心暨全国银行间同业拆借市场、上海股权托管交易中心、上海钻石交易所、上海保险交易所、上海国际能源交易中心、上海

国际黄金交易中心、中国信托登记公司、中央结算公司上海总部、人民币跨境支付系统 CIPS(二期)等要素市场和基础设施,是全国甚至全球金融市场最密集、最有影响力的地区之一。特别是浦东金融市场的全球定价能力在不断增强,这是金融市场助力上海增强全球资源配置功能的主要表现。其中最具代表性的金融市场和金融产品有:

一是上海期货交易所不断推进期货市场国际化建设。与国际接轨的期货及衍生品体系初步形成,目前已经有原油、集运指数(欧线)、20 号胶、低硫燃料油、国际铜、原油期权等 5 个期货品种和 1 个期权品种直接对境外投资者开放。"上海油""上海铜""上海胶"等价格国际影响力日益提升。比如"20 号胶"期货年成交吨数全球第一,中国每年天胶实物进口量的三成都采用上海期货交易所的"20 号胶"期货价格作为定价基准。

二是上海证券交易所推出了沪港股票市场交易互联互通机制试点(以下简称沪港通),有效助推上海资本市场融入全球市场。自 2014 年上交所开通沪港通以来,上交所不断扩大互联互通的标的范围,优化完善交易安排,丰富标的品种,受到国际和国内投资者的关注和好评。截至 2023 年 7 月底,沪股通累计净流入超过 1 万亿元,成交超过 50 万亿元;沪港通下港股通累计净流入超过 1.2 万亿元,成交 17.2 万亿元。目前,通过沪港通机制,内地和香港投资者可以互相参与投资对方市场的金融证券产品,离岸市场人民币的吸引力增强。这有利于上海国际金融中心建设和人民币国际化,也是上交所助力上海配置全球金融资源的重要平台。

三是中国外汇交易中心于 2017 年推出内地与香港债券市场互联互通合作(简称"债券通")。债券通上线后,境外投资者无需在境内开户,只需在央行上海总部备案,并在香港金管局辖下的债务工具中央结算系统(CMU)开户,由 CMU 在境内开户进行人民币债券买卖。境外投资者不用直接进入境内市场,但实际上所有交易均是在境内完成,这很大程度上便利了境外投资者投资境内的人民币债券市场,成为境外投资者参与中国银行间债券市场的首选渠道。2023 年债券通日均交易额达到 389 亿元,是 2017 年债券通日均交易额的近 18 倍;2023 年参与债券通的境外机构已超 800 家,衍生品交易互换通也已上线。截至 2024 年年底,境外机构持有银行间市场债券 4.16 万亿元,2024 年当年净增持银行间市场债券 4900 亿元,且境外投资者交易的债券大部分为 3 年期以上的中、长期债券,这显示了境外投资者对我国长期社会稳定、经济增长前景的看好。

金融市场是全球资源配置功能四大核心要素之一(即"载体"),因此浦东应该发挥自身的禀赋优势,通过建设更加有竞争力和影响力的金融市场,强化全球资源配置功能。

二、当前浦东金融市场在增强全球资源配置功能中存在的问题

(一) 金融市场的国际化程度不足

从期货市场看:上海期货交易所目前上线的国际化品种仅有6个,占全部32个品种的比例不到19%,因此相关产品期货价格的国际影响力和竞争力偏弱;国际投资者参与度不够高、不够广泛,比如境外特殊参与者、境外中介机构共80多个,大部分位于香港和新加坡,欧洲只有15个,美洲、非洲、大洋洲等则是空白。其背后的一个原因是上海期货交易所旗下的"上海国际能源交易中心"已经在中国香港、新加坡、欧洲取得被认可交易平台资质,但尚未取得其他主要金融市场的相关资质,比如美国就没有把上期所列入其认可的"白名单"。因此国际上一些主流的大基金、大机构不能进入上期所进行交易。上海期货市场的国际化程度不足,导致上海期货交易所尚缺乏全球认可的具有全球定价权的产品。当前全球大宗商品的定价基本还是盯住国外几大国际交易所的价格。

从资本市场看:截至2023年年底上海证券交易所海外上市公司数量仍为零,外资持股、交易占比分别为4%、13%;这个国际化程度与全球顶尖的金融中心纽约、伦敦相比差距明显:纽约股票市场的海外上市公司数约为上市公司总数的28%,外资持股占比约15%;伦敦证券交易所主板市场中海外上市公司的市值约占30.6%,外资持股占比达到54%。

(二) 对要素跨境流动的各种限制影响了浦东金融市场功能的发挥

一是数据跨境流动方面。严格的数据管制影响了商业数据的跨境传输,导致一些跨国企业在上海设立的分支与总部存在"分割"的状况。比如在浦东陆家嘴,全球前十大资产管理公司有9家已经设立了分支机构,但其中一些外资资管机构反映,其全球化投研体系优势难以发挥。大部分国际资产管理机构均建立了全球一体化的研究体系和平台,从全球视野进行企业、竞争对手、行业、生态链的分析,并在全球范围实现研究成果的共享和流通。但在国内,

由于跨境信息传输等障碍,导致境内外的投研体系是分割的,既增加了运营成本,又降低了其全球投研体系的效率和竞争力。

二是资金跨境流动方面。便利资金跨境流动的金融服务体系仍需完善。自贸区自由贸易账户的功能还受到各种限制,很大程度上按照在岸账户进行监管,无法实现资金的自由流动;由于资金跨境收支和双重税收等问题,当前浦东没有境内的基金公司管理境外客户的资金,也没有境外的基金管理人在浦东管理全球的资金;甚至产生了一个怪现象:境内的基金管理人在新加坡、香港等地注册设立一个基本为空壳的投资平台,以该平台的名义管理境外资金,实际的管理人员都在境内,而税收却都流失到了境外。跨国公司跨境资金调配与外汇收付障碍仍然很多。比如自由贸易账户投资功能缺失;离岸贸易外汇收付汇困难;外籍员工工资薪金对外支付不便,额外税负成本高,等等。

(三) 人民币国际化程度需要提升

截至2023年9月,人民币在全球跨境收付中占比是3.71%,这一数字比2022年的2.15%已经大大提高,但是与美元的46.6%、欧元的23.6%相距甚远,也比不上英镑的7.3%和日元的4.2%,排名第五。2023年6月末全球央行持有的人民币外汇储备规模2741亿美元,占比2.45%;而持有的美元外汇储备金额为65769亿美元,占58.88%;欧元储备金额为22303.4亿美元,占比19.97%;日元排名第三,储备金额为6028.6亿美元,占比5.4%。英镑(占比4.87%)和加元(占比2.49%)分别位列第四和第五名,人民币仅排名第六。货币即政治,货币即权力。货币的国际化程度越高,其资源配置的能级越高。当前人民币的国际化程度与中国在全球的经济地位不相匹配,货币国际化程度不足必然影响金融市场调度和配置全球资源功能的发挥。

三、进一步发挥浦东金融市场优势、强化资源配置功能的政策建议

(一) 以国际化为重点,提高上海金融市场的影响力和竞争力

资本市场应以上海证券交易所为枢纽,持续优化市场互联互通机制。继沪市公司发行全球存托凭证(GDR)募资(即西向业务)之后适时启动东向业务,允许伦交所上市公司在上交所挂牌中国存托凭证(CDR);进一步拓展"沪股通"标的;持续丰富跨境投资产品,不断深化ETF互通合作机制;持续提升

国际投资者服务质效；持续优化国际投资者服务，积极吸引境外中长期资金入市，着力打造多元化、专业化、综合化的国际投资者服务体系，要积极组织派团赴境外推介，组织国际投资者走进沪市上市公司、债券市场等，做好中国资本市场政策沟通交流，讲好中国资本市场故事。要活跃资本市场，提振投资者信心，增强上海证券市场对境外资金的吸引力。

期货市场要以上海期货交易所为枢纽，打造世界一流交易所。要逐步稳妥地推动越来越多的上期所的交易品种直接对外开放，同时上期所、上期能源也要加大推介力度，让交易所获得国际上更多监管机构的资质认可，从而吸引全球投资者入市交易，提高上期所大宗商品的价格影响力。同时，上期所应通过其上市的铜、原油等大宗商品指定交割库的优化设置，积极打造大宗商品全球资源配置的枢纽。

（二）积极改革创新，突破要素跨境流动的制度性瓶颈

要发挥浦东作为金融中心核心区和上海自贸试验区主要承载地的优势，加强金融中心建设和自贸试验区建设的联动，通过制度创新突破要素跨境流动的制度性瓶颈。

一是加大对全球跨国公司的服务和吸引力度。要营造更一流的营商环境，推进和完善"全球营运商计划"（GOP），既要根据跨国公司实际的全球业务推进情况给予多元化的财政支持，也要着力构建中资企业出海全球的桥头堡。要便利跨国公司的全球资金调度，争取将自由贸易账户等同于境外账户管理，进一步拓宽企业跨境资金池服务功能。要加大对跨国公司经营和需求情况的调研走访，在通关便利、出口退税、离岸贸易、财税支持、人才吸引、法制保障等方面出台细致入微的服务政策。还要加大国际经济组织引进力度，健全保障国际组织运行的法规制度，提供优惠政策、提升服务水平，争取创设国际机构，积极争取联合国一类二类总部机构和各种新兴的专业技术型国际组织落户浦东。

二是稳妥有序地推进数据跨境流动。浦东要加快推进国际数据产业发展及数据跨境流动领域相关的管理规则和制度，尽快形成相关引导示范案例，实现高效又安全地引导和配置全球的数据资源流动，便利跨国公司发挥全球运营优势在沪运营。2024年3月22日国家互联网信息办公室发布的《促进和规范数据跨境流动规定》明确，自由贸易试验区在国家数据分类分级保护制度框架下，可以自行制定数据跨境流动的负面清单。自由贸易试验区内数据处理者向境外提供负面清单外的数据,可以免予申报数据出境安全评估、订立个人信息出境标准合同、通过个人信息保护认证。浦东要以此为契机,尽快制定数据跨境流动的负面清单,便利跨国公司的数据流动。2024年5月17日临港正式发布全国首批数据跨境场景化一般数据清单,涉及基金市场研究信息共享等11个场景。对在一般数据清单内的数据,可申请登记备案,并在满足相关管理要求下自由流动。但是上述政策仅限于在临港新片区开展数据跨境流动相关活动,所以应该尽快向浦东甚至更大范围铺开,并尽快实现从正面清单到负面清单的转变。

(三) 稳慎扎实推进人民币国际化

2024年7月党的二十届三中全会《关于进一步全面深化改革　推进中国式现代化的决定》明确要求:"推动金融高水平开放,稳慎扎实推进人民币国际化","加快建设上海国际金融中心"。因此,浦东要发挥上海自贸区建设和国际金融中心建设的联动效应,稳慎扎实推进人民币国际化。一是要依托位于浦东的中国外汇交易中心等基础设施,持续优化债券市场直接入市、"债券通""互换通"运行机制,丰富、畅通对外开放渠道,提升境外投资者参与便利度。逐步优化债券通"南向通"相关机制安排,推动其成为境内机构投资全球债券市场的主渠道。二是完善金融市场基础设施,加快跨境支付系统的技术升级和优化,提升交易速度,降低交易成本,打造人民币跨境支付更为便捷的高速通道。三是积极对接各类经济主体跨境投融资需求,依托自由贸易账户提供集成式金融服务;如通过自由贸易账户支持符合条件的集团总部建设全球或区域资金管理中心,提供适配的人民币可兑换金融服务;审慎稳妥地扩大自由贸易账户的功能,通过自由贸易账户逐步推进合格境内个人投资者(QDII2)境外投资改革试点。四是积极探索,在上海自由贸易试验区发展人民币离岸金融业务,为自贸区企业开展离岸贸易提供更好的金融服务。

参考文献:
上海市人民政府发展研究中心:《上海强化全球资源配置功能研究》,格致出版社2021年版。

浦东新区集聚国际经济组织及其作用发挥研究

鲁月棉[*]

摘　要：发挥国际经济组织作用推动更高水平制度型开放是中央赋予浦东引领区的重要使命。近三年来，通过市区两级联动实施"国际经济组织集聚计划"，吸纳国际经济组织入驻浦东并在提升制度型开放水平、自主自强科技创新能力、全球资源配置能力、国际商事争端解决水平等方面发挥了积极作用。与此同时，国际经济组织面临设立程序复杂、运营模式受限、活动报备制度缺乏灵活性等问题，建议通过简化行政审批流程、探索服务"负面清单"、建立业务便利化措施和激励扶持办法等举措，进一步发挥国际经济组织的作用。

关键词：国际经济组织；促进全球合作；参与规则制定

一、国际经济组织集聚浦东的缘起

（一）国际经济组织简述

国际经济组织指的是两个或两个以上的主权国家或民间团体，以相互缔结的公约、条约、协定等制度性文件为共同规范，促进经济合作交流、实现共同经济目标而建立的一种组织形态。

国际经济组织是国家或民间组织之间的合作机构，既不具有独立主权，更非凌驾于国家之上。基于覆盖空间和成员规模，国际经济组织可以分为世界性国际经济组织和区域性国际经济组织。空间和成员覆盖全球范围内大多数国家和地区的，被称为世界性国际经济组织，如国际货币基金组织、世界贸易组织、世界银行集团等；空间和成员局限于某一区域的国家或民间团体称之为

---

[*] 作者简介：鲁月棉，中共上海市浦东新区委员会党校副教授，研究方向为党的建设。

区域性国际经济组织,如欧洲经济共同体、东南亚联盟等。国际经济组织的作用主要表现为:通过相关机制或平台解决全球范围或区域共同面临的经济问题,制定共同遵守的经济制度协调成员国之间的经济活动、仲裁经济活动中产生的争端,促进各国共享资源技术,实现经济共赢发展。

世界贸易组织(WTO)是全球第一个正式的世界性国际经济组织,其建立源于20世纪30年代因贸易保护主义盛行而导致的全球经济萧条。1946年,联合国经社理事会呼吁制定贸易政策破除保护壁垒;1947年年底,23个国家发起签订了《关税及贸易总协定》,作为推动全球贸易自由化的临时契约和临时机构。经过近50年的多方谈判协商,1995年1月1日,世界贸易组织正式成立;次年1月1日,取代之前的关税及贸易总协定。之后,世贸组织成为全球诸多贸易协定的制定者、管理者、监督者和贸易争端协调者,致力于消除国家和地区间的贸易歧视及贸易保护,推动全球贸易透明公开、互利互惠,最大程度实现全球经济一体化发展。此外,世界经济组织(WEO)、国际货币基金组织(IMF)和世界银行等组织通过发挥在国际贸易、国际货币合作、贷款和技术援助等方面的独特功能,成为推动全球经济发展的重要力量。

(二)浦东集聚国际经济组织的政策演进

1. 中央:顶层设计中的工作任务

党的二十届三中全会指出"开放是中国式现代化的鲜明标识",[①]将"稳步扩大制度型开放"作为持续完善高水平对外开放体制机制的具体举措,明确提出要"扩大国际科技交流合作,鼓励在华设立国际科技组织","主动对接国际高标准经贸规则,在产权保护、产业补贴、环境标准、金融领域等实现规则、规制、管理、标准相通相容,打造透明稳定可预期的制度环境。"这成为浦东集聚国际经济组织最重要的遵循。

近年来,中央持续赋予浦东通过集聚国际经济组织推动制度型开放的要求。2021年4月23日,中央发布《关于支持浦东新区高水平改革开放打造社会主义现代化建设引领区的意见》(以下简称《意见》),把"吸引更多国际经济组织和企业总部在中国(上海)自由贸易试验区落户"作为"深入推进高水平制

---

① 中国政府网:党的二十届三中全会审议通过《中共中央关于进一步全面深化改革 推进中国式现代化的决定》,https://www.gov.cn/zhengce/202407/content_6963770.htm?sid_for_share=80113_2,2021年7月18日。

度型开放,增创国际合作和竞争新优势"的具体工作措施。①

2024年1月,中共中央办公厅、国务院办公厅印发的《浦东新区综合改革试点实施方案(2023—2027年)》(以下简称《方案》),要求浦东重点围绕"完善高标准市场规则体系、提升全球资源配置功能、完善开放合作的国际协同创新机制、健全高水平的知识产权保护和运用制度"②等四个方面进行先行先试,并对浦东吸纳国际经济组织作出了详细部署(详见表1)。

表1 《浦东新区综合改革试点实施方案(2023—2027年)》关于加强国际经济组织建设的规定内容

序号	试点领域	具体内容③
1	完善高标准市场规则体系	鼓励商事调解组织开展涉外商事纠纷调解,探索建立既有中国特色又与国际接轨的商事调解制度规则
2	提升全球资源配置功能	创新国际组织管理机制,支持国际组织总部设在浦东新区
3	完善开放合作的国际协同创新机制	吸引和培育国际科技组织,优化注册登记程序,允许在全球范围内吸纳会员,建立健全综合监管机制
		支持国际性产业和标准组织将住所设在浦东新区
4	健全高水平的知识产权保护和运用制度	允许境外知识产权服务机构在浦东新区依法设立常驻代表机构并开展与知识产权相关的跨境业务

2. 地方:上海市委市政府的行动方案

2021年7月,上海市委市政府发布《上海市推进浦东新区高水平改革开放打造社会主义现代化建设引领区行动方案》,提出贯彻落实《意见》的具体举措。其中,重点明确了引领区建设中需要突出的战略定位:其一,着力于改革系统集成和制度型开放,彰显浦东在推进更高水平改革开放上的引领作用;其二,营造更高能级的科创生态,彰显浦东在自主创新发展上的引领作用;其三,打造更具国际竞争力的资源要素配置体系建设,彰显浦东全球配置资源的引领作用;其四,创新超大城市治理,在宜居宜业的人民城市建设中彰显浦东的

---

① 中国政府网:《中共中央 国务院关于支持浦东新区高水平改革开放 打造社会主义现代化建设引领区的意见》,https://www.gov.cn/zhengce/2021-07/15/content_5625279.htm,2021年4月23日。
② 中国政府网:中央国务院办公厅印发《浦东新区综合改革试点实施方案(2023—2027年)》,https://www.gov.cn/zhengce/202401/content_6927505.htm,2024年1月22日。
③ 具体内容中的表达均摘引自《浦东新区综合改革试点实施方案(2023—2027年)》。

引领作用。基于以上战略定位，上海市委市政府提出"六大行动计划"，即全球营运商计划[①]、大企业开放创新中心计划[②]、全球机构投资者集聚计划[③]、产业数字化跃升计划[④]、全球消费品牌集聚计划[⑤]、国际经济组织集聚计划，推动实现引领区核心功能。

国际经济组织集聚计划（简称"GOC"），旨在"吸引与浦东功能优势和产业特色相关的国际商会、行业协会、同业公会、产业联盟、标准制定组织等高能级国际经济组织集聚浦东，充分发挥其规则制定、资源链接功能，促进浦东进一步探索建设与国际通行规则相衔的制度体系，积极参与全球经济治理，扩大国际经济合作，实现更高水平制度型开放。"[⑥]2021年7月28日，浦东将世博前滩作为国际经济组织集聚区，这也标志着浦东国际经济组织集聚计划正式启动。

二、浦东集聚国际经济组织建设的实践

（一）集聚国际经济组织的主要举措

基于中央的顶层设计和上海市委市政府的相关部署，浦东新区区委区政府实施一系列具体制度（详见表2），央、地联动形成了推动国际经济组织集聚浦东的立体化实践举措。

2023—2024年的浦东新区政府工作报告持续强调加快"推动国际经济组织集聚计划"，2023年的《浦东新区打造社会主义现代化建设引领区及深化中国（上海）自由贸易试验区建设2023年度重点工作》将"进一步推进国际经济组织集聚计划（GOC），推动产业链、价值链相契合的国际商会、行业协会等高

---

① 全球营运商计划（简称"GOP"），旨在推动总部企业集聚和总部经济能级提升，统筹发展在岸和离岸业务，拓展全球业务及其培育重点功能。
② 大企业开放创新中心计划（简称GOD），指的是由行业龙头企业或细分领域领军企业发起建立的开放式协同创新平台，旨在吸引全球范围的大企业将创新中心设置在浦东，进而加快构建各创新主体相互协同的创新联合体，优化创新创业生态环境，做强创新引擎。
③ 全球机构投资者集聚计划（简称GIC），主要通过《意见》赋予的重大金融平台，吸引全球知名机构投资者的资金和项目落地。
④ 产业数字化跃升计划（简称GID），主要通过推动新一代数字技术赋能传统产业改造升级，提升重点产业链发展水平，强化浦东新区高端产业引领功能。
⑤ 全球消费品牌集聚计划，主要吸引更多国际国内知名商业主体和消费品牌落地浦东，实现在浦东买全球卖全球。
⑥ 经济日报（微信公众号）：浦东引领区建设将重点从三方面着手，https://www.sohu.com/a/479293093_118392,2021年7月27日。

表2　　近3年推动国际经济组织集聚浦东主要制度文件

发布时间	发布部门	文件/制度名称	主要内容
2021年4月	中共中央、国务院	《关于支持浦东新区高水平改革开放打造社会主义现代化建设引领区的意见》	吸引更多国际经济组织和企业总部在中国(上海)自由贸易试验区落户
2024年1月	中共中央、国务院	《浦东新区综合改革试点实施方案(2023—2027年)》	见表1所列
2021年7月	上海市政府	《上海市推进浦东新区高水平改革开放打造社会主义现代化建设引领区行动方案》	未公开具体内容
2021年7月	浦东新区区委区政府	《浦东新区推进高水平改革开放打造社会主义现代化建设引领区实施方案》	未公开具体内容
2023年3月	浦东新区区委区政府	《2023年浦东新区政府工作报告》	推动国际经济组织集聚计划,打造前滩国际经济组织集聚区
2024年3月	浦东新区区委区政府	《2024年浦东新区政府工作报告》	加快实施国际经济组织集聚计划,扩大国际经济合作,积极参与全球治理
2023年2月	浦东新区区委区政府	《浦东新区打造社会主义现代化建设引领区及深化中国(上海)自由贸易试验区建设2023年度重点工作》	进一步推进国际经济组织集聚计划(GOC),推动产业链、价值链相契合的国际商会、行业协会等高能级国际经济组织集聚发展
2023年12月	浦东新区商务委员会	《浦东新区推动国际经济组织集聚计划(GOC)高质量发展行动方案》	吸引和浦东产业链、价值链相契合的国际商会、行业协会、产业联盟、标准制定组织等高能级国际经济组织
2021年7月	浦东新区世博管委会	《世博地区支持国际经济组织集聚发展扶持办法》(1.0版)	"类海外"营商环境、经济扶持、办公空间租金减免、住房服务、人才服务、国际会议活动支持等八项扶持政策
2022年9月	浦东新区世博管委会	《世博地区支持国际经济组织集聚发展扶持办法》(2.0版)	新八项扶持政策(详见表3)

能级国际经济组织集聚发展"[①]作为重点工作之一。

2023年12月28日，浦东新区商务委印发《推动国际经济组织集聚计划(GOC)高质量发展行动方案》，提出要"持续吸引和浦东产业链、价值链相契合的国际商会、行业协会、产业联盟、标准制定组织等高能级国际经济组织，充分发挥规则制定、资源链接功能，扩大国际影响力。"[②]

2021年、2022年中国(上海)自由贸易试验区管理委员会世博管理局(以下简称"世博管理局")持续出台鼓励国际经济组织集聚浦东的扶持办法。2021年实施了包括"打造高品质的'类海外'营商环境、按浦东新区总部经济政策给予扶持、办公空间租金减免、人才公寓租赁服务、海外人才特别服务"等八项扶持政策。[③] 2022年进一步优化扶持办法，提出办公用房租金补贴、总部经济奖励、首席代表奖励、特殊贡献奖励、注册登记服务、便捷涉税服务、国际职业资格认可、人才乐业服务共计四大类八个方面的具体举措(详见表3)[④]，全方位支持各类国际经济组织在浦东前滩集聚和发展。

表3 2022年《世博地区支持国际经济组织集聚发展的扶持办法》主要内容

政策类别	具体举措	详细内容
补贴政策	办公用房租金补贴	对入驻前滩国际经济组织集聚区L-SPACE空间的国际经济组织，按照能级提供相应面积的免费办公空间
奖励政策	总部经济奖励	对"十四五"期间落户世博地区、经浦东新区商务委认定的国际经济组织地区总部，给予一次性奖励
	特殊贡献奖励	鼓励已落户国际经济组织推荐知名企业、其他国际经济组落户世博地区，评估其综合贡献给予其适当奖励
服务政策	注册登记服务	对拟落户的国际经济组织，安排专员"一对一"服务，沟通行业主管部门，协助其完成登记注册工作
	便捷涉税服务	针对不同国际经济组织的特殊涉税事务，税务部门予以专业指导，帮助机构合规正常运行

---

① 黄琳、吕鑫、张彦军：《上海浦东前滩国际经济组织集聚区发展经验及其对北京的启示》，《科技智囊》2024年3月。
② 浦东发布(微信公众号)：《浦东国际组织"朋友圈"持续扩展，系列重磅活动将亮相世博地区》，https://mp.weixin.qq.com/s/MJSoJbfnQlFOkc7kZwJHEA，2024年6月8日。
③ 浦东发布(微信公众号)：《前滩国际经济组织集聚区助力国际规则对接》，https://mp.weixin.qq.com/s/OxL2hCIWfqFyIhvJncYUxQ，2023年10月8日。
④ 上海市人民政府网站：《世博地区支持国际经济组织集聚发展的扶持办法》，http://service.shanghai.gov.cn/XingZhengWenDangKuJyh/XZGFDetails.aspx?docid=REPORT_NDOC_009199，2022年9月29日。

续表

政策类别	具体举措	详细内容
人才政策	机构首席代表奖励	落户世博地区的国际经济组织首席代表或者国内总负责人，可申请享受人才奖励、租房补贴与特殊人才引进落户绿色通道
	国际职业资格认可	对于纳入浦东新区国际职业资格证书认可清单内的证书持证人员，提供分层分类便利服务工作
	人才乐业服务	人力资源专业服务；为工作人员及家属优先保障世博地区范围内的人才公寓或公租房；协调提供浦东范围内三甲医院就医绿色通道、子女入学等便利服务

（二）入驻浦东前滩的国际经济组织概况

自2021年以来，国际经济组织快速集聚浦东。2024年6月6日，世博管理局举办的"国际经济组织活动月"官方报道显示，截至2024年5月，已有22家国际经济组织入驻浦东前滩。[①] 基于政府官网、国际经济组织官网的公开信息，部分入驻浦东前滩的国际经济组织类别及其概况如下（详见表4）：

表4　　入驻浦东新区前滩的国际经济组织一览表

序号	服务领域	国际经济组织名称	组织概况
1	金融服务	新开发银行（NDB）	全球性国际金融组织，巴西、俄罗斯、印度、中国、南非于2015年共同成立的多边开发银行，旨在为新兴经济体和发展中国家的基础设施及可持续发展项目调动资源，为全球增长和发展贡献力量
2		英国皇家特许管理会计师公会（CIMA）	全球最大的国际性管理会计师组织，致力于企业财务管理及战略决策的研究和开发，为全球提供权威性的高端财务职业资格认证
3	贸易服务	上海亚太示范电子口岸网络运行中心（APMEN）	成立于亚太经合组织（APEC）第22次领导人非正式会议，旨在通过开展贸易便利化及口岸信息化等领域研究、试点项目探索、能力建设等活动，推进亚太地区贸易口岸互联互通，提升贸易便利化水平

---

① 中国（上海）自由贸易试验区管理委员会世博管理局：浦东国际组织"朋友圈"持续扩展，系列重磅活动将亮相世博地区，https://www.pudong.gov.cn/023001003/20240611/781111.html，2024年6月11日。

续表

序号	服务领域	国际经济组织名称	组织概况
4	贸易服务	中国-非洲总商会（马达加斯加）上海代表处	旨在以高端平台和完整的服务体系,加强中非国家之间的文化交流、经贸往来
5	经济服务	国际展览业协会上海代表处（UFI）	是全球博览业最具代表性也是唯一的非盈利组织,通过制定和维护展览会、博览会的质量标准,规范全球展览市场
6		消费品论坛（法国）上海代表处（CGF）	旨在鼓励全球采用有利于消费品行业发展的做法和标准,推动消费品行业商业模式创新,为促进人类的健康和福祉发挥作用
7	航运服务	亚太运输资产保护协会（新加坡）上海代表处（TAPA）	旨在为运输行业提供安全标准、教育培训、信息交流和合作机制,以提高运输资产的保护水平,降低损失和风险
8		英国皇家特许船舶经纪协会上海代表处（ICS）	是全球唯一被认可的有资格设立航运职业标准的国际机构,为提高航运从业人员的职业素养提供培训教育和资格认证
9		英国皇家航空学会上海代表处（RAeS）	是全球历史最悠久最具国际影响力的航空航天专业学会,致力于航空航天技术在全球范围普及,专设民航运输、适航与维修、航电与系统、通用航空、环保设计、结构与材料、无人机等23个专业分会
10	科创服务	世界核电运营者协会（英国）上海代表处（WANO）	全球唯一从事商业核电运营的专业技术组织,旨在通过共同评估、对比和提升绩效,最大程度提高全球核电站的安全性和可靠性
11		帕斯适宜卫生科技组织（美国）上海代表处（PATH）	致力于促进全球公共卫生事业创新,重点推动疫苗、诊断试剂药物研发、医疗器械研发以及公共卫生系统和服务等领域的研发管理创新
12		云安全联盟大中华区（中国香港）上海代表处（CSAGCR）	世界领先的云计算领域国际标准组织,专注于下一代数字安全的技术标准研究与产业最佳实践,构建数字安全的国际生态体系
13	国际商事仲裁服务	国际商会（法国）上海代表处（ICC）	联合国经社理事会的一级咨询机构,通过制定全球金融、贸易、货运等方面的制度规章和相关条约,促进会员之间的经贸往来,解决在国际贸易中出现的相关争议和纠纷,促进市场各类主体繁荣,推动全球经济有序、安全、健康发展

续表

序号	服务领域	国际经济组织名称	组织概况
14	国际商事仲裁服务	韩国大韩商事仲裁院上海代表处（KCAB）	韩国唯一的法定常设商事仲裁机构，首家在上海设立业务机构的外国仲裁机构，开展国际商事、海事、投资等领域的仲裁业务
15		新加坡国际仲裁中心上海代表处（SIAC）	亚太区域最受欢迎、全球排名第二的仲裁机构，全面开展国际商事、海事、投资等领域的仲裁业务

注：表格所列信息截至2024年7月，各国际经济组织基本信息来自其官方网站或政府相关部门官方报道。

三、国际经济组织作用发挥：基于实证案例分析

国际经济组织以其全球视野、全球资源发挥着链接全球资源、促进全球合作、参与规则制定等作用，推动浦东更高水平开放和更高质量发展。

（一）增强浦东的国际影响力和竞争力

从实践看，具有全球影响力的国际大都市往往是国际经济组织总部、全球跨国公司总部的集聚地，这意味着入驻城市与国际经济组织存在着相互促进、共同提升的良性循环。国际经济组织入驻后，通过开展全球性或区域性重大活动，可以让国际商会、行业协会、产业联盟、标准制定组织的全球成员代表与相关机构走进浦东、熟悉浦东，进而增强区域的知名度和影响力。

案例一：消费品论坛上海代表处（CGF）于2024年4月在浦东举行"2024消费品论坛中国日"，CGF中国健康和可持续协作大会、CGF中国数字供应链圆桌大会同期举行，亿滋国际、麦德龙、贝恩公司、麦肯锡、玛氏箭牌等来自全球的400多家全球消费品企业和相关机构的会员嘉宾集聚浦东。为中国提供食品安全认证方案对标体系的同时，将China HACCP认证体系纳入其认证方案对标体系，国内获HACCP认证企业进入国际供应链时可免于验厂审核。

案例二：上海亚太示范电子口岸网络运营中心（APMEN）入驻前滩以来，联动相关组织和单位，围绕促进贸易便利化、口岸信息化建设等内容开

展研讨。如,2023年11月在浦东主办"推进亚太经合组织供应链互联互通框架第三期行动计划实施研讨会",4000余名智慧物流、数字贸易、绿色供应链领域的专业人士参会,推动浦东逐步成为推进亚太地区贸易便利化研究交流中心和规则标准制定地。

(二) 促进浦东更高水平制度型开放

国际经济组织的诞生源于全球开放合作的需求,促进规则、管理、标准等全球共通是国际经济组织最重要的职责和使命所在。入驻浦东的国际经济组织尤其是专门从事行业标准制定的相关国际经济组织,在帮助国内各类市场主体拓宽国际视野、对接国际行业标准的同时,积极促进中国企业参与国际标准规则的制定,让中国标准走向世界,有效推动国内国际两个市场、两种资源高效联动,增强中国的国际影响力和话语权。

案例三:亚太运输资产保护协会(TAPA)为国内相关企业供给航空货运安全标准和货车运输安保要求(TSR),提升供应链国际化水平。上海代表处设立2年来,该组织将标准、教材等实现中文版的同步更新,支持浦东制造商、物流供应商和货运公司建立可持续和有弹性的国际供应链,为浦东新区成为亚太地区国际航运枢纽赋能。

案例四:英国皇家特许管理会计师公会(CIMA)入驻浦东以来,推动全球特许管理会计师(CGMA)权威认证标准落地上海。2024年4月,在浦东首发《全球管理会计原则》(GMAP 2.0)中文版,为中国企业提供国际领先的财务体系标准。此外,该组织为中国财政部提供会计人才职业能力框架国家标准修订服务,与清华大学、中央财经大学等国内60余所高校合作开展高端管理会计人才培养。

(三) 提升浦东自主自强科技创新水平

"全力做强创新引擎,打造自主创新新高地"[1]是中央赋予浦东打造社会主

---

[1] 中国政府网:《中共中央国务院关于支持浦东新区高水平改革开放打造社会主义现代化建设引领区的意见》,https://www.gov.cn/zhengce/202203/content_3635499.htm,2021年4月23日。

义现代化建设引领区的重要任务之一。全球科技创新的实践表明,科技类国际经济组织在推动全球科技创新理念、制定全球科技标准规范、促进科技成果转化和应用、培养科研人才等方面均具有引领作用,是全球科技创新体系的重要组成部分。吸引科技类国际经济组织入驻浦东,对于浦东融入全球创新网络、加强科研领域的全球合作交流、借鉴国际创新经验、吸纳创新人才和创新资源,以及建设具有全球竞争力的开放创新生态具有积极的推动意义。

案例五:帕斯适宜卫生科技组织(PATH)作为成立较早的全球公共卫生创新推动者,自2020年入驻上海浦东以来,调动全球资源为浦东生物医药产业创新发展赋能。如,获得该组织支持的上海泽润生物技术有限公司,于2024年获得宫颈癌疫苗获得世卫组织预认证;与上海生物制品研究所联合开展疫苗研究并完成公共卫生价值评估等。

案例六:云安全联盟大中华区(CSAGCR)上海代表处成立以来,与临港新片区、上海观安信息技术公司等开展数字安全领域规则标准合作。2024年,由CSAGCR研究院发起,蚂蚁集团、科大讯飞等多家中国企业参与编制的"生成式人工智能应用安全测试标准"和"大语言模型安全测试方法"成为国际标准。

(四)增强浦东全球资源配置能力

建设"全球资源配置的功能高地"是中央赋予浦东打造社会主义现代化建设引领区的又一重要任务,而国际经济组织在促进资金、信息、技术、人才等要素在全球流动和配置中发挥着重要作用。自国际经济组织入驻浦东以来,推动各类资源要素来到中国,推动浦东深度融入全球经济发展和治理的功能高地。

案例七:金砖国家新开发银行自2015年成立以来至2024年5月,已累计批准成员国96个项目,贷款总额约328亿美元,超过40%以人民币发行,[1]同时也是中国银行间市场最大的超主权熊猫债发行人。[2] 其中,累计

---

[1] New Development Bank: New Development Bank and Bank of Huzhou Sign Loan Agreement for Sustainable Infrastructure Projects, https://www.ndb.int/news/new-development-bank-and-bank-of-huzhou-sign-loan-agreement-for-sustainable-infrastructure-projects/, May 28, 2024.

[2] 张锐:《金砖国家新方向:从"金砖五"到"金砖+"》,《中关村杂志》2023年8月4日。

批准24个中国项目,投资总额约90亿美元。

案例八:英国皇家特许船舶经济协会(ICS)入驻上海浦东以来,助力航运中心培养高端航运人才。该组织与中国交通运输部职业资格中心、上海自由贸易试验区航运服务办合作开展高端航运人才"双认证"中英航运专才发展计划,为中国吸引并培养国际航运行业顶尖人才。

(五)提升国际商事争端解决服务水平

2022年7月,中央将上海列为国际商事仲裁中心建设试点城市,明确要以提升国际商事争端解决服务水平为目标,打造一批国际一流的仲裁机构,建设国际商事仲裁中心。仲裁类国际经济组织入驻浦东以来,通过规则研究、信息交流、专题研讨等方式,促进国内仲裁机构借鉴国际经验,接轨国际通行仲裁规则,优化仲裁机构管理机制,提升仲裁服务水平。

案例九:国际商会仲裁与替代性争议解决北亚办公室,即国际商会上海代表处(ICC)落户浦东以来,先后与商务部、上海高级人民法院、上海律师协会以及相关高校合作,开展国内仲裁规则修订、国际商事仲裁高级培训以及青年律师国际仲裁业务培训等专业项目,承担国际商会仲裁院"一带一路"委员会秘书处职责。2024年7月4日,浦东举办"首届国际商会中国仲裁日",250余位来自全球各国的资深法官、公司法务总监、律师和仲裁员等争议解决领域的专业人士开展多角度的探讨和交流,为浦东学习借鉴国际仲裁规则提供了平台。

案例十:新加坡国际仲裁中心(SIAC)落户前滩之后,与上海国际经济贸易仲裁委员会共同举办四届"沪新荟"论坛,推进上海与新加坡在法律服务领域的协同创新和交流合作。大韩商事仲裁院上海代表处(KCAB)先后与广州仲裁委员会签订合作备忘录,与深圳市律师协会开展法律实务教育与研讨论坛等方面的合作。

四、国际经济组织作用发挥存在的问题与对策思考

(一) 当前面临的主要问题

目前,国际经济组织在中国的活动主要依据《中华人民共和国境外非政府组织境内活动管理法》以及《境外非政府组织代表机构登记和临时活动备案办事指南》等相关法律法规和规章进行。国际经济组织在中国境内开展活动,应先取得行业主管部门的同意,然后在公安部门进行登记,但不包括开展临时活动的情况。相关法律主要基于国家安全的视角提出管理要求,但对国际经济组织发挥其独特作用及参与国内经济治理的针对性规定不多。

笔者座谈调研了英国皇家特许管理会计师公会(CIMA)、亚太运输资产保护协会(新加坡)上海代表处(TAPA)、英国皇家航空学会上海代表处(RAeS)、世界核电运营者协会(英国)上海代表处(WANO)、消费品论坛(法国)上海代表处(CGF)等相关组织的负责人,发现国际经济组织在华开展业务过程中存在的问题主要有:

1. 设立程序复杂且服务开展受限

一方面,相关海内外文件的准备、审核、批复需要协调多个部门,不同的审批意见会导致返工,审核批复时间长。另一方面,运营模式受到较多限制。国际经济组织只能在中国境内从事非直接经营活动,不能签订任何协议,也无法收取费用和开具发票。这导致一些国际组织在华的业务基本无法开展或处于停滞状态。

2. 业务监管灵活性有待提升

国际经济组织在华开展业务活动均需遵循入驻时提供的《目录》要求并实行年度计划报备制度。在实际运行中,基于中国实际和新兴产业发展需要及时调整,这给国际经济组织的业务开展带来了困境。一方面,临时性应急性的业务开展面临困境。如,世界核电运营者协会负责人谈道,核电类事故往往是应急事件,来不及提前报备,这一制度设计框架下组织很难在应急事件中发挥作用。另一方面,涉及业务调整时,审批部门会非常谨慎,不仅增加沟通成本,也阻碍了工作高效进行。

3. 归口监管方式有待优化

一方面,现有法规的监管部门与国际经济组织业务开展发挥作用的实际监管之间存在一定的匹配差距。另一方面,涉及业务范围变革或跨领域应用场景

时,监管职责无法精准匹配,导致监管部门回避或实行严苛监管等难点问题。

(二)进一步发挥国际经济组织作用的对策思考

基于浦东集聚国际经济组织的战略定位和实际运行中存在的问题,建议通过创新管理规范、扶持和激励措施以及与国内相关社会组织建立合作交流等方式进一步发挥国际经济组织的作用。

1. 创新国际经济组织管理规范

积极推动国家层面开展国际组织立法,明确国际组织来华开展相关业务和国内社会组织参与国际事务相关法律。对国际经济组织在华开展相关业务进行先行先试探索。

一是探索建立"负面清单",实行分级管理。借鉴自贸区制度创新做法,重点探索在经济、贸易、会计、金融、科技创新等领域从业时的"负面清单"制度,通过"禁止类"和"限制类"的管理政策,并基于其遵守法律和作用发挥等信用情况,开展分类管理和等级评定,动态调整负面清单。二是简化行政审批流程。主要包括简化业务或活动报备流程,对于常规和低风险活动实行简易备案或报备豁免,对于重大活动、临时性活动缩减审批周期和手续,厘清国际组织"双重管理"部门的职责和要求。三是探索在华开展业务便利化措施。在保持非营利性的前提下探索开放有限度营利活动,主要包括:允许国际经济组织在华代表处开具发票和收取费用,简化税务登记和报税流程;允许国际经济组织在华设立子公司,开展咨询服务、培训项目等有限度的营利活动,获取必要的资金支持其非营利活动。

2. 优化国际经济组织扶持激励制度

在现有的吸纳国际经济组织集聚政策的基础上,基于国际经济组织开展的相关业务活动,制定扶持激励政策。

一是建立常态化政府与社会组织的沟通机制。通过定期召开由国际经济组织和相关管理部门共同参加的工作例会,了解国际经济组织运行的相关问题与诉求,及时予以解决或动态完善管理举措。二是设立创新发展奖励机制。鼓励国际经济组织在围绕引领区建设的重要领域、重要任务上发挥作用,基于中国实际推动相关规则标准创新。建立相应的评估标准,基于其业务开展的实际贡献,给予适度的扶持和奖励。三是建立适度的财政扶持机制。对一些规模较大的国际经济组织的管理团队或高管除提供服务保障外,参照引领区相关制度给予个人所得税税收优惠政策,吸纳高质量社会组织人才集聚。

上海自由贸易试验区及临港新片区探索数据跨境流动机制研究

许建标[*]

摘　要: 促进数据跨境安全有序自由流动是中国扩大高水平对外开放的重要内容之一。上海自贸试验区及临港新片区在中国基本法律框架和现行具体实施办法基础上,通过制定数据跨境流动分类分级管理办法,编制数据跨境场景化一般数据清单,建立支撑数据跨境流动全过程的核心功能平台,强化技术与基础设施底座,布局数据跨境双向流通平台,形成了促进数据安全自由流动的有效机制。为进一步优化数据跨境流动机制,应继续发挥自贸试验区先行先试的制度创新优势,加快落实数据分类分级管理制度,提升数据跨境流动服务水平,不断探索建立监管的新模式。

关键词: 数据跨境流动;数据安全;自由贸易试验区;临港新片区

近年来,为顺应数字经济高质量发展趋势,适应更高水平对外开放需要,中国积极探索构建数据跨境流动的有效机制。希望借助这一机制的构建,既更好地促进数据依法有序自由流动,又切实保障数据安全,保护个人信息权益。为尽早实现这一目标,当前中国数据跨境流通的制度体系正在不断完善中,各地在实践层面正进行试点探索。上海自由贸易试验区及临港新片区积极探索数据跨境流动机制创新,充分发挥从"苗圃"到"森林"的示范作用。

一、中国数据跨境流动的制度环境

目前,中国借鉴既有国际实践,立足发展与安全,已基本构建起具有中国特色的数据跨境流动制度体系。这一制度体系主要体现为基本法律与具体实

---

[*] 作者简介:许建标,中共上海市浦东新区委员会党校副教授,研究方向为财税理论与政策、公共政策。

施制度两个层面。

(一) 中国数据跨境流动的基本法律框架

中国已基本构建起以《网络安全法》《数据安全法》和《个人信息保护法》等法律为基础的数据分类分级管理及数据跨境流动的制度框架。其中《网络安全法》要求关键信息基础设施的运营者(指符合《关键信息基础设施安全保护条例》相关规定,经认定的关键信息基础设施的运营者),明确其对于境内个人信息和重要数据出境应进行安全评估。《数据安全法》则指出要促进数据跨境安全自由流动,制定相关管理办法。而《个人信息保护法》主要对个人信息的跨境提供活动做出具体规定,要求个人信息处理者向境外提供个人信息的时候满足相关条件,应分别通过安全评估、保护认证、标准合同三种方式履行保护义务,并明确要求其履行对个人的告知义务。

(二) 中国数据跨境流动的具体实施制度

在法律明确数据分类分级管理及数据跨境流动条件的基础上,中国相关部门通过制定具体的实施制度及鼓励基层探索,加快数据跨境流动机制的完善。

1. 界定数据分类分级规则及数据出境的相关概念

中国国家标准委员会已制定并于2024年10月1日起实施《数据安全技术 数据分类分级规则》。该国家标准主要用于指导各行业、各地区、各部门和数据处理者开展数据分类分级工作。其中,数据分类按照先行业领域分类、再业务属性分类的思路进行。具体而言,按照行业领域,可将数据分为工业数据、电信数据、金融数据、能源数据等;各行业各领域主管(监管)部门可再根据本行业本领域业务属性,对本行业领域数据进行细化分类。同时,该国家标准根据数据在经济社会发展中的重要程度,以及非法泄露或利用对国家安全、公共利益等造成的危害程度,将数据等级分为核心数据、重要数据、一般数据三个级别。关于数据出境活动,由《数据出境安全评估办法》等规定做出界定,主要包含数据跨越国界的传输、转移行为,以及尽管数据尚未跨越国界但能够被境外的主体进行访问的行为等。[①]

[①] 具体包括:一是数据处理者将在境内运营中收集和产生的数据传输、存储至境外;二是数据处理者收集和产生的数据存储在境内,境外的机构、组织或者个人可以访问或者调用;三是符合《个人信息保护法》第三条第二款情形,即在中华人民共和国境外处理中华人民共和国境内自然人个(转下页)

2. 规定数据跨境流动的三种具体管理制度

目前,中国数据跨境流动的具体管理方式明确为数据出境安全评估、个人信息出境标准合同和个人信息保护认证三种。这三种方式已通过制定相关的具体落实办法,基本构建起中国特色的数据跨境流动管理体系。(1)数据出境安全评估。数据处理者满足《数据出境安全评估办法》和《促进和规范数据跨境流动规定》规定的情形,应当通过向国家网信部门申报数据出境安全评估。[①] (2)个人信息出境标准合同或个人信息保护认证。根据《促进和规范数据跨境流动规定》,这两种数据出境管理方式具有选择性,即数据处理者可以选择适用其一,而且主要适用于除关键信息基础设施运营者之外的数据处理者。[②]《个人信息出境标准合同办法》对"标准合同"途径下的个人信息出境要求做出具体规定,要求境内提供方向所在地省级网信部门备案,提交标准合同等材料。个人信息跨境处理活动认证属于国家推荐的自愿性认证,鼓励符合条件的个人信息处理者和境外接收方在跨境处理个人信息时自愿申请个人信息跨境处理活动认证。另外,在《促进和规范数据跨境流动规定》中列示了可以免于上述三种出境监管方式的一些情况。[③]

二、上海自贸试验区及临港新片区探索数据跨境流动机制的实践探索

近年来,中央多次要求上海自由贸易试验区及临港新片区在数据跨境流

(接上页)人信息的相关活动,包括以向境内自然人提供产品或者服务为目的,分析、评估境内自然人的行为等情形,以及在境外处理境内自然人个人信息等其他数据处理活动。

① 具体满足下列情形之一:一是对于关键信息基础设施运营者,当其向境外提供个人信息或者重要数据时;二是对于关键信息基础设施运营者以外的数据处理者,当其向境外提供重要数据,或者自当年1月1日起累计向境外提供100万人以上个人信息(不含敏感个人信息)或者1万人以上敏感个人信息。

② 具体包括自当年1月1日起累计向境外提供10万人以上、不满100万人个人信息(不含敏感个人信息)或者不满1万人敏感个人信息的,数据处理者应当依法与境外接收方订立个人信息出境标准合同或者通过个人信息保护认证。

③ 主要包括:国际贸易、跨境运输、学术合作、跨国生产制造和市场营销等活动中收集和产生的数据向境外提供,不包含个人信息或者重要数据的;二是在境外收集和产生的个人信息传输至境内处理后向境外提供,处理过程中没有引入境内个人信息或者重要数据的;三是为订立、履行个人作为一方当事人的合同,如跨境购物、跨境寄递、跨境汇款、跨境支付、跨境开户、机票酒店预订、签证办理、考试服务等,确需向境外提供个人信息的情况。

动领域开展先行先试的探索。2022年发布的《中国(上海)自由贸易试验区临港新片区条例》中明确，新片区要推进国际数据港建设、打造全球数据汇聚流转枢纽平台，探索制定低风险跨境流动数据目录，建立数据跨境流动、数据合规咨询服务、政企数据融合开发等公共服务平台等。2023年发布的《国务院关于进一步优化外商投资环境加大吸引外商投资力度的意见》中提出，支持上海等地试点探索形成可自由流动的一般数据清单，建设服务平台。为完成这些任务，上海自由贸易试验区及临港新片区在数据跨境流通方面坚持需求导向、问题导向，加快探索跨境数据流动管理新机制，依靠制度创新、平台建设和设施优化的"三位一体"支撑，力争成为数据要素"中国方案"走向全球的"桥头堡"。

（一）探索制定数据跨境流动分类分级的具体管理办法

根据国家数据分类分级保护要求，临港新片区在2024年2月制定发布《中国(上海)自由贸易试验区临港新片区数据跨境流动分类分级管理办法(试行)》。其目的是在落实分类分级管理的前提下确保数据跨境安全、自由流动。该《管理办法》明确了数据分类分级工作的总体框架和安全监管要求，结合上海"五个中心"建设，围绕重点领域及新片区相关行业的发展要求，从跨境需求最迫切的一些典型场景入手，按从高到低的分级标准，将跨境数据进行核心数据、重要数据和一般数据分级，并确定了相应的管理方式。

（二）编制发布跨境数据分类分级管理清单目录

临港新片区以问题为导向、以场景为落点，根据《管理办法》率先探索推进低风险跨境流通数据目录。临港新片区管委会结合区域产业特点，聚焦企业、行业存在急迫需求的业务场景，于2024年5月16日发布三份一般数据清单，分别是《中国(上海)自由贸易试验区临港新片区智能网联汽车领域数据跨境场景化一般数据清单(试行)》《中国(上海)自由贸易试验区临港新片区生物医药领域数据跨境场景化一般数据清单(试行)》和《中国(上海)自由贸易试验区临港新片区公募基金领域数据跨境场景化一般数据清单(试行)》。在上述一般数据清单的编制过程中，临港新片区相关部门前期调研走访50多家外资企业，召开10多轮企业座谈会、专家论证会，邀请企业全程参与编制论证工作，梳理出重点领域、相关场景、主要数据字段。对于上述一般数据清单内的数据，数据处理者向临港新片区管委会申请登记备案，并在满足相关管理要求的情况下可自由跨境流动。一般数据清单试行期限为自发布之日起一年整，试行结束后将依据实际情况做出调整更新。

(三) 加强数据跨境流动功能平台建设

临港新片区积极推进功能平台建设,建成支撑数据跨境流动全过程的数据跨境安全评估服务、数据流动公共服务管理、数据存证监管一体化、技术与数据要素支撑、技术标准化与国际互认合作等五大核心功能平台,功能已经基本覆盖数据传输、备份、登记、存证、安全自评估、安全合规治理、数据安全防范、数据要素流通配置、数据真实性核验、科技创新服务、数据标准化与国际互认合作等各个环节。其主要做法包括:

一是以核心支撑企业为抓手,建设多个功能性平台。由联和投资、上海信投和临港科技城等重要国企联合组建上海临港新片区跨境数据科技有限公司(下称"跨境数科")。跨境数科是新片区管委会认定的"数据流通临港科技创新型平台"、上海市市场监督管理局认定的"上海市技术标准创新基地(跨境数据流通)"、上海市商委认定"数字贸易国际枢纽港示范区"的主要建设单位之一。根据政府统一部署,跨境数科先后承建"数据流通公共服务平台""安全合规综合治理平台"等功能性平台,并代表临港国资参股"国家(上海)新型互联网交换中心"。为确保数据出境评估实现闭环,坚持"放得开、管得住",临港跨境数科配合临港新片区管委会搭建"事前备案、事中存证、事后核查"三个功能平台,构建数据跨境全流程管理体系,面向数据处理者提供"一站式"的数据跨境流动合规服务。前期已开展小范围试点验证,通过对相关企业的监督检查,未发生过超出备案范围传输数据的情况。

二是建设数据跨境服务中心,为数据处理者提供全方位、全流程数据跨境服务。在上海市委网信办的指导和支持下,临港新片区设立数据跨境服务中心,通过数据跨境流动的"绿色通道",帮助数据处理者高效合规地开展数据跨境流动的相关工作。数据跨境服务中心面向上海全市企业开放,服务范围包括材料受理、业务咨询等各个环节,真正做到了全方位、全流程一站式服务。对企业组织提出申请的场景,没有发现敏感和重要数据的,经临港新片区管委会备案通过即可。如发现重要数据或较难判断的场景,将交由上海市委网信办分析评估。

(四) 积极试点国际规则标准互认合作

在深入研究对标《全面与进步跨太平洋伙伴关系协定》《数字经济伙伴关

系协定》等高标准经贸规则的基础上，临港新片区主动探索开展国际云服务、国际数据技术外包服务等新型国际数据业务，在电子票据互认、数字身份互认、电子提单互操作、数字支付互操作、沪港医疗保险信息互认等多个领域，与新加坡、香港等国际数据枢纽城市推进试点合作。临港新片区积极推动发展互信互利的国际数据流通与合作，积极联系对接东盟、欧盟的相关行业组织，推动行业性的标准互认合作，帮助更多中国企业走出国门，实现数字化转型与国际化发展。

（五）不断强化技术与基础设施支撑

临港新片区加快建设一套对标国际先进水平的数据基础设施，为数据存储和处理提供基础设施支持，提升数据流动的效率和安全性。目前已初步建成国际海光缆、"国家（上海）新型互联网交换中心""国际数据港核心数据中心""创新试点专用数据机房"和"国际数据传输专用通道"等新一代高能级信息基础设施。临港新片区正和新加坡、中国香港等地探索创建功能性数据设施、新型海底光缆登陆站等基础设施。与此同时，临港新片区围绕区块链、隐私计算、数据安全容器、国际数据空间等新技术与新模式，打造30余个联合实验室，开展新型数据流通技术和应用研究，提高创新实践场景的流通应用和安全治理水平，力争在确保安全底线的前提下，更充分地发挥数据资源的使用价值。

（六）布局数据跨境双向流通平台

位于上海自贸试验区的上海数据交易所于2023年4月24日启动国际板，推动数据要素市场更高水平对外开放，成为国内首家开设国际板的数据交易机构。国际板从打造数据进口市场起步，进一步扩大到数据跨境双向流通，并在此过程中探索数据出境的新方式与新机制。截至2024年4月，国际板专区挂牌数据产品已超过百个，对接国际数商超20家，业务内容涉及生物医药、金融、商业、人口统计等数据服务。从实际情况看，相关进口数据产品具有较强的实用价值。比如，智慧芽信息科技（苏州）有限公司在国际板挂牌的系列产品中有来自海外权威专利机构，可供国内相关企业用于科研与商业决策。

三、优化数据跨境流动机制面临的主要挑战与困难

面对国际、国内跨境数据治理日趋复杂性和多元化的趋势，在管理机制上

既要满足日益增长的数据跨境流通需求,又要确保数据安全合规,这对中国的相关制度措施完善形成一定挑战。

(一) 面临全球差异性规则和高标准经贸规则的挑战

由于缺乏统一的国际数据流动标准,不同国家和地区的法规和政策差异性导致数据跨境流动的复杂性增加,容易形成数据壁垒。当前,全球尚未形成统一的数据跨境治理框架,不同国家或地区基于自身的国家安全、数据主权、个人信息保护人等因素考虑,制定了侧重点不同、各个层次的数据跨境规则。法规政策的差异性导致数据出入境的各类审查措施设置各不相同,数据自由与数据安全之间冲突和融合成为现实难题。[①]

而数据跨境流动规则正逐渐成为国际高标准经贸规则的重要内容,但中国目前在签署的经贸协定中,涉及相关数据跨境流动的规则与 CPTPP、DEPA 等这些高标准经贸规则仍存在一定差距。在未来中国加入 CPTPP、DEPA 等高标准协定进行谈判时将面临压力。另一方面,美国等国家对中国参与全球数字治理持排斥和干预立场,试图构建跨境流动"小圈子"将中国等发展中国家排除在外。这对中国参与国际数据流动治理、数据主权、社会经济等构成不小挑战。

(二) 数据跨境流动国内监管还存在制度性障碍

中国现行制度规范中的一些重要内容多为概括性表述,这对数据的法律属性类型识别带来了模糊性和不确定性,数据跨境流动监管的实施标准和落地措施仍需要进一步细化。其中,重要数据的认定标准和识别机制不健全是关键性问题。虽然国家有关部门围绕部分领域出台了重要数据认定相关制度,但目前大多数行业依然缺乏精准化、可操作的重要数据分级管理办法,各行业主管部门对一般数据、重要数据都有自己的定义标准,企业难以"对号入座、依规操作",加上海量、多样且不断增加的场景和数据,也使得监管部门在短期内难以明确界定重要数据,导致企业数据出境审批慢、周期长。

(三) 数据跨境流动监管技术水平仍相对滞后

数据本身具有虚拟性、流动性等特征,而且现实中场景复杂、实时跨境数

---

① 郭雪娇、高天书:《数据跨境流动:现实困境与破解路径》,《南方金融》2024 年第 6 期。

据传输流动规模大、流动速度快、容易隐匿等,使得对其跨境流动监管和执法难度较大。相对于这些挑战,中国目前在跨境数据流动监管技术的供给能力上还存在不足,数据跨境专业合规人才紧缺,难以准确、高效地进行数据甄别和追踪,一旦疏忽,容易产生监管事故。[①]

(四)市场主体对数据跨境流动准备不足

经济全球化推动外商投资、跨境业务等业务合作,市场主体数据跨境流动需求强烈,但也面临着个人数据违规收集、大数据技术滥用、数据泄露等跨境流动风险,一旦违规,将面临严厉的处罚,不仅导致经济损失,还会影响到国家安全和个人隐私保护。但从现实情况看,国内一些市场主体在数据跨境流动的合规性、技术架构和风险管理等方面准备不足,主要表现为对数据跨境合规认知程度不高、供应链风险控制与管理难、自身技术与监管标准难适应、合规人才严重不足等。

四、进一步完善数据跨境流动机制的思路与建议

党的二十届三中全会要求"建立高效便利安全的数据跨境流动机制"。2023年12月,习近平总书记在考察上海时,要求扎实推进浦东新区综合改革试点,稳步扩大规则、规制、管理、标准等制度型开放。为此,上海自贸试验区及临港新片区将力争在数据跨境流动的机制创新方面做出进一步的探索,更好地发挥突破带动作用。

(一)进一步发挥自贸试验区先行先试的制度创新优势

中央对自贸试验区在数据跨境流动方面赋予先行先试的授权,上海自贸试验区及临港新片区要充分利用这一优势,继续在制度创新上寻求突破。首先,要加强对美国、欧盟、日本等国家和地区以及相关国际组织的数据跨境相关规则、法律法规的研究,推进数据跨境、数据要素安全等国际标准的研究,将相关内容融入到制度创新中。其次,积极开展数据交互、业务互通、监管互认、服务共享等方面国际交流合作,促成相互信任的机制的建立。再次,继续大力推动跨境数据流动监管政策试点和机制创新,并不断优化完善,加快形成可复

---

① 宋华盛、周建军:《跨境数据流动监管难题及应对之策》,《国家治理》2024年第7期。

制、可推广的制度成果。

(二) 进一步落实数据分类分级管理制度

重点数据识别和数据风险等级确定需要更加清晰的相关标准和落地措施。中央要求上海自贸试验区在这些方面率先进行探索。未来，上海自贸试验区及临港新片区将进一步积极有序地推进一般数据清单和重要数据目录的编制工作，继续以编制"企业可以直接遵照执行、政府可以精准审核监管"的清单为目标，坚持"一般数据清单＋负面清单"相结合的工作路径，围绕数据跨境流动中企业最为关切的场景和管理规则不清晰的环节，编制发布更多场景、更多领域的字段级一般数据清单。在此基础上，形成场景化、精细化、可操作的字段级别的负面清单，为国家完善全行业全领域的数据跨境制度供给积累实践经验。近期，临港新片区正和有关部门积极沟通，争取在金融业务、再保险业务、航运贸易业务等领域发布一般数据清单。在实践中不断探索建立数据出境监管的新模式、新方法、新手段，做到精准执法、高效监管。

(三) 切实提升市场主体数据跨境的合规意识及优化服务

通过聘请行业内外部专家开展数据跨境法规和案例培训、宣讲等各种途径，使企业意识到数据合规的重要性，鼓励企业对现有数据出境活动进行全面的风险识别，涉及跨境业务的企业应建立数据出境安全评估和风险监测机制，建立跨境数据响应处置与数据留档为核心的跨境数据安全技术体系架构，确保个人数据、重要数据的跨境流动安全，保证数据出境的合规性。鼓励行业协会等机构建立合作共享和交流平台，开展数据跨境理论与实践的研讨与交流。坚持以需求、问题为导向，进一步完善五大核心功能平台及数据跨境服务中心建设，优化市场主体数据跨境服务。

(四) 大力推进数据流动人才引进培养与技术研发

上海自贸试验区及临港新片区应更加注重培养和引进数据科学、网络安全等领域的人才，提升数据管理和技术应用水平。随着跨境数据流通日益频繁，政府和企业对数据合规专业人才的需求也在加速增长。可通过相关政策促进高校、专业培训机构、行业协会、企业等重视对数据跨境专业人才的引进和培养。充分利用和引入资源，鼓励企业和科研机构进行数据分类分级技术、隐私计算技术、区块链技术等相关技术的研发，推动数据安全和隐私保护技术的创新。

参考文献：

陈兵、杨鎏林:《数字企业出海数据安全治理国际合作机理研究》,《辽宁师范大学学报(社会科学版)》2022 年第 5 期。

田应鑫:《全球数据跨境流动治理研究综述》,《法学》2023 年第 6 期。

创新发展编

以科技创新催生新质生产力的浦东实践与探索

王 果 吴启明[*]

摘 要：党的二十届三中全会提出，健全因地制宜发展新质生产力体制机制。新质生产力的培育以新发展理念为思想指引、以科技创新为根本驱动力、以未来产业培育为主要着力点。立足当下，展望"十五五"时期，面对复杂严峻的内外部发展环境，浦东新区围绕全面打造社会主义现代化建设引领区的战略任务，更需要推动科技创新，培育新质生产力，加快提升科技创新策源能力，以科技创新推动产业创新，以改革创新释放发展动能，构建更具吸引力的创新生态，打造更具竞争力的人才综合服务环境，建设具有全球影响力的科技创新中心核心区。

关键词：新质生产力；一流企业；创新生态

一、浦东新区培育发展新质生产力的实践

浦东新区坚持把改革开放的成果体现在高质量发展的成效上，努力为各类企业、机构、人才创造良好的营商环境和创新创业环境，推动产业能级不断提升，各种新技术、新产品、新模式、新业态不断涌现，为培育发展新质生产力打下了雄厚基础。

（一）新赛道新动能显现"乘数效应"，新兴产业发展势头更加强劲

浦东政府关注产业未来、布局未来产业，以科技创新引领现代化产业体系

---

[*] 作者简介：王果，上海市发展改革研究院改革创新研究所所长、正高级经济师；吴启明，上海市发展改革研究院改革创新研究所副所长、高级经济师。

建设,硬核新兴产业发挥重要支撑作用。2024年,新区集成电路销售收入达到2464亿元,约占全市75%;生物医药产业规模达到3782亿元,约占全市40%;人工智能产业(规模以上企业)规模达到1447亿元,约占全市40%。规模以上战略性新兴产业工业总产值7358.81亿元,占全区规模以上工业总产值比重达到53.9%。国产C919大型客机完成首架交付,CR929(现名C929)远程宽体客机首架开工建造,中国首艘全球最大江海联运型液化天然气船实现交付,第二艘国产大型邮轮开工建造。

(二)做强创新引擎催生"化学反应",科技创新策源能力持续增强

浦东着重科技创新在生产领域的广泛应用,依靠科技创新转换发展动力,扎实推进建设具有全球影响力的科创中心核心区基本框架体系。张江科学城已建、在建和规划的国家重大科技基础设施已达12个。加快建设张江国家实验室、李政道研究所、脑科学与类脑研究中心、量子科学研究中心等新型研究机构,推动极端条件物质、智能算法、脑科学、量子计算、太赫兹技术等基础科学研究。授牌75个大企业开放创新中心,赋能小微企业超过2600家。截至2023年11月,浦东新区共建有194家创新型孵化器,累计培育高新技术企业近700家,其中科创板上市企业11家、独角兽企业28家。

(三)优化创新生态构建"热带雨林",创新企业活力不断激发释放

浦东着力构建"组织、开放、创新、功能、平台、空间、人才、保障"八大体系,创新生态也不断"进化"。在市场主体登记确认制、市场准营承诺即入制、绿色金融、新型研发机构、智能网联汽车等领域出台9部浦东新区法规,累计达到15部。制度创新领域"首单"案例不断涌现。路易达孚在芝加哥期货交易所成功开展大豆期货交易套保试点,由工商银行总行提供金融服务,成为全国首单。澳大利亚力拓矿业商贸(上海)有限公司走通"美元签约、人民币结算"路径,是上海自贸试验区的"首个案例"。2023年,新增科技"小巨人"企业和"小巨人"培育企业47家,累计725家,占全市比重为25%;新认定高新技术企业1703家,有效期内高新技术企业数4922家,占全市比重为20%。

(四)创新资源要素集聚"蓄势赋能",创新人才高地建设持续推进

浦东积极吸引和集聚引领产业发展的博士后科研人才和海外留学创业人才及团队,促进新兴科技领域人才队伍结构优化和自主创新能力提升,在大力

引进人才的同时,坚持自主培养这一人才来源的主渠道,努力培养造就更多大师、战略科学家、一流科技领军人才和创新团队、青年科技人才、卓越工程师、大国工匠、高技能人才。经过 30 年的开发开放,浦东已经成为海内外高端人才集聚度最高的区域之一,现有人才资源总量超过 170 万人,重点产业国际化人才占比超过 4%。

二、浦东新区科技创新驱动产业创新存在的问题

近年来,浦东培育发展新质生产力,成果斐然。但对标国内外一流城市创新能力,浦东创新链产业链融合发展面临若干"堵点""断点",主要表现在以下"四个偏弱":

(一)科技创新驱动力偏弱,产业链创新链的深度融合不够

培育新质生产力强调科技创新对产业发展的引领作用,浦东新区在从创新链到产业链的"基础研究+技术攻关+成果产业化"转化接力机制方面有待健全。一是激励机制效用不够凸显,高校和科研院所在人员编制、薪酬管理、成果权属界定、成果收益分配等管理和运行机制上突破力度不足。二是国资管理对成果转化的束缚仍未得到系统性解决,如何保障高校权益、解决科研人员和管理人员"不敢转"问题有待解决。三是新型研发机构制度改革创新力度不够,对接高校院所、组织各类创新资源的能力不强,作为平台资源的集聚效应和平台枢纽功能不及预期。四是一些研发与转化功能型平台机构能级不高,部分机构长期依赖财政"输血",并且受制于财政资金使用的各种局限,一些平台功能发展不够、"自我造血"能力不足。五是缺乏枢纽型平台,从事成果转移转化的平台机构虽然较多,但能够从产业化方向牵引基础研究、应用基础研究的枢纽型平台稀缺;技术创新所需要的基础研究支撑需求难以系统、精准地传递到高校院所,造成基础研究、应用基础研究与产业存在"两张皮"现象。

(二)产业转型带动力偏弱,一流企业的引领带动性不明显

充分发挥企业创新主体作用,是提升科技创新的核心驱动力,以及加快培育新质生产力的必然要求。对标世界最高水平,浦东新区世界一流企业数量相对不足,创新引领功能有待强化。一是缺乏标志性领军企业,虽然浦东新区的优质企业总体数量不少,但目前仍然缺乏占据产业"生态位"高端、拥有对产

业链价值链高度掌控力、可以代表浦东品牌的标志性领军企业。二是创新引领能力不足,与国际先进的创新企业相比,整体上浦东新区一流企业在创新实力上的表现仍然相对逊色,PCT申请量等指标与国内领先地区相比仍有差距。三是"大企业病"现象较为普遍,部分企业习惯于低水平横向规模扩张,体制机制改革滞后,导致不同程度地出现治理失灵、体制僵化、反应迟钝、创新动力不足等问题;一些知名民营企业在发展壮大后也因法人治理结构缺陷、路径依赖等问题,不同程度出现"大企业病"现象。

(三) 前沿技术突破力偏弱,拔尖创新人才的培育发掘不足

近年来,浦东集聚了一批具有世界影响力的科学家、创新团队、科技人才。但总体而言,科技创新领域各层级都存在人才缺口,既缺少具有世界级影响力的顶级大师,又在复合型人才、专业技术人才等方面存在较大结构性短缺。一是人才要素供给水平有待提升。当前浦东重点产业人才紧缺,其变化呈现"一紧四缓"的特点,尤其是智能制造产业人才紧缺程度加重;中国芯、未来车、航运贸易、蓝天梦等产业趋缓,人才短缺情况有所缓和;在"人才供求""人才流动""人才招聘周期""人才数量""人才质量"等方面都有明显短板。二是人才国际竞争力仍与世界一流城市有差距。从全球范围来看,浦东新区人才竞争力相较于主导城市仍存在差距。近年来,虽然连续放宽国际人才来沪限制,通过实施更加开放、更加便利的政策吸引外国人才,但是相较于美国等传统移民国家,浦东海外引才政策力度有待加大。三是针对高端人才的政策力度不足、覆盖面不够。浦东针对高端人才的政策力度较弱,突破性不足,多数政策只是参考国家政策标准,体现不出自身的特点和竞争力。比如"人才20条"中人才户籍直接引进的范围,仅包括创业人才、创业投资管理运营人才、企业家人才等五类,政策实施后两年累计引进人数不到1万人,远远满足不了科创中心建设需要。

(四) 新兴业态成长力偏弱,创新生态体系的政策环境不够优化

浦东既有丰富的人才、资本、数据等创新要素,又被赋予改革创新优先自主权,但科技创新受商务成本高、载体有限等资源禀赋限制,制约了产业活力和发展动力。一是针对高风险基础研究投入不足。浦东是长三角地区研发投入强度最高的城市区域,但总体水平与国内先进地区和发达国家依然存在较大差距。从投入结构来看,浦东基础研究资金主要来源于政府支持,未能有效

鼓励企业、科学基金会等非政府组织等更多类型主体参与。二是支撑产业创新的制度体系还不完善。浦东的部分创新孵化载体仍以提供物理空间等基础性孵化功能为主,对在孵项目缺乏资金支持、资源配置方面的深度介入,未能与高校、产业园区的创新成果有效结合。三是金融科技氛围不浓。投资中国独角兽企业最多的24家机构中,有10家机构的总部位于北京,3家位于上海。浦东新区相对缺乏类似红杉、中金、高瓴等具有影响力的"大IP",对于资本集聚的引领带动作用不足。新区独角兽国资市场化运营和管理机制还不够完善,国有创投机构运营缺乏灵活性。

三、浦东新区以科技创新催生新质生产力的思路建议

发展新质生产力,关键是科技创新和制度创新"两个轮子一起转",因地制宜形成高质量发展源源不断的澎湃动力。具体到浦东新区,发挥参与自贸试验区、综合改革试点等国家战略优势,通过深化改革和扩大开放进一步推动科技创新,着力打通新的生产方式、新的科学技术和新的产业形态,促进新质生产力加快发展。在生产要素上,突出人力资本特别是高水平人才的核心作用,完善人才培育、引进、使用、合理流动机制;在创新主体上,突出企业的主体地位,聚焦独角兽等准一流企业向世界一流企业跨越,发挥产业创新引领作用;在创新链条上,补全补强产研融合环节,发挥好新型研发机构等平台作用,为产业创新提供支撑;在创新生态上,适应新质生产力的发展需要,针对新经济、新业态、新模式创新包容审慎的监管体制机制。

(一)聚焦创新环节,以"质"为关键释放创新内生动力,推动产研深度融合发展

健全科技创新成果转化机制,加快科研成果从技术到样品到产品再到商品的转化。以企业和市场需求为牵引,引导高校院所的科研活动直接面向市场,实现创新资源与企业需求由偶发式匹配向体系化黏合转变,推动科技成果转化为现实生产力。

1. 大力培育新型研发机构,提升成果转化功能

加强对重点领域新型研发机构建设及体制机制创新探索,借鉴北京经验,围绕新型研发机构探索构建与国际接轨的治理结构和市场化运行机制、财政经费稳定支持和负面清单管理模式、构建多元绩效评估体系和科技成果及知

识产权赋权规定等新机制。引入第三方专业化管理,做强浦东新区新型研发机构品牌,充分发挥第三方力量,做好新型研发机构的认定、运营管理、绩效评估、资金投入、布局规划、政策创新和服务保障等工作,推动新型研发机构的建设更加贴近区域产业发展和经济社会的实际需求。

2. 改革创新主体评价考核指标,完善激励科技成果转化体制机制

把科技成果转化绩效作为重要指标,纳入高等院校、科研机构、国有企业创新能力评价约束性考核指标,激发高校成果转移转化的积极性。将成果转化纳入科研人员职称评审指标,激发科研人员创新与转化的积极性,出台地方性规范和引导性的指标,引导科研人员摆脱单一追求发高影响因子的文章、高被引文章的惯性,加强以解决实际问题为导向的成果转化。推广代表性成果制度,包括技术推广、成果转化等业绩成果均可作为代表性成果参加职称评审。

3. 打造高效能科技企业孵化器,不断塑造创新创业新优势

与科技领军企业展开深度合作,开放研发需求、市场订单、应用场景等资源,推动在孵企业进入领军企业的产业链、供应链,孵化关键技术链上下游企业,有效释放培育新质生产力的新动能。借鉴北京的先进做法,以新范式孵化器深度挖掘前沿技术,支持孵化器不断创新孵化范式,激励国家实验室、国家重点实验室、新型研发机构等创新主体组建国际一流创业孵化组织,挖掘具有转化价值的前沿技术,培育未来企业和早期颠覆性创业项目。

(二)聚焦创新主体,以"新"为指引增强产业核心竞争力,努力培育世界一流企业

围绕培育和发展新质生产力,以培育世界一流企业为抓手,增强产业核心竞争力。充分发挥政府的支持和引导作用,助推准一流企业实现跨越,切实打造形成和持续扩大具有产业核心竞争力的世界一流企业群体。

1. 建立准一流企业发现机制

将企业挖掘服务前置化,借鉴深圳经验,设定评价指标,遴选出独角兽、准独角兽、瞪羚企业,并及时将其纳入培育库中,由主管部门与入库企业对接,做好融资服务和上市培育工作。探索建设准一流企业动态数据库和数字化培育平台,构筑可持续的准一流企业培育梯队,加强对相关企业的跟踪监测和分类指导。创新准一流企业发现方式,扩大准一流企业发现范围,发掘重要行业领域和未来产业领域具备核心技术、有望跃升至引领地位的企业,重视"隐形冠

军""单打冠军"。

2. 建立准一流企业"服务包"机制

借鉴北京市的经验,将独角兽企业服务纳入重点企业"服务包",与准一流企业建立"一对一"深入对接和联系,对重点企业一企一策,明确专职联络部门和服务管家,提供专业咨询等增值服务,对"服务包"中的准一流企业开展定期评估、滚动更新,既满足企业的共性需求,又精准解决企业持续发展的个性问题。统筹建设好准一流企业"服务包"专窗平台,落实"首问负责制",紧扣时间节点有序推进,确保按时按质回应和处理好准一流企业发展中的诉求。

3. 探索针对独角兽企业开展"包容审慎"监管创新

围绕绿色低碳、元宇宙、智能终端等新赛道产业以及未来健康、未来能源、未来材料等未来产业,建立准一流企业"包容审慎"监管目录库。强化场景驱动,加快推进未来产业生态建设,提高现有应用场景的系统性和协调性,面向未来产业新场景探索试点监管创新,完善场景开放机制。建立完善新兴企业辅导监管机制和市场执法容错机制,对一时看不准的行业、领域和企业,可设置一定的"观察期",优先采取教育提醒、劝导示范、行政指导、行政约谈等前置指导和柔性执法方式。

(三)聚焦创新要素,以"人"为根本激发创新创造潜力,促进教育科技人才一体发展

聚焦拔尖创新人才的自主培养、全球顶尖创新人才的吸引与集聚、人才链与"三链"的深度进阶融合,为新质生产力的形成注入人才动能,提供人才支撑,发挥人才红利。

1. 形成教育、科技与人才一体化的跨学科体系和产教融合模式

推进教育、科技和人才要素资源的统筹配置,充分发挥人才、企业、国家实验室、高校、中介机构等多元创新资源的作用,以促进与创新活动相关的各行为主体之间形成要素新组合,提升人才效能,实现科教要素的扩散。一是建设科教融合学科交叉的培养平台。建议高校设立跨院系、跨专业的研究机构,在有组织的高水平科研实践中培养学生的创新能力、实践能力和创新自信。推动研究机构的重大科研任务、重大科技基础设施、重要研究平台向本科生及研究生开放。二是设立科教融合拔尖人才培养专项,建立学段贯通、学科融合机制,探索个性化成长路径。一方面,打通学段之间的壁垒,让各学段在招生制度、课程体系、教学方式、评价机制等各方面衔接起来,建立科学的大中小学新

质人才双向贯通培养机制,从而形成新质人才培养的良好生态。另一方面,探索实行"本—博—特别研究助理"长周期人才培养模式,从高校选拔具有科研潜质的优秀本科生进入科教融合拔尖人才培养专项计划。三是优化高校和科研院所的学科设置。发挥浦东重点高校、科研院所密集的优势,提升高层次创新型科技人才的自主培养能力,积极探索和建立新型产业体系复合型人才培养机制、本科生科技创新素质培养机制,拓宽科技人才的选拔和培养路径,加强复合型专业学科建设。

2. 打造产业"多链融合"的科技人才供需匹配机制

积极构建"互联网＋教育""科技＋教育""人工智能＋教育"等教育新生态,推动课程体系与专业链、产业链深度融合,不断提升高等教育对新技术、新产业、新业态的适应和支撑能力。一是要紧跟新质生产力的发展方向,增设与新技术、新产业、新业态相关的专业,培养适应战略性新兴产业与未来产业发展的专业人才。实行专业课程数智化转型,注重培养富有实践创新能力和意识、专业技能精湛且能够解决实际问题的专业人才。加强对创新人才的产业项目支持,支持创新人才开展新技术、新产品等产业活动,优化创新人才产业成果的分配、激励、反馈等环节,使科技创新满足产业发展需求,真正服务于实体经济发展。二是深化产学研融合,强化学科对产业需求的满足能力。围绕产业需求、结合专业背景组织新兴产业科研能力提升活动、职业技能培训活动、实训活动等,加强复合型人才培养以适应和满足未来经济产业转型的岗位需求。以大科学装置为中心构建高水平科技创新人才基地,链接重点产业集群,形成"科创基地＋产业集群"高水平产学研共同体,搭建公共科研和教育平台,集聚和培养一批科学家、技术工程师、博士研究生以及其他科研人员。三是畅通人才自由流动通道,促进要素的集聚和融合。发挥浦东具备大科学基础设施集群和众多实验室多学科交叉平台的优势,加强与其他高校、科研机构高水平人才的合作,组织校企联合建立产业技术创新联盟。探索科技创新人才通过挂职、短期工作、项目合作等方式到企业任职,以及有创新实践经验的企业家和企业科研人员到科研事业单位兼职的双向流动路径。

3. 多措并举"引才留才用才",强化人才激励保障

进一步加强有关人才培养、选拔、使用、评价、吸引、激励、流动的制度规范和政策保障体系建设,优化人才"软环境"。一是积极营造科技人才创新创业环境。深化科技体制机制改革,在权益保护、收益分配、创新投入等方面持续发力。建立健全人才激励机制,通过完善薪酬制度、设立奖励基金、提供晋升

机会等措施,激发劳动、知识、技术、管理、资本和数据等生产要素活力,更好地体现知识、技术、人才的市场价值,提升人才的创新热情和创造活力;加大知识产权保护力度,保障人才创新成果的合法权益,为人才创新提供坚实的法律保障。二是构筑海纳百川的创新人才新优势。建立顶尖科技人才全球猎头制度,实施全球科创人才内推计划,分领域绘制国际高端人才图谱。试点外籍科学家领衔本市重大科技项目。启动诺奖级成果前期培育计划,对浦东优势领域和领军人才提供全方位支持。支持本市重点高校、科研院所和企业自主建立"科技人才国际蓄水池"。加强优秀青年科技人才培养,扩大本市自然科学基金、博士后计划等资助面,加大资助力度。

(四)聚焦创新生态,以"服"为支点形成创新资源聚力,全方位提升创新生态能级

对标营商环境最高标准、最高水平,全力营造开放创新生态,积极构建与高水平开放相适应的监管体系,为各类机构在浦东创新发展创造更好的条件。

1. 打造面向全球的开放创新枢纽节点

进一步提升与世界创新网络的联通性。发挥高校、科研院所、新型研发机构、各类协会组织的作用,通过举办国际性高水平会议等方式推动创新创业人才交流,为国际创新创业人才与浦东的产融平台、产业园区、科技企业、科技资本等进行互动交流搭建平台、创造机会。在全球主要创新城市布局网络节点。加强国际创新创业生态圈的互动交流,积极引进硅谷、纽约、伦敦、特拉维夫等创新型城市的投资人、创业团队、高校技术转移机构来沪交流、路演和举办创新活动,同时推动本地的产业园区、孵化器等走出去,推动技术、资本、商业模式的跨国交流。

2. 探索建立早期创新投资的风险分担机制,为更多原始创新提供融资支持

着力促进科创与金融资源要素融通,鼓励政府引导基金和各类国有创投机构对创业企业加大早期投资。参照创投行业国际惯例并经主管部门批准,净利润的一定比例奖励给全体员工,项目净收益的一定比例奖励给项目团队,项目净亏损的一定比例由项目团队承担,实现利益深度绑定。建立国有创投容错机制和让利机制,针对投早投小投硬的创投基金给予更高的风险容忍度、更长的投资和退出期、更高比例的管理费用以及收益分配。积极争取国内外天使投资、创业投资组织落户浦东,对举办的重大国际性创新创业会议、论坛、

赛事活动等给予资金支持。

3. 创新未来产业监管模式

引入底线管理的理念,在管控新领域的同时,确保技术的安全性和稳定性。如,在人工智能领域,政府相关部门可更加注重使用伦理和数据安全问题的管理与保障,根据其行业新特征,不断创新治理模式,灵活处理各种复杂问题。同时,聚焦助力新兴产业发展,坚持立法先行与改革创新同频共振,实施轻微违法违规记分管理,明确记分基本原则、记分管理主体与职责、记分载体、记分规则、记分告知方式、记分应用、记分管理等方面的指导和建议,为市场监管执法更审慎更精细更有效提供标准技术支撑。

关于浦东因地制宜发展新质生产力、推动科创生态建设的实践思考

张继宏[*]

摘　要：面对纷繁复杂的国际国内形势，面对新一轮科技革命和产业变革，中国要在世界格局中占据优势，必须把握科技产业链的自主可控，通过发展新质生产力，推动经济社会高质量发展。在进一步全面深化改革的进程中，浦东作为社会主义现代化建设引领区，已在科创生态构建、创新策源功能提升、战略性产业集聚、体制机制创新、创新要素激发和人才高地营造等方面打下了坚实的基础，进行了一系列的探索。本文梳理总结浦东构建科创生态的实践与启示，在优化科创生态的整体效能、推动原始创新、提升科创策源能力，以及形成科技创新力、产业创新力、要素创新力和制度创新力等方面提出进一步完善的路径，为浦东继续培育发展新质生产力和全面推动上海科创中心建设提供借鉴。

关键词：新质生产力；科技创新；科创生态

科技是国家强盛之基，创新是民族进步之魂。伴随着百年未有之大变局，大国之间博弈的主战场逐渐转向科技竞争。面对纷繁复杂的国际国内形势，面对新一轮科技革命和产业变革，在科技创新决定世界格局的历史背景下，党的二十届三中全会提出因地制宜发展新质生产力，加强科技创新特别是原创性、颠覆性科技创新，构建支持全面创新体制机制，提升产业体系现代化水平，推动经济高质量发展。目前，中国经济已进入转型发展的关键时期，传统增长模式难以为继，只有培育发展新质生产力，通过科技创新和制度创新，才能在新一轮科技竞争中占据优势，在百年变局加速演进中赢得战略主动。这是中国进一步全面深化改革，实现中国式现代化的必由之路。

---

[*] 作者简介：张继宏，中共上海市浦东新区委员会党校讲师，研究方向为公共管理、社会治理等。

一、深刻理解因地制宜发展新质生产力，推动科创生态建设的时代意义

（一）发展新质生产力、推动科创生态建设是适应新一轮科技革命与产业变革深入发展的必然要求

当前，全球科技创新进入新一轮博弈时期，面对新一轮科技革命和产业革命的挑战，世界主要国家都在全力布局面向未来的新产业新赛道，占领新一轮科技革命和产业变革的制高点。历史经验表明，任何一次科技革命所带来的是世界经济中心的转移。从宏观历史角度来看，中国要在当前这一轮科技革命和产业革命中占据优势，必须以新质生产力激发经济内生动力，以科技创新重塑国家竞争力。

从科技革命发展来看，科技创新必然带来生产方式和生产关系的变革，带来适应新技术的生产模式和生产业态。新质生产力是创新性生产要素在更高能级和更高水平上的全新组合，而这个转变过程需要具备特定的基础和条件。构建完善的科创生态环境，集聚创新要素资源，是培育新质生产力的必备条件。

因此，为适应新一轮科技革命和产业变革的深入发展，浦东必须完善优化科创生态构建，因地制宜培育新质生产力，必须加快推动中国原始创新，大力推动中国科技和产业发展由"跟随者"向"引领者"的重大转变，有力支撑中国强国建设和民族复兴伟业。这是中国适应新一轮科技革命和产业变革的必然要求。

（二）发展新质生产力、推动科创生态建设是浦东实现高水平改革开放的必然要求

培育发展新质生产力是中国实现高质量发展的重要途径。当前中国经济发展已由高速增长转向高质量发展阶段，处于转换增长动力的关键时期，已形成资源推动型转向创新驱动型发展的新格局，迫切需要通过进一步全面深化改革以推动经济发展质量变革、效率变革、动力变革。

党的二十届三中全会针对制约高质量发展的体制机制障碍和政策堵点、卡点，提出了健全因地制宜发展新质生产力体制机制等一系列改革任务和举措，为高质量发展提供强大动力和制度保障。要因地制宜发展新质生产力，需

要构建更相适应的体制机制和政策环境，比如深化科技体制改革，激发原创性、颠覆性技术创新成果；建设全国统一大市场，高效配置各类资源；加强新领域新赛道制度供给，催生新产业、新模式、新动能，这些制度创新都是高水平改革开放的内在动力。

浦东作为上海科创中心建设的核心承载区，亟需在加快新旧动能转换中赋予经济高质量发展的新动能。因此，浦东要持续围绕三大先导产业构建创新生态和产业生态，推动科技创新和产业创新深度融合，加快布局科技创新前沿领域，推动科技成果转化应用，更加注重基础研究和原始创新。同时在发展新质生产力的过程中不断深化教育、科技、人才体制机制改革，打造高精尖人才高地，为推动浦东高水平改革开放提供新动能新优势。

（三）发展新质生产力、推动科创生态建设是浦东打造社会主义现代化建设引领区的必然要求

《中共中央 国务院关于支持浦东新区高水平改革开放打造社会主义现代化建设引领区的意见》（以下简称《引领区意见》）提出，推动浦东高水平改革开放，构建国内大循环的中心节点和国内国际双循环的战略链接，在长三角一体化发展中更好发挥龙头辐射作用，打造全面建设社会主义现代化国家窗口。《引领区意见》赋予了浦东更高的战略定位、更大的历史使命，对其在长三角地区示范引领和辐射带动方面寄予了重大期望，在政策创新和空间布局方面为浦东高水平改革开放指明了方向。

2023年11月30日，习近平总书记在深入推进长三角一体化发展的座谈会上再次强调，要统筹科技创新和产业创新，统筹龙头带动和各扬所长，统筹硬件联通和机制协同，统筹生态环保和经济发展。要求加快推动创新链与产业链深度融合、上下游协同创新发展。这些指示再次为浦东引领区的发展提出了更高定位和要求。

浦东承载着国家战略和使命，要把握战略机遇，因地制宜发展新质生产力，为长三角一体化发展提供更加强劲的动能。一方面要在产业链供应链价值链构建和产业辐射带动上发挥示范引领作用，为长三角一体化提供重要的枢纽和节点；另一方面浦东要发挥创新策源功能，加快长三角地区产业协同，构建世界级创新产业集群；同时浦东要继续发挥全球资源配置功能，积极促进要素资源在区域之间畅通流动，在制度创新方面先行先试，为长三角地区在规则、制度、标准与世界接轨上提供经验方案。

因此，浦东要结合自身战略定位，不断完善和优化科创生态构建，持续打造科技创新策源地，提供高水平科技供给，支撑长三角区域一体化高质量发展，形成与周边地区的产业分工协同，构建空间布局合理、需求供给畅通、综合配套完备的区域共同体，打造区域经济一体化的动力源，这是浦东引领区建设的重要使命。

二、浦东推动科创生态体系建设的实践探索

党的十八大以来，习近平总书记对上海建设具有全球影响力的科技创新中心多次作出重要指示。浦东也正是在党中央和上海市的关心支持下，一步步贯彻落实习近平总书记对浦东的考察要求，在承担国家战略和使命任务中转型升级发展。

这些年来，浦东紧紧围绕发展新质生产力，落实科创战略，不断提升浦东科创生态体系的整体效能，推动完善浦东科创生态构建，为因地制宜发展新质生产力打下了坚实的基础，进行了诸多探索。

（一）创新策源功能不断完善，筑牢科技创新力

2014年5月23日，习近平总书记在上海考察时强调上海要加快建设"具有全球影响力的科技创新中心"。次年，上海市委、市政府发布《关于加快建设具有全球影响力的科技创新中心的意见》，要求张江科学城作为上海科创中心建设的核心承载区，要以全球视野、国际标准建设张江综合性国家科学中心，代表国家在更高层次参与全球科技竞争与合作。这些年来，按照总书记的指示要求，张江科学城在提升创新策源功能方面进行了一系列战略布局。

一是加快建设张江综合性国家科学中心。深入贯彻党中央和上海市对浦东建设国际科创中心核心区的要求，浦东新区全力打造世界一流的重大科技基础设施集群，保障战略科技力量运行基础。目前，浦东新区有国家实验室（基地）3家，在建、在用的国家重大科技基础设施14个，以上海光源为核心的光子集群矩阵已逐步成型。其中，有八大科学设施集中在张江科学城，如蛋白质中心、软X射线自由电子激光装置、硬X射线自由电子激光装置、超强超短激光装置，等等。2024年5月上海光源线站工程顺利通过国家验收，羲和激光装置预计在2025年全面建成。届时，张江科学城将形成大规模光子科学设施集群，上海也将建成世界三大光子科学中心之一，在满足国家战略需求与重大

应用方面发挥着越来越显著的作用。

二是加速集聚高能级创新要素资源。除了令人瞩目的大科学装置,张江科学城还集聚了一大批重大科研平台、高校和科研院所,为企业发展提供研究成果、技术支撑和人才输送。目前,张江科学城内本科以上高校16所,科研院所40余家,各类新型研发机构、企业技术中心、公共技术服务平台等近500家。[①] 推动中科大上海科教基地开工和加快建设,保障李政道研究所、交大张江高研院等高端科研机构运行和升级。同时深入推进新型研发机构布局发展,2024年向市科委推荐备案47家市新型研发机构(社会力量兴办),推荐李政道研究所、张江数学研究院和商飞智能创新有限公司3家单位进行战略型新型研发机构备案。[②] 逐步构建起大科技装置、研究型大学、科研院所实验室协同发力的研发资源格局,重点聚焦基础研究和科技成果转化,形成相互衔接的科创资源体系,共同为发展新质生产力提供源头支撑。

(二) 推动战略性产业集聚,提升产业创新力

产业是新质生产力的物质载体,现代产业体系的构建是发展新质生产力的重要途径。2018年11月6日,习近平总书记在张江科学城展示厅考察时发表重要讲话,"在实现中华民族伟大复兴的关键时刻,要增强科技创新的紧迫感和使命感,把科技创新摆到更加重要位置,踢好临门一脚,让科技创新在实施创新驱动发展战略、加快新旧动能转换中发挥重大作用。"浦东新区认真落实习近平总书记关于科技创新的战略部署,着力培育壮大战略性新兴产业,瞄准科技前沿,大力发展与新质生产力紧密相联的战略性新兴产业与未来产业,为经济社会高质量发展构筑新动能。

"十四五"期间,张江科学城因地制宜聚焦构建"3+3+X"高端产业体系,打造三大先导产业+六大硬核产业+未来产业的现代产业战略布局。一是推动三大先导产业集聚发展。制定出台集成电路、生物医药、人工智能等先导产业专项规划和细分产业发展行动方案,加快培育壮大发展新动能。二是持续提升六大硬核产业能级。根据当前科技前沿需求,确定了支撑现代产业基础体系的六大硬核产业作为主攻方向。三是加快布局未来产业新赛道。如量子

---

① 上海市人民政府新闻办公室:《张江科学城三十年正青春 汇聚一千八百余家高新技术企业》,https://stcsm.sh.gov.cn/xwzx/mtjj/20220728/18b66e30f8444340aded02249a3f74f8.html,2022年7月27日。
② 数据来源:浦东科经委统计数据。

科技、智能计算、先进核能、新型储能等未来产业,积极发挥张江科学城对战略性高端产业的引领功能,为上海及长三角地区打造世界级产业集群的引擎。同时,浦东着力打造创新城区生态体系,形成了创新源要素、创新服务要素和创新环境要素相互关联的创新生态网络。全面推动产业孵化载体提质升级,制定《浦东新区孵化载体全链升级高峰高原计划》,提高孵化载体发现、培育、孵化、服务创新企业的能力。已成功推荐5家孵化器成为全市首批高质量孵化器,全区创新型孵化器增长至202家,科技企业加速器8家。[①] 具有前瞻性的产业布局相互融合相辅相成,共同支持了科学城科技产业的蓬勃发展,以及推动产学研的应用转化。

(三)体制机制创新不断推进,激活制度创新力

2021年7月《引领区意见》发布,提出引领区建设的首要任务就是全力做强创新引擎,加快关键技术研发,打造世界级创新产业集群,深化科技创新体制改革,打造自主创新新高地。3年后,2024年年初国务院印发了《浦东新区综合改革试点实施方案(2023—2027年)》(以下简称《方案》),又进一步为浦东的创新引领发展指明了方向。

张江在制度创新方面一直是排头兵先行者的定位,为全国的体制机制改革起到试点和示范作用。张江经过32年的实践探索,形成了一套符合科技创新规律、促进产业变革的制度创新体系。比如率先试点药品上市许可持有人制度、医疗器械注册人制度,这些制度已经先后被吸收进新修订的《药品管理法》《药品生产监督管理办法》,在全国正式通行;率先试点外籍人才口岸签证政策;率先践行全面创新改革试验,颁发了首张外国人永久居留身份证,为张江吸引全球高端人才打开了便捷通道;建设张江跨境科创监管服务中心,打造关检联合查验的"一站通"通关平台和产业服务平台,通过实施"关检一体化"物品通关时间从2—3个工作日缩短到6—10小时。同时,成立中国(浦东)知识产权保护中心并正式运营,为创新企业、创业人才构建起了更加便捷、高效、低成本的"严保护、大保护、快保护、同保护"格局。

这些改革创新举措从体制机制层面保障了张江高效运行,推动科技创新的主体地位更加凸显,成果转化的体制机制更加高效,科技创新引领支撑高质量发展的制度环境更加优化。

---

① 数据来源:浦东科经委统计数据。

(四) 创新生态持续开放,不断激发要素创新力

一是促进揭榜挂帅公共服务平台高效运行。浦东已经形成了一系列种类丰富、层次较高的科技公共服务平台资源,通过发布揭榜挂帅公共服务平台,推动各类创新主体参与揭发榜,提升科技成果转化效能。截止到2024年5月底,平台累计发榜项目256个(其中企业项目241个),项目意向投入资金总额超8亿元。[①]

二是推进大企业开放创新中心计划(GOI)深入赋能。自2021年推出GOI至今,授牌企业达103家。这些年来大企业开放创新中心持续展现开放创新活力,赋能浦东创新生态,赋能企业总量超4000家;技术赋能深入推进,加速2500余家中小企业技术创新;积极联动产业上下游900家企业达成商业合作,助力中小企业融资数十亿元。[②] 同时积极推动种子项目成功转化。通过举办丰富多样的创新创业大赛,推动高校院所、新型研发机构将科研成果转化落地,推动早期项目进行概念验证与超前孵化。

三是推动科技企业高质量成长。浦东不断优化企业研发机构支持体系,提升重点实验室、企业技术中心、工程技术研究中心、工程研究中心等企业研发机构水平;完善"小巨人"管理服务,支持科技"小巨人"企业高质量发展。截至2024年5月底,浦东共有企业研发机构884家,科技"小巨人"(培育)企业725家,科创板上市企业50家。[③] 同时,全力做大高新技术企业规模。制定出台《浦东新区高新技术企业培育三年行动计划》,结合浦东综改方案,探索"报备即批准"的高企认定模式,优化调整方案,提供高质量服务,加快培育集聚高新技术企业,有效期内培育高新技术企业4922家。

(五) 人才高地逐渐形成,打造人才强磁场

创新型人才是国家民族进步发展的力量和源泉。建设创新型国家,关键在于创新型科技人才的集聚。因此,吸引培养造就一批杰出科学家和科技人才群体、建设一支精良的创新型人才队伍,大幅度提高国家的自主创新能力,是打造科技创新中心的紧迫任务。

---

① 数据来源:浦东科经委统计数据。
② 数据来源:浦东科经委统计数据。
③ 数据来源:浦东科经委统计数据。

浦东围绕各类人才发展需求,先后制定出台"促进人才创新创业"的人才"14条",推进实施《提高海外人才通行和工作便利度的九条措施》《浦东新区关于支持人才创新创业促进人才发展的若干意见》(即人才发展"35条"),深入实施"明珠计划"、全球引才伙伴计划等,构建新区"1+1+N"人才政策体系,优化创新型人才财政扶持政策,做好特殊人才保障,为创新主体发展提供人才保障。同时,积极优化和落实科技发展基金、小微双创等政策,有效降低企业创新成本。这些人才新政与服务体系为张江打造人才磁力场提供了制度保障。

张江科学城作为国务院批复的国家自主创新示范区,2023年实现营收9.6万亿元,以上海8%的土地面积,集聚了全市50%以上的高新技术企业、60%以上的有效发明专利、70%以上的专精特新"小巨人"企业,贡献了全市约80%的三大先导产业工业总产值,[①]成为上海科技创新策源功能的核心承载区、打造世界级产业集群的主阵地和国家先行先试与体制机制改革试验田。党中央和上海市对浦东的指示要求,一直是张江科学城发展前进的最大动力。经过32年持续转型升级发展,如今的张江已从当年默默无闻的阡陌小镇成长为充满创新活力的生态科学城,正朝着具有全球影响力的科创中心迈进。

三、浦东因地制宜发展新质生产力,推动科创生态建设的启示

浦东新区按照党中央的部署和战略规划,稳步推进张江科创核心承载区的功能建设,对标国际一流的发展理念,在推动张江科创业态、形态、生态协同发展的进程中,构建起助推引领区建设的强大动能。面对新时代新形势,深入总结浦东科创生态营造的经验启示,在优化完善科创生态建设过程中进一步推动发展新质生产力。

(一)承载国家使命,始终坚持战略引领

张江科学城的发展经历了从"高科技、产业化"战略下的开拓奋进(20世纪90年代),到"科教兴国"战略下的跨越发展(21世纪第一个10年),再到"自主创新"战略下的自立自强(2011年以后)。这个过程中张江始终紧紧围绕服务国家战略需求,推动上海建设发展,满足人民美好生活的期望目标,从一个默

---

① 上海市人民政府:《对市政协十四届二次会议第0065号提案的答复》沪科提复〔2024〕10号,2024年11月6日。

默无闻的郊区小镇,茁壮成长为今天具有全球影响力的科技创新中心核心承载区。张江发展的每个历史阶段都是高位推动的结果,离不开国家战略引领,凭借浦东开发开放的战略平台,牢牢抓住历史机遇,在创新领域深入实践,实现从零到一、从无到有、从小到大的迭代发展;离不开国家改革大局,充分发挥核心承载作用,集聚全面创新改革、国家自主创新、自贸区等制度改革,凝聚科创中心、科学中心建设合力,集成各类国家战略,实现战略协同、联动发展;离不开国家举国体制,发挥社会主义集中力量办大事的体制优势,集中力量、汇聚资源,实现跨越式发展。因此,因地制宜发展新质生产力的关键是找准地区在国家发展大局中的战略定位,以国家战略为引领,承担好党和国家赋予的重要使命。

(二) 对标国际一流,遵循产业发展规律

张江科学城在转型升级发展进程中,始终对标国际一流标准,汲取世界先进科创中心建设的有益经验,从基础设施的建设、国家实验室的创建、科研要素的协同以及先导产业的集聚和生态人文环境的营造,每一个阶段都符合科技发展和产业升级的基本逻辑。首先,加快基础设施建设。加强基础研究离不开夯实的科研平台。早在张江开园之初,中国科学家就建议建设第三代同步辐射光源,反复研讨论证这一科学装置的必要性和可行性。从2004年开工到2009年对外开放,上海光源成为中国首个国家和地方共同投资建设的、最大的大科学装置,为支持多学科研究和上海打造具有全球影响力的科创中心奠定了基础。其次,加快产业集聚。科研机构和战略性产业的集聚是打造科创中心的重要基础。张江通过聚焦战略迅速吸引一批世界头部企业落户,并引进国内重点院所落地,通过制度创新为企业和机构搭建产学研转化平台,提供全方位综合配套服务,为科创中心建设搭建了优质的资源平台。第三,打造良好人文生态。通过不断优化人文环境和制度环境,促进大中小企业协同发展,构建热带雨林式的生态环境,为科创中心建设提供了良好的政策和生态环境。

(三) 坚持开放包容,创新机制广揽人才

创新型人才是科技创新的稀缺资源。张江不断推出吸引人才的各项政策,从"促进人才创新创业"的人才"14条",到《提高海外人才通行和工作便利度的九条措施》,以及人才发展"35条"和"明珠计划"、全球引才伙伴计划等,构建起了新区"1+1+N"人才政策体系。同时不断深化人才发展体制机制改革，创新人才培养使用机制，为各类人才安居乐业提供良好环境，加快建设高水平人才高地。在人才的引进、培育、流动、发展方面给予最便利的政策，营造科创人才相互交流融合的社区空间，并为人才的生活提供便利的配套服务，围绕发挥市场配置资源的决定性作用，健全制度，创新监管，让人才、资金、技术、数据、土地等要素充分流动。这些改革举措形成了吸引人才的磁力场，为科创中心建设奠定了扎实的人才要素基础。

(四) 坚持自主创新，打造科创策源引擎

新质生产力的关键在于原创性、颠覆性技术的突破。科技自立自强是应对百年未有之大变局的战略举措，也是建设世界科技强国的重大战略决策。张江一直以来都在围绕打造自主创新高地，加强基础研究和源头创新，实现关键技术的自主可控。比如中国商飞大飞机项目、芯片行业的完备产业链和生物医药的创新药加速出海，都为中国科技自主开辟了一条自信自强的道路。目前世界各国都在全力抢占科技前沿的制高点，面对国际上对中国科技的围堵封锁以及脱钩断链的国际局势，中国科技创新必须走出一条自立自强的高水平科技创新之路。一方面张江通过加强高能级科研机构的协作，合力攻关共性的关键性技术，加快提升科技策源功能；另一方面推进国家实验室建设，打造世界级重大科技基础设施集群，加快提高张江综合性国家科学中心集中度和显示度，构建面向未来的现代化产业体系。同时，强化创新链、产业链、金融链、人才链的深度融合，推进科技成果转化。只有通过高水平的科技自立自强，才能实现关键科技的自主可控。

(五) 坚持全球视野，着力科创生态营造

科创中心的长远发展离不开城市和产业的融合发展。张江高瞻远瞩，以全球视野打造国际一流科学城，实现了由园到城的转型升级，完成了从科技园区到科学城的跃迁。张江科学城"十四五"规划提出，要打造"一心两核多圈多廊"的空间布局，形成城市副中心-科技创新核-产业组团生活组团-生态廊道的复合型科创社区。产城融合的发展战略为张江营造了可持续发展的生态格局，为高水平开放赢得了良好的国际声誉；宜居宜业富有科创特色的生活城区，为吸引先进产业和高端人才，以及打造具有全球影响力的科创中心营造良好的生态环境。同时，张江在综合配套服务方面，积极构建全链条创新服务体系,努力将张江科学城打造成为国际一流的科技创新创业生态高地。

四、浦东进一步完善科创生态的对策建议

总结过去,展望未来,张江要打造产城融合、生态良好的国际一流科学城,助推浦东引领区建设,还可以继续从以下几方面进一步优化:

(一) 全力营造开放融合的创新文化

在瞬息万变的信息时代,新兴技术层出不穷,科技发明大都是跨学科、跨领域、交叉碰撞的结果。国内外实践表明,构建优良的创新生态环境,不仅是在创新人才工作的产业园区,还需打造创意阶层生活、全天候社交的社区,建立一个包容性、互惠性城市运营管理机制。使科技创新人才在社区生活中实现角色转换,产生人与人之间的互动交流,从而激发科技人才的创新思维和蓬勃活力,因此在打造科创社区促进融合方面需要进一步探索新思路和新形式。比如,张江科学城人才的生活社区,可以开展"小小科学家"系列的少儿科普活动,充分利用科学城的有利资源场馆,调动科学城人才的参与热情,在小手拉大手互动中增进交流融合,营造和谐氛围;打造科创社区品牌,为人才提供咖啡活动节、早餐会、运动会等交流项目,营造公共生活丰富多彩的社区,鼓励思想交流与碰撞,使科学城人才之间形成互动,激发创意并鼓励创新。同时,政府应全力营造一种多元文化相互理解包容的文化氛围,打造将城市创新能力和创新人才的发展高度统一的人文生态。

(二) 打造吸引高端人才的制度环境

创新是第一动力,人才是第一资源。科技创新从来离不开高精尖的科技人才,张江亟需创新吸引和集聚世界高端人才的体制机制,在政策制度方面可以继续加大开放力度。(1)以人本为导向,为来自不同文化背景的创新人群体提供一种和谐和人性化的服务,满足人才所需的教育、文化、医疗、生活与交友需求等。完善人才所需的育儿、教育、养老等服务,使人才能够安心在此创业生活。(2)注重社会福利待遇的公平与分享,比如为科技人才提供免费的公立医疗、意外伤害赔偿、免费义务教育、住房补贴、带薪休假等社会福利,包括最低工资保障及病假和工伤保障等劳动权益,为人才发展提供全方位的保障。(3)在创新人才发展空间上提供便利的机制,营造有利于科技人才发展的良好

环境,充分发挥科技人才的积极性、主动性、创造性。比如支持符合条件的外籍人才和外籍科学家在浦东新区领衔承担国家科技计划项目,吸引全球高精尖人才牵头科技创新项目,通过制度创新,提升张江科学城对全球高端人才的吸引力。

(三) 不断升级创新产业生态圈

打造多元化的业态集聚,需要注重产业链上下游的融合互补,构建完整的产业链布局。(1)可以加快产业链供应链的整合,形成产业有序协同发展的生态格局。提高产业空间与城市空间的规划布局,加强生活配套等功能集约化设施的建设。(2)注重社区生态环境的营造,结合园区和城市的功能特点,增强生态和文化氛围,为产业发展创造良好的生态环境。(3)围绕新兴产业打造产业创新中心。布局产学研用的发展模式,推动科研机构、高校、企业三方之间的协作,构建长期稳定的协同创新网络,注重技术创新成果转化,带动产业创新,提升产业价值。(4)提供高度集中的服务业态。在一个国家或区域的创新生态系统中,研究型、开发型、应用型、服务型群体高度协同,并行演进。先进的科创中心需要法律、会计、风投、展示等服务业高度集中,为创新企业提供所需的各类中介服务,从而为扩散新技术、新模式、培育新业态和新产业提供条件。

(四) 构建完善的创新企业服务链

为促进科技企业发展壮大,需要政府和市场双向互动,在政策和机制上灵活高效,构建全方位全链条配套服务。(1)打造更加透明高效的政务环境,优化平衡服务与监管,积极探索更多突破性、引领性政策制度创新。(2)突出硬核科技、高端引领、大中小企业融通理念,建设覆盖企业全生命周期的创新创业支持体系。(3)推动投资机构集聚,完善与科技创新、产业发展全生命周期各阶段特点相适应的多元化"接力式"金融服务,发挥多元化金融资本市场对科技创新的支撑。(4)完善技术成果转化服务,加强知识产权运营和全链条保护。通过服务流程优化促进创新主体融通、创新要素融汇、创新文化融合。同时深化科技成果转化机制,保障科技人员在成果转化收益分配上享有更大自主权。

因地制宜发展新质生产力对于中国实现高质量发展至关重要。浦东新区将按照习近平总书记的指示要求和引领区精神的指引,进一步完善科创生态构建。紧紧围绕创新策源功能提升,不断集聚创新资源,着力提升科创体系的整体效能,为科技强国和中国式现代化做出新的贡献。

参考文献:
高帆:《系统集成:发展新质生产力的基本方法论》,《改革》2024年第7期。
何立峰:《健全因地制宜发展新质生产力体制机制》,《人民日报》2024年7月30日第6版。
梁昊光、黄伟:《科技创新驱动新质生产力及其全球效应》,《财贸经济》2024年第8期。
刘富胜、宫子言:《发展新质生产力的内在逻辑与实践进路》,《重庆理工大学学报(社会科学)》2024年第7期。
邱金平:《构建科技金融创新生态体系研究》,《内蒙古煤炭经济》2020年第20期。
上海市人民政府:《上海市张江科学城发展"十四五"规划》,https://www.shanghai.gov.cn/202118zfwj/20210922/f239df969e5b4b0085470f6c018524eb.html,2021年7月8日。
新华社:《关于支持浦东新区高水平改革开放打造社会主义现代化建设引领区的意见》,https://www.gov.cn/zhengce/2021-07/15/content_5625279.htm,2021年7月5日。
新华社:《习近平总书记在深入推进长三角一体化发展座谈会上的重要讲话振奋人心、指引方向》,https://www.gov.cn/yaowen/liebiao/202312/content_6917920.htm,2023年12月1日。
张冬冬:《构建科技金融创新生态体系思考》,《国际商务财会》2022年第16期。
张洋洋:《张江科学城:铸造新质生产力"源动力"》,《财联社》2024年7月1日。
中共中央办公厅、国务院办公厅:《浦东新区综合改革试点实施方案(2023—2027年)》,https://www.gov.cn/zhengce/202401/content_6927503.htm,2024年1月22日。

科技自立自强视角下浦东新区创新链和产业链深度融合研究

孙 兰*

摘 要：当今世界，新一轮科技革命和产业变革风起云涌。科技创新和产业革命的内外部环境发生了巨大的变化，必须与时俱进、高效精准推动创新链和产业链深度融合，以加速培育新质生产力。浦东新区是上海建设具有全球影响力科技创新中心的主战场、核心区，通过体系化布局形成"科创金字塔"资源体系，集成化贯通构建"创新策源端-成果转化端-创新生态端-企业成长端-科学普及端"的"科创五环"制度架构。浦东新区双链深度融合的经验和启示有：夯实双链融合的基础，以强化策源能力和坚持"战略性"和"市场化"生态协同，增加高质量科技供给；抓住双链融合的关键，以充分发挥科技领军企业龙头作用、鼓励企业自主创新和推动企业主导的融通创新，强化企业创新主体地位；做实双链融合的途径，以大力推动新型研发机构落地、探索建设揭榜挂帅公共服务平台、做优超前孵化和做好科技金融这篇文章促进科技成果转化应用。

关键词：创新链；产业链；科创中心

当今世界，新一轮科技革命和产业变革风起云涌。产业链与创新链融合发展是中国进入新发展阶段后，应对世界百年未有之大变局与全球价值链产业链重构的必然选择，也是中国加快实现高水平科技自立自强，构建双循环新发展格局的关键举措。[①] 今年是上海国际科创中心建设十周年。10年来，上海始终按照中央部署，坚持四个面向，实现了科技综合实力和创新整体效能的大幅跃升。浦东新区是上海建设具有全球影响力科技创新中心的主战场、核

---

* 作者简介：孙兰，中共上海市浦东新区委员会党校讲师，研究方向为管理心理学、公共管理。
① 巫强、胡蕾、蒋真儿：《产业链与创新链融合发展：内涵、动力与路径》，《南京社会科学》2024年第2期。

心区。浦东科技创新建设之路是上海建设具有全球影响力科技创新之路的典型代表和微观缩影。[①] 浦东新区充分发挥引领功能，坚持面向经济主战场，依托基础研究和战略科技优势，更加突出创新链和产业链精准的深度融合，进一步发挥出创新体系的整体效能。

一、科技创新和产业革命的内外部环境发生了巨大的变化

当前，科技创新和新兴产业、先导产业培育的国内外环境发生了巨大变化，主要体现在：第一，从政策导向来看，科技创新和新质生产力培育成为政府鼓励的方向。第二，从技术方面来看，国外的脱钩断链，使中国原有的科技链、产业链、供应链面临重塑。面对逆全球化浪潮和少数发达国家对华的"脱钩断链""小院高墙""科技铁幕""产业回流"，几十年来构建的全球统一贸易、自由市场、技术交流、要素流动的格局体系不复存在，中国的产业链、供应链、创新链等都需要重塑。第三，从市场方面来看，结构性的短缺与行业内卷，国内外市场面临重塑。一方面，对外购买的一些支持科技创新和新兴产业发展的关键产品与服务，如仪器设备、高端芯片等都有被脱钩的风险。另一方面，中国优势产业的出口同样可能会受到限制，这既包括传统的机电产品和家电，也包括新能源车、光伏、动力电池等新兴产业。这些产品被冠以反倾销和高额关税，逼迫很多企业与中国的供应链脱钩，或者到欧美当地建厂。第四，从企业方面来看，从过去的重资产转向轻资产模式。比如说苹果不从事手机制造，它把零部件采购、生产制造全部外包；亚马逊不生产自己的货物，却是世界最大的商品销售平台；优步（UBER）没有一辆自己的车，却是全球最大的出行公司等。对于高科技企业来说，它们要从激烈的市场竞争中胜出，不是靠厂房和设备等重资产投入，也不是靠政府补贴，而是靠人才、技术、专利、市场和资源集聚等。然而过去，甚至现在，我们太习惯于通过土地、税收、政府补贴等传统方式来扶持企业。第五，从资本市场来看，长期以来培育创新创业的风险投资、股权投资面临资本寒冬，股权投资市场面临重塑。比如传统的美元基金，面临着所谓的安全审查，在投资方向、资金来源、产业选择、资产配置上都发生了巨大的变化。

---

① 张波：《建设具有全球影响力科技创新中心的路径探索——基于上海浦东30年科技创新实践的分析》，《科学管理研究》2022年第2期。

这些内外部因素的变化,导致我们以往通过税收、补贴、土地等扶持和培育科技创新、新兴产业的政策措施在实施过程中的效果大打折扣,必须与时俱进地加以调整和改变。党的二十大提出,"推动创新链产业链资金链人才链深度融合"是"加快实施创新驱动发展战略"的重要举措。习近平总书记在2024年全国科技大会、国家科学技术奖励大会、两院院士大会上的讲话强调:"扎实推动科技创新和产业创新深度融合,助力发展新质生产力。"党的二十届三中全会《决定》进一步提出:"构建支持全面创新体制机制,推动科技创新和产业创新融合发展,推进高水平科技自立自强。"浦东新区作为上海建设具有全球影响力科技创新中心的主战场、核心区,通过政府、企业、科研院所和社会分工合作,调动一切可以调动的力量开展科技攻关和产业培育,通过发挥企业科创主体作用培育产业链垂直体系,通过不同行业的大企业牵手构建跨界融合的横向体系,通过创新链深度嵌入形成科技创新和产业创新的立体结构。

二、浦东新区创新链和产业链深度融合的阶段特征和政策逻辑

(一)体系化布局,形成"科创金字塔"资源体系

目前浦东新区国际科创中心核心区建设总体形成了一个金字塔形的资源体系。体系化布局创新资源,依托张江综合性国家科学中心,形成由国家实验室、大科学设施和高端科研机构策源驱动,研发与转化功能型平台、专业技术服务平台高效转化,创新创业蚂蚁雄兵阶梯式自主培育蓬勃发展的"金字塔型"资源体系。

1. 金字塔顶端:国家战略科技力量策源驱动

强化科技创新策源功能,布局国家战略科技力量。依托张江综合性国家科学中心,形成由国家实验室、大科学设施和高端科研机构策源驱动的金字塔顶端。国家实验室作为新的序列从2017年在全国开始布局,这代表了国家推进重大技术突破的战略目的。目前全国第一批布局9个,其中在浦东新区布局了三个国家实验室基地:张江实验室、临港实验室、合肥实验室上海基地。随着当今世界科学和科技步入离人眼可观察越来越远的领域,常规科学从微观到宏观各个尺度都在向前延伸,大科学设施成为国之重器。目前,浦东新区在建、在用的国家重大科技基础设施已达14个,形成世界一流的重大科技基础设施集群。除了令人瞩目的大科学装置,全国高能级科研单位纷纷布局浦

东。目前浦东拥有本科以上高校16家、高端科研院所超43家、院士工作站45个、新型研发机构16家,在生物医药、天体物理、量子卫星等前沿领域取得多项重大突破,为原始创新策源提供重要支撑。

2. 金字塔第二层:科技公共服务平台高效转化

金字塔的第二层是各类科技公共服务平台。科技创新迫切需要也深度依赖发展科技创新服务业。浦东已经形成门类丰富,具有开放型、枢纽型、平台型组织特色的科技公共服务资源体系。传统的公共服务平台主要包含重点实验室、工程技术研究中心、专业技术服务平台三类,浦东一共有230多个各类公共服务平台。最完整的是围绕生物医药的公共平台,浦东占比全市65%。比如张江生物医药公共平台,可以提供标准的从小白鼠一直到猩猩的各种各样的实验,包括完整的药物的毒性检测平台、靶向平台、毒性测试平台、制剂平台等,为广大的新药研发小企业降低成本起到很大作用。

此外,为进一步助力产业创新能级提升,加快研发与转化功能型平台建设。一方面是因为功能型平台投资巨大,中小企业无力承担;另一方面此类平台可以提供"共性技术",促进整个行业创新发展,提升产业创新能级。浦东已经拥有四个研发与转化功能型平台,覆盖集成电路、生物医药、智能制造、工业互联网等相关领域。一是上海市生物医药产业技术功能型平台,以张江为核心地区,联动区域与产业园区,服务于生物医药产品的创新研发,促进创新资源共享,推动成果转化与产品孵化,支撑区域生物医药产业的发展,推动上海全球科创中心与全球科学中心的建设。二是上海市集成电路产业创新服务功能型平台,聚焦集成电路重大共性技术研发及产业链技术创新与服务两大任务,瞄准集成电路前瞻技术及集成电路产业链建设,为国内集成电路装备和材料提供验证服务,为关键芯片的设计和制造提供可持续升级的共性技术研发和转化服务。三是上海市智能制造研发与转化功能型平台,致力于解决行业共性技术的研发难题,着眼于解决科技成果转化的"最后一公里",是上海智能制造产业技术研发与转化的先导中心和人才培育基地。四是上海市工业互联网研发与转化功能型平台,致力于先进工业互联网技术的联合开发、转化与应用,充分整合国内外优质工业互联网领域顶级资源,形成"政产学研金"合作共赢,贯穿整个工业互联网产业链的创新生态系统,打通工业互联网先进技术从基础研究到应用验证、再到应用推广的完整创新链条。

3. 金字塔第三层:科技领军企业腰部主体支撑

浦东从改革开放开始,都是以企业为主体抓科技创新,企业成为科技创新的主要承担主体。浦东产业定位明确,形成了集聚效应。2024上海硬核科技企业 TOP100 榜单发布,浦东超 50 家企业上榜,占据了硬核科技百强榜单半壁江山。目前浦东拥有 16 个市级特色产业园区和 15 个区级特色产业园区,园区总面积约 105 平方千米,其中产业用地面积约 64.6 平方千米。战略性新兴产业增加值占工业增加值比重接近 50%。已经初步构建形成以集成电路、生物医药、人工智能三大先导产业为引领、六大硬核产业为支撑、新动能不断涌现的"3+6+X"的现代产业体系。

4. 金字塔第四层:创新创业载体全链式支持

金字塔的第四层是科技服务载体。主要有大企业开放创新中心(GOI)、创新型孵化器、科技企业加速器、海外人才离岸创新创业基地四类。例如为促进大中小企业融通创新,浦东新区大企业开放创新中心计划(GOI)应运而生、顺势而为,目前浦东新区 GOI 成员总量已超过 100 家。现在创新的速度极快、触角多元,大企业如果封闭式地仅靠自己的研发部门,往往会思维固化、研发周期长,而且对最新的技术缺乏敏感性。为打破困局,大企业开始自发进行开放,最典型的是在材料和生物医药行业。例如生物医药的管线因为特别多,如果大企业每个都要去试一次错,成本太高。不如一直盯着一些小企业,小公司基本上快做到临床、化工验证基本上完成了,大企业有的直接把它给买过来,有的觉得威胁太大雪藏了一些,如果觉得前景特别好的话可能就扶持起来,所以大企业的目的是自身的长远发展。对小企业来说,创业九死一生,小企业缺资源、缺场地、缺资金,这些是显性的,通过孵化器这样的载体可以有所弥补。但小企业真正缺的是能力,可以利用大企业相关的专业设备以及与专业的导师进行合作,同时把它的技术放到大企业里进行验证。通过这种方式小企业能够获得自身的成长,有的可能被大企业直接收购,有些可能共同研发出来一个产品,成为大企业众多产品矩阵里面的一部分。

5. 金字塔最底层:创新创业蚂蚁雄兵蓬勃发展

金字塔的最底层是创新创业蚂蚁雄兵。浦东有几万家科技型的中小微企业,形成"十百千万"科技企业发展梯度。浦东在开发开放之初是纯粹以招商引资为主的发展模式,到现在转变为招商引资和自主培育相结合的发展模式。近十多年,双创载体的建设、孵化体系的建设本质上都是为了从小培育本土企业,按照全生命周期的上升阶段,包括创赛企业、在孵企业、高新技术企业、专精特新企业、企业研发机构、科技小巨人、科创板上市企业,通过提供非常明确的梯子,帮助企业快速成长,形成阶梯式直至顶点的企业自主培育模式。

(二) 集成化贯通，构建"科创五环"制度架构

前沿科技创新表现出从单点创新转向系统能力提升的特点，浦东新区坚持科技创新和制度创新双轮驱动，坚持深化改革，探索"五环结构"制度架构，成为治理体系创新的开拓之城。"五环结构"通过"创新策源端-成果转化端-创新生态端-企业成长端-科学普及端"五个端口，将体系化、高浓度的"科创金字塔"资源有效链接、高效贯通、协同发展、深度融合。

"科创五环"的起源端口是"创新策源端"，紧紧围绕国家战略力量，以自主创新、原始创新引领高质量发展；"成果转化端"重点推动我们创新链和产业链的高度协同，推动新型研发机构发展、关键核心技术协同攻关、分产业领域推动合作；"创新生态端"通过科技载体建设、科技金融服务、知识产权战略布局、特色产业园区布局等，将"政产学研金服用"这"北斗7星"真正串联起来，培育科技企业；"企业成长端"按照企业从小到大的成长梯度进行全生命周期自主培育；"科学普及端"通过科普提高全民科学素养，从源头促进科创从0到1的发展，环环相扣，起承转合，进而生生不息地推动科创事业。通过"科创五环"结构的政策逻辑，将创新链和产业链深度互嵌，探索科创纵深路径。

三、浦东新区创新链和产业链深度融合的经验与启示

(一) 夯实双链融合的基础，增加高质量科技供给

双链融合的基础是增加高质量科技供给。从技术依赖到技术创新，关键是中间要实现技术自立，通过自主研发产品，开辟新领域新赛道，打破后发劣势实现技术自立。

1. 加快张江综合性国家科学中心建设，强化策源能力

加快张江综合性国家科学中心建设，加速集聚高能级创新要素资源，一支支"全力做强创新引擎，打造自主创新新高地"的新力量迸发而出。紧紧围绕科创策源未来引领力，强化国家科技战略力量，积极参与国家自然科学基金区域发展联合基金，服务保障国家实验室建设、建成，强化科技自立自强的策源能力。

2. 聚焦重点领域和薄弱环节，坚持"战略性"和"市场化"生态协同

聚焦重点领域和薄弱环节，找准制约三大先导产业发展的关键领域。制约三大先导产业发展的不是市场、不是资金、不是下游的产业链，实际上我们

不缺应用场景和有头脑的企业家、不缺工程师、不缺能源(中国是第一大能源大国和发电大国),而恰恰是在"产业链的最上游、价值链的最顶端、技术体系的最底层"这"三最"环节受制于人。坚持"战略性"和"市场化",注重政府、社会、市场和创新企业的生态协同。在分工协作上:加大科技创新产业基础设施投入,对关系前沿技术攻关、长期不能商业化、有强大外部性的行业领域,要举全国之力,坚持国家导向、政府投入;对于有强大外部性、具备商业化条件、又长期不能盈利的产业环节,由国资发挥投资、培育等主导作用。对于内容创新、商业模式创新、市场化大规模产品赛道拓展等行业领域,尽可能发挥民营企业力量。同时,在基础研究、大科学设施建设、商业化应用研究等关键环节,注重发挥国资在创新方面的作用。面对科技创新产品消费和应用场景拓展拉动不足的局面,要调动各方力量,尤其是发挥民营企业的力量,加强投资与培育,以进一步激发国内市场的消费能力,为科技创新和产业发展提供广阔的消费市场空间。

(二) 抓住双链融合的关键,强化企业科技创新主体地位

双链融合的关键是强化企业科技创新主体地位。浦东科技创新最主要的特征之一,就是30多年来一直以企业为创新主体。浦东的高校资源和研究资源先天不足、基础薄弱,在国家战略下后发布局。重点围绕产业链布局创新链,创新链落在产业发展的各个环节,也体现了创新链对产业链的促进作用。

1. 充分发挥科技领军企业龙头作用,推动科技创新到产业化落地

从科技创新到产业化落地,首先要充分发挥科技领军企业龙头作用,聚集培育一批"独角兽"企业。纵向上配人才政策、金融政策、土地政策、规划政策,横向上结合产业特点配专项政策,从而组成整个的产业开发链。大企业把整个链条打开,围绕孵化器、加速器、中试验证、标准厂房、基地等将产业建起来、上下游串起来,由此形成一个热带雨林似的创业生态。

2. 鼓励企业自主创新,稳步开展知识产权战略布局

鼓励企业自主创新,稳步推进国家知识产权保护高地和国家知识产权中心城市建设。习近平总书记多次就知识产权工作作出重要指示,他指出"创新是引领发展的第一动力,保护知识产权就是保护创新"。浦东新区一直在改革,作为排头兵和先进者走在全国前列,例如在全国率先成立商标、专利、版权集中管理和综合执法的独立知识产权局等。同时,上海市推出了两部知识产权的地方法规。其一是《上海市知识产权保护条例》;其二是《上海市浦东新区

建立高水平知识产权保护制度若干规定》,这也是一部突破性的地方法规。全国首批知识产权保护中心落户浦东,全国唯一世界知识产权组织仲裁与调解上海中心落户浦东,科创板拟上市企业上海(浦东)知识产权服务站也是落地浦东。包括国家海外知识产权纠纷应对指导中心专门在浦东设立分中心、建设全国首批"国家级专利导航服务基地"等,这一系列功能布局意义非常重大。

3. 推动企业主导的融通创新,以市场化的方式打通"政产学研用金"

推动企业主导的融通创新,以市场化的方式打通"政产学研用金",让各方主体都能够各司其职、各负其责、条块结合、通力协作。例如,政:政府做好"守夜人",创造良好的发展环境,在基础研究、提供公共资源、人才、扶持政策等方面保证公平统一,在0—1的环节敢于加大财政投入。产:企业家坚持提高起点,对标全球最一流的企业,敢于加大研发投入,开展科技攻关,要理性创业,踏实经营,稳步发展,不断构建自己的核心竞争力。学:高校做好人才培育、学科设置,变革科技成果的管理规则,让专职做成果转化的教师也有机会晋升教授,并得到充分激励等。研:科研院所坚持基础研究和应用技术研究并重,以市场和国家需求为导向,立志于牵头开展重大的理论研究和科技创新,并开展跨学科、跨产业、跨国界的科研合作。用:使用方敢于给予国内企业机会,信任并优先使用国内产品,创造更多的应用场景,当好"链主",发挥好引领作用,培育国内供应链,带动产业上下游企业共同发展。金:投资人致力于完善多层次资本市场,为企业提供全方位、全生命周期的科技金融服务,学习掌握科技产业成长的规律,做有耐心的资本,做科技创新的推动者和产业发展的护航者。

(三)做实双链融合的途径,促进科技成果转化应用

双链融合的途径是促进科技成果转化应用。科技成果转化强调的是"从0到1",不仅仅是阶段早,而是聚焦国家重大战略需求,围绕"卡脖子"环节、关键共性技术、前沿引领技术、现代工程技术、颠覆性创新技术,从基础研究到工程、技术、工艺、市场、产业、商业化的过程。浦东新区从国家战略需求出发,从市场和企业的现实需求出发,通过"新型研发机构""揭榜挂帅""超前孵化""科技金融"等机制探索,走出了一条自己的道路。从现有规模来看,至2023年年末,浦东新区全区每万人口高价值发明专利拥有量达83件,较上年增加了12.38件,较全国领先。浦东新区2023年技术交易转化合同总量超1400亿份,占上海市总量的33.15%。

1. 大力推动新型研发机构落地

当前部分科研成果脱离实际或缺乏创新,技术成熟度不够。科研与生产分离,或者许多研究课题本身就是在不断换穿"马甲",在重复走前人之路,并无创新。大量研发成果在技术特性上不适合商品化、产业化,这是根本原因。这与长期以来高校院所重学术、重职称的业绩导向有很大关系,相当一部分的研究只是为了"成绩"而不是为了实践转化。不同于传统的科研事业单位,也不同于一般的创新企业,新型研发机构聚焦科技创新需求,主要从事科学研究、技术创新和研发服务,是投资主体多元化、管理制度现代化、运行机制市场化、用人机制灵活的独立法人机构,俗称"四不像"。浦东目前有新型研发机构17家,如李政道研究所、长三角国家技术创新中心、上海人形机器人创新中心等。

2. 立法保障,探索建设浦东新区揭榜挂帅公共服务平台

"揭榜挂帅"体现的是科技创新需求和高质量技术供给"双向奔赴"的良好氛围。事实上揭榜的过程特别艰难,从对技术最早的描述到最后能真正落地之间落差很大。2022年11月,全国首部支持新型研发机构发展的专项地方法律性文件《上海市浦东新区优化揭榜挂帅机制促进新型研发机构发展若干规定》正式发布。2023年1月,浦东新区揭榜挂帅公共服务平台揭牌,委托上海长三角技术创新研究院负责运营。企业端真实需求被发掘出来后,通过揭榜挂帅公共服务联动全社会的力量、推动国内外的科研院所来揭榜,以满足相关的技术需求、推动成果转化。

3. 做优超前孵化,走通"最初一公里"

科技创新"从0到1"的过程中,其实有一个"0.8"的关键阶段,即创新概念的早期验证,包括技术成熟度、未来路径及市场是否可达都需要验证。能否走通这"最初一公里",决定了能否真正实现"从0到1"。浦东新区打造一批概念验证中心、中试平台、院所成果转移工作站等超前孵化新型载体,鼓励孵化器从论文和科学家入手,引领孵化服务从"选育项目"迈向"创造项目"。

4. 发挥国资引领作用,做好科技金融这篇文章

投早投小投科技,已成为当下创投圈的潮流。可是现实真的是这样吗?先让我们来看一组数据。根据统计,2022年,按投资金额统计,全国种子期投资金额占比7.2%,初创期投资金额占比13.3%,扩张期投资金额占比47.8%,成熟期投资金额占比31.7%。由此可见,事实上当前全国股权投资仍然以中后期为主。硬科技产业投资具有长周期特点,依靠技术、人才、战略定

力才能出成果,需要资本持续坚定地投入和培育。从政府引导基金来看,浦东目前有引领区母基金、浦东科创母基金、浦东天使母基金,接下来准备成立种子基金,通过发挥国资引领作用,以更高的站位、更宽的视野、更大的投入,引导社会资本不断布局新质生产力的各大细分领域。从政府引导投资来看,国资创投主要聚焦微笑曲线两端,致力于构建母基金＋并购基金＋天使基金＋S基金的新模式,形成发展合力,覆盖企业全周期的股权投资基金体系。既注重科技创新的培育孵化,又要注重企业的并购整合。早期的创新策源方面,就是要找到创新性的技术、颠覆性的技术,还要帮助企业去做技术到产业的转化,要做好企业发展的"加速器"。另一端是产业整合,依托龙头企业,推进企业并购,推进同类中小企业之间的整合,打造世界级有影响力的企业。

四、进一步推动创新链和产业链深度融合的未来思考

科技创新和产业革命,相对于政府和市场的关系来说,未来政府在产业端需要一个逐步退坡的过程。而在最前端的基础研究领域,政府则应该要往前走一步,通过更好地发挥政府的力量,推动原始性的、颠覆性的科学发现,让科学家真正能够耐得住寂寞、坐得了冷板凳,久久为功。针对集成电路等"卡脖子"领域,需要进一步发挥好新型举国体制来集中攻关。在中间的成果转化环节,政府需要进一步发挥导入作用,来带动全社会力量共同推动技术成果从实验室、从高校院所里真正成为实际上的新质生产力源头。再往后面的产业端,政府首先要做科学的规划引领和相关的基础设施配套,进一步发挥企业龙头作用,但是更多的成败标准需要交给市场。过去我们在大科学设施等硬件方面已经投入巨资,未来要特别关注软要素的提升,这才是当下科技创新企业最关注的。对项目和企业的扶持方式也要转变思路,从给土地、税收返还变为对接资源,从"锦上添花"变为"雪中送炭",从政府无偿补贴转为市场化投资。

加快推动低空经济发展
培育新质生产力

游德才[*]

摘　要：低空经济是战略性新兴产业的新赛道，是新质生产力的典型代表。本文详细梳理分析我国发展低空经济政策演进、市场规模等发展现状以及各地推动低空经济发展的政策举措，分析浦东新区低空经济发展优势，提出浦东新区低空经济发展的对策建议。

关键词：低空经济；新质生产力

党的二十届三中全会指出，健全因地制宜发展新质生产力体制机制，加强新领域新赛道制度供给，建立未来产业投入增长机制，完善推动新一代信息技术、人工智能、航空航天、新能源、新材料、高端装备、生物医药、量子科技等战略性产业发展政策和治理体系。低空经济是战略性新兴产业的新赛道，是新质生产力的典型代表。2023年中央经济工作会议提出，打造低空经济等若干战略性新兴产业。2024年国务院政府工作报告提出，积极打造低空经济等新增长引擎。当前，低空经济正处于爆发前夜，发展前景广阔，全国各地都在布局低空经济，抢占新赛道。

为此，浦东要深入贯彻落实党的二十届三中全会精神，抢抓科技革命和产业变革机遇，结合自身优势和产业基础，因地制宜发展新质生产力，发挥科创、人才、产业、金融和场景等独特优势，抢占低空经济发展新赛道，打造浦东经济增长的新空间新引擎，加快培育和发展新质生产力，助力打造社会主义现代化建设引领区。

---

[*] 作者简介：游德才，浦东改革与发展研究院[中国（上海）自贸试验区研究院]经济学博士。

一、低空经济处于爆发风口，产业规模巨大，发展前景广阔

一是国家出台系列政策从顶层设计层面为低空经济发展助力。2010年，国务院、中央军委印发《关于深化我国低空空域管理改革的意见》，拉开了充分开发低空资源、促进低空经济发展的序幕。2012年，中国民用航空局发布《通用航空飞行服务站系统建设和管理指导意见（试行）》，开启低空经济服务保障体系建设进程。2016年，国务院发布的《关于促进通用航空业发展的指导意见》中提出，扩大低空空域开放。2018年，中国民用航空局发布了《低空飞行服务保障体系建设总体方案》。2021年，中共中央、国务院发布的《国家综合立体交通网规划纲要》提出，加强交通运输与生产制造、商贸金融等跨行业合作，发展交通运输低空经济等。2023年5月，国务院、中央军委发布了《无人驾驶航空器飞行管理暂行条例》，标志着低空经济迈入"有法可依"的规范化发展新阶段。2023年10月，工信部等四部门共同发布《绿色航空制造业发展纲要（2023—2035年）》明确提出了到2025年实现eVTOL[①]试点运行。2023年12月，中国民用航空局发布了《国家空域基础分类方法》，为开放低空空域创造条件。2024年1月1日，交通运输部颁布的《民用无人驾驶航空器运行安全管理规则》正式施行。在政策推动和指引的同时，中国民用航空局在四川、江西等地区开展低空空域综合管理改革试点，积极推进低空飞行服务保障体系建设，为促进低空经济提供有力支撑。2024年4月8日，中国民用航空局局长宋志勇在《学习时报》发表的《高质量建设低空飞行服务保障体系》中指出，当前，低空飞行服务保障能力全面提升，能够支撑低空经济蓬勃发展，同时，适应低空经济发展新形势，正在以高质量建设低空飞行服务保障体系支撑低空经济高质量发展。

二是人工智能等新技术为低空安全飞行管理等提供技术支撑。低空活动具有高密度、高频次和高复杂性等特点。一方面，低空飞行服务保障体系需要新技术支撑保障，比如，需要5G、人工智能等技术为低空飞行服务保障提供重要支持，尤其是以大模型为重点的人工智能等数字技术为低空飞行的安全和使用效率提供可能。另一方面，电池、电控、新材料、飞控等关键技术取得稳步发展，在消费、工业等领域得到充分验证，这为低空飞行器制造发展提供技术

[①] eVTOL 是 electric vertical take-off and landing 的简称，称为"电动垂直起降航空器"。

支撑和保障。

三是低空经济受到资本青睐，资本市场活跃。据2023年9月国家低空经济融合创新研究中心发布的《中国上市及新三板挂牌公司低空经济发展报告（2023）》数据显示，2022年，中国开展有低空经济相关业务的上市公司或新三板挂牌公司共38家。同花顺数据统计显示，2024年3月，A股低空经济板块累计涨幅达到36%。与此同时，低空经济非上市公司融资活跃。据深圳创投公会数据统计，中国低空经济行业2022年投融资事件数量为33起，投融资金额为121.9亿元，2023年共发生25起投融资事件，涉及金额39.94亿元。目前，对低空经济的投融资主要集中在A轮以及战略投资阶段，种子天使轮紧随其后，反映出投资人投早投小的倾向。这也从侧面反映出，资本市场非常看好低空经济发展前景。海外低空经济头部企业也受资本青睐，融资更多，比如，JOBY 22.6亿美元、LILIUM 13.4亿美元、ARCHER 10.96亿美元等。

四是低空经济产业链涉及低空飞行器制造、低空运营服务、低空基础设施与配套保障等三大领域，发展快速，发展潜力巨大。低空经济产业链长，类似汽车产业，其未来同等甚至超过汽车产业规模，主要涵盖低空飞行器制造、低空运营服务、低空基础设施与配套保障等三大领域。其中，每个领域又涉及多个环节，比如，低空飞行器制造包括整机、飞控系统、动力系统、机载系统、材料、元器件、模具及零部件。基础设施与配套保障包括信息基础设施如空管产品、北斗/导航、通信5G-A通感一体、雷达等以及基础设施建设等。2024年4月1日，赛迪顾问发布的《中国低空经济发展研究报告（2024）》数据显示，2023年中国低空经济规模达5 059.5亿元，增速达33.8%。其中，低空经济规模贡献中低空飞行器制造和低空运营服务贡献接近55%，围绕供应链、生产服务、消费、交通等经济活动带来的贡献接近40%，而低空基础设施和飞行保障的发展潜力尚未充分显现。但是，随着低空飞行活动日益增多，低空基础设施投资拉动成效也将逐步显现，未来几年中国低空经济仍将保持快速增长态势，到2030年中国低空经济有望突破2万亿元。报告数据还显示，截至2024年2月，中国低空经济领域共有企业超5.7万家。从成立时间看，近5年新成立的企业数达到2.1万家，近10年成立的企业数占比接近80%。据不完全统计，国内eVTOL龙头企业有大量订单，比如，上海峰飞航空科技有限公司已获得国内外订单200多架，广州亿航智能技术有限公司已获得订单2 000架。

二、深圳等城市抢占低空经济新赛道，系统谋划低空经济发展

近两年来尤其是今年以来全国各地都在抓紧布局低空经济新赛道，纷纷出台低空经济相关政策举措。比如，深圳率先在全国出台《深圳市低空经济产业创新发展实施方案（2022—2025年）》以及《深圳市支持低空经济高质量发展的若干措施》，率先在全国发布低空经济产业促进专项法规《深圳经济特区低空经济产业促进条例》；苏州市出台《苏州市低空经济发展体系与愿景》《苏州市低空经济高质量发展实施方案（2024—2026年）》《苏州市支持低空经济高质量发展的若干措施（试行）》等；安徽省出台《加快培育发展低空经济实施方案（2024—2027年）及若干措施》；北京出台《关于促进中关村延庆园无人机产业创新发展行动方案（2024—2026年）》和《北京市无人驾驶航空示范区建设方案》等。经梳理分析，各地推动低空经济法治的顶层设计和政策举措聚焦在以下六个方面。

一是各地纷纷提出低空经济发展目标。比如，深圳建设国家低空经济产业综合示范区和低空经济中心；广州打造全国首个低空经济示范岛；苏州打造全国低空经济示范区；北京在中关村打造无人驾驶航空示范区；合肥、芜湖打造全国低空经济核心城市等。

二是注重低空基础设施建设。主要包括低空智能信息网、低空飞行数据平台、低空监管服务平台、无人驾驶航空器公共测试场和 eVTOL 及大中型无人驾驶航空器枢纽起降场等低空新型基础设施建设。尤其是深圳进入低空基础设施建设实质性阶段。2023年6月2日，深圳市交通运输局发布了"低空智能融合基础设施建设项目一期工程勘察设计施工总承包"招标计划。目前，该项目已被深城交联合体中标，围绕深圳市低空经济发展，开发可覆盖全市范围的智能融合系统的软件平台，建设配套的管服中心、数据中心及无人机测试场，接入典型的城市场景，进行软件平台的验证，并提供咨询规划-工程设计-数字管控-数字运营-数字运维的全过程服务。

三是注重低空飞行应用场景开发。比如，低空物流配送、低空城市交通、低空文旅、低空应急救援、医疗救护以及低空电力巡检、港口巡检、航拍测绘、农林植保等领域商业化应用。

四是注重低空经济企业科技创新。比如，固定翼飞机、无人机、eVTOL 及民用直升机等整机以及中小微型航空发动机、动力电池、燃料电池、混合动力

系统、机载系统及飞控系统等关键系统、零部件、关键材料及元器件等科技创新和技术突破。

五是加强对eVTOL航空器和无人驾驶航空器等的重点支持。比如,深圳对取得航空器型号合格证和生产许可证给予奖励,如eVTOL航空器奖励1500万元,大型无人驾驶航空器奖励500万元。

六是低空经济政策支持力度大。比如,苏州市支持低空经济高质量发展的若干措施中提出单项奖励高达2亿元。

表1　　　　　　　　部分省市低空经济政策文件

序号	省或城市	文件名称	发布时间
1	北京市	北京市促进低空经济产业高质量发展行动方案（2024—2027年）（征求意见稿）	2024年5月
2	广东省	广东省推动低空经济高质量发展行动方案（2024—2026年）	2024年5月
3	广州市	广州市低空经济发展实施方案	2024年5月
4	广州市	广州市推动低空经济高质量发展若干措施	2024年7月
5	深圳市	深圳市支持低空经济高质量发展的若干措施	2023年12月
6	深圳市	深圳经济特区低空经济产业促进条例	2024年1月
7	江苏省	江苏省关于加快推动低空经济高质量发展的实施意见	2024年8月省委审议
8	南京市	南京市促进低空经济高质量发展实施方案（2024—2026年）	2024年7月
9	苏州市	苏州市低空经济高质量发展实施方案（2024—2026年）	2024年2月
10	常州市	常州市低空经济高质量发展三年行动方案（2024—2026年）	2024年7月
11	浙江省	浙江省人民政府关于高水平建设民航强省　打造低空经济发展高地的若干意见	2024年8月
12	杭州市	杭州市低空经济高质量发展实施方案（2024—2027年）	2024年7月
13	杭州市	杭州市支持低空经济高质量发展的若干措施（征求意见稿）	2024年7月
14	安徽省	安徽省加快培育发展低空经济实施方案（2024—2027年）及若干措施	2024年4月

续表

序号	省或城市	文件名称	发布时间
15	合肥市	合肥市支持低空经济发展若干政策	2024年6月
16	湖北省	湖北省加快低空经济高质量发展行动方案（2024—2027年）	2024年8月
17	武汉市	武汉市支持低空经济高质量发展的若干措施	2024年5月
18	山东省	山东省低空经济高质量发展三年行动方案（2024—2026年）	2024年5月
19	四川省	关于促进低空经济发展的指导意见	2024年6月
20	成都市	成都市加快提升低空飞行服务能力培育低空经济市场的若干措施（征求意见稿）	2024年7月
21	成都市	成都市加快提升低空飞行服务能力培育低空经济市场的若干措施实施细则（征求意见稿）	2024年7月

来源：政府网站公开资料整理。

三、浦东前瞻布局低空经济具有独特优势，助力培育新质生产力和经济增长新空间

（一）浦东发展低空经济的四大独特优势

一是人才资源密集优势。在大飞机制造以及航空枢纽、国际航运中心建设的带动下，浦东聚集了航空制造、航运运营、航空服务和航空保障等航空人才，具有其他地方不可比拟的航空人才优势。据了解，目前上海峰飞航空科技有限公司、上海时的科技有限公司、上海御风未来航空科技有限公司、上海沃兰特航空技术有限责任公司、上海磐拓航空科技服务有限公司、上海览翌航空科技有限公司等eVTOL整机企业的创始人来自于中国商飞、霍尼韦尔、空客中国、美国通用电气等航空企业或航空产业链上企业。尤其是全球低空飞行产业新赛道最有力的中国竞争者——上海御风未来航空科技有限公司是一家在张江科学城月租1500元的一个小房间里"飞出来"的企业，创始人就来自于中国商飞。

二是产业基础资源雄厚优势。一方面，浦东航空产业基础扎实，拥有航空产业全产业链及其配套产业，集聚了一大批与航空制造、航空运营、航空保障等链主企业和中小企业，比如，中国商飞、东方航空等。这能够为浦东低空经济发展提供强大的产业基础支撑。另一方面，浦东在电池、电控、新材料、飞控

等关键零部件以及人工智能、5G、大数据等新一代信息技术领域处于全国领先水平,聚集一批头部企业和中小企业。此外,浦东拥有完备的航空保障服务体系,能够为低空服务保障提供有力支撑。这些都为浦东前瞻布局低空经济提供了良好产业生态环境。

三是金融资源丰富优势。一方面,浦东金融服务业发达,是上海国际金融中心核心区,金融机构、金融市场和金融产品众多,金融资源非常丰富。据数据统计,2023年浦东全年实现金融业增加值5 000.39亿元,共有持牌类金融机构1208个。另一方面,浦东拥有众多创投机构,包括国资、外资和民资等创投资本,专注投早投小投硬科技,比如浦东创新投资(集团)发展有限公司、上海国投与科创集团联合重组成新的上海国投公司、上海航空产业基金以及红衫等国内外创投资本。这些丰富的金融资源能为低空经济初创企业等各类企业创新发展提供多层次多样化的金融服务支持。

四是应用场景资源广阔优势。一方面,浦东面积广阔,达到1 200多平方千米,东西南北跨度大,为低空经济应用场景开发创造良好条件。另一方面,浦东经济发达,物流配送量大,货物运输和载人运输等有需求,同时文旅资源丰富,低空文旅需求量大。此外,浦东地处长三角南北两翼中心,具有发展北到南通、盐城等区域,南部到舟山、宁波、台州等区域的低空城际运输场景。这些都为浦东发展低空经济场景提供了广阔空间。

(二) 前瞻布局低空经济,培育新质生产力,打造经济增长新引擎

一是低空基础设施建设将拉动浦东新投资。低空基础设施是低空经济发展的基础和支撑。发展低空经济,低空基础设施建设要先行。低空基础设施主要构成包括"设施网""空联网""航路网"和"服务网"。其中,设施网指支撑低空飞行业务的各种物理基础设施,如起降站、能源站等。仅低空基础设施中"设施网"建设投资就非常巨大。据亿航智能2020年1月发布的《未来:城市空中交通系统白皮书》中测算,低空飞行的每个起降点(起降站、能源站)建设所需投资约1000万元。加上"空联网"、"航路网"和"服务网"等软件基础设施投资,浦东低空基础设施建设必将拉动浦东新的投资,成为新的经济增长点。

二是低空飞行制造将为浦东带动新制造。低空飞行制造产业链长。以eVTOL制造为例,其产业链包括电池动力、飞控系统、通信导航系统和机体制造,具体包括整机、电池、电驱、电机、电控、飞控、通信与导航和新材料等。据华福证券发布的《eVTOL:下一个出行风口——低空经济深度报告系列》中测算,600千克级eVTOL初期售价在240万元/台左右,物料清单成本估计约为74万元/架,其中电驱动系统占32%、电池能源系统占14%,壳体成本占12%,航电及飞控系统占27%;2000千克级eVTOL,由于对电机功率、带电量和其他零部件都有更高要求,初期售价在800万元/架,物料清单成本约为290万元/架,其中电驱动占28%、电池占34%、壳体占10%、航电飞空占21%;若中期量产规模达到10万台/年,预计600千克级eVTOL售价下降到95万元/架,2000千克级eVTOL售价有望下降到285万元/架。随着市场规模不断扩大,规模化程度更高,未来价格将进一步降低,进而推动市场规模扩大,形成良性发展态势。此外,低空飞行制造又能带动制造业投资。为此,浦东加快发展低空经济,其低空飞行制造将为浦东制造业带来新的经济增长点。

三是低空运营将为浦东催生新消费新服务。低空经济的应用场景非常广泛,既有面向C端消费,也有面向B端和G端消费。比如,C端有打空中出租车,用作城市通勤和短距离跨城出行,B端有物流运输、快递配送,G端有治安巡逻、应急救援等。低空经济应用市场空间广阔。此外,低空运营也将催生一批围绕低空运营的保障服务和金融服务等,将会大大拓展低空经济市场空间。这些都将为浦东催生新消费新服务,拉动浦东经济增长新空间。

四、推动浦东低空经济发展的若干建议

充分发挥浦东四大优势,坚持问题导向和目标导向,深入贯彻落实党的二十届三中全会精神,深化低空经济产业全链条改革,加强低空经济制度供给,围绕低空经济产业中关键技术、关键零部件加强科技攻关,建立低空经济投入机制,加强低空经济产业规划,聚集低空经济企业,推动浦东低空经济高质量发展,培育新质生产力。

一是做好低空经济产业发展规划和法治保障等顶层设计。一方面,加快研究制定浦东低空经济发展规划,明确低空经济发展目标和发展任务等,在低空航线、起降点、基础设施以及发展重点等方面做出规划。以此为基础,研究5年、3年和年度发展规划,并出台推动低空经济高质量发展支持政策举措,为扎实推进低空经济发展提供蓝图。另一方面,发挥浦东立法优势,研究制定促进浦东低空经济发展的法规或管理措施,对低空基础设施、低空飞行服务、低空产业应用场景、低空经济产业支持、低空经济产业领域技术创新以及低空飞行安全管理等做出规定,以法治突破低空经济发展障碍和保障低空经济高质量

发展。

二是加快构建以eVLOT整机制造为支柱、AI驱动的低空智慧网"双轮驱动"、低空运营服务为支撑的低空产业体系。充分发挥浦东四大独特优势和区域发展特点,结合eVLOT和低空运营服务的市场前景,浦东低空经济产业发展重点为eVLOT整机制造和低空运营服务。为此要重点引育集聚eVLOT整机制造和低空运营服务的头部企业,以及以建设科创中心核心区为使命,加强低空经济中核心零部件和飞行控制、智能避障、反制以及抗干扰等核心技术攻关,着力推动低空飞行航空器与大数据、人工智能等新技术融合创新。

三是规划建设低空经济产业示范区。一方面,在张江科学城中区或南区规划建设以低空飞行航空器制造为主的低空经济产业园,联动祝桥航空产业园,形成低空经济和民用航空产业相互促进的发展态势。另一方面,率先规划建设低空飞行示范航线和示范应用场景,形成示范和牵引效应,推动浦东低空经济高质量发展。

四是建立健全低空经济发展工作机制。比如,建立低空经济发展领导小组,高层面统筹低空经济工作。建立完善军地民常态化沟通机制,加强与国家低空管理机构联系,积极争取国家政策和空域资源等支持,推动低空空域开放。搭建低空经济产业发展协同平台,加强与长三角产业协同。组建低空经济专家委员会,为浦东低空经济发展规划、政策和标准等出谋划策。推动成立低空经济产业协会,聚集头部企业和科研机构,助力低空经济行业规范化发展。

五是设立全球性低空经济发展论坛,营造低空经济发展氛围。充分发挥浦东开放优势,搭建低空经济产业展示、交易、交流、合作平台,设立全球性低空经济发展论坛以及相应的展览展会,进而促进低空经济产业发展。

长三角一体化背景下加强新型产业用地规划管理　助推高科技产业高质量发展

唐　坚[*]

摘　要: 2024年7月18日,党的二十届三中全会审议通过了《中共中央关于进一步全面深化改革推进中国式现代化的决定》,提出"优化城市工商业土地利用,加快发展建设用地二级市场,推动土地混合开发利用、用途合理转换,盘活存量土地和低效用地。"新型产业用地是具有典型混合用地特点的用地类型,区别于传统产业用地的单一使用功能,是建立在新时代高科技产业发展现实需求基础上的被动式变革。近年来,为深化产业转型升级,进一步提高产业用地发展的规范性,以上海、南京、杭州等为代表的长三角城市率先开始探索新型产业用地政策。长三角"三省一市"作为新时代深化改革开放的最前沿,随着长三角一体化发展的战略升级,各地相继出台了大量关于新型产业用地的政策,旨在不断加强新型产业用地规划管理,以此助推高科技产业高质量发展,赋能长三角一体化高质量发展。

关键词: 长三角一体化;高科技产业;新型产业用地;规划管理

一、引言

长三角一体化发展,是打造经济发展强劲活跃增长极的关键措施、是构建改革开放新格局的重要举措、是新征程上引领全国高质量发展的重大战略部署。2023年11月30日,习近平总书记在上海主持召开深入推进长三角一体化发展座谈会并发表重要讲话。习近平总书记强调长三角区域"要加强科技

---

[*] 作者简介:唐坚,中共上海市浦东新区委员会党校副研究员,研究方向为制度与管理科学、宏观经济学等。

创新和产业创新跨区域协同","要完善示范区国土空间规划体系,加强规划、土地、项目建设的跨区域协同和有机衔接"。长三角一体化发展战略实施5年来,长三角"三省一市"全面落实各项决策部署任务,牢牢把握"一体化""高质量"两大发展主题,在基础设施、产业创新、对外开放、生态保护以及公共服务等领域的合作不断深化;虽然长三角的面积只占全国的3.7%,但是其人口总量占全国的16.7%,经济总量占比为25%,进出口总额占比为33%,在中国式现代化建设中发挥着引领性作用。

近年来,在"盘活存量、严控增量"的土地管控理念下,存量土地利用效率偏低、新增建设用地缺乏等问题得到了有效解决,大多数城市步入了产业转型升级与土地存量再开发的新时代,大力发展高科技产业已成为时代发展的必然。长三角是科技创新能力、产业发展能力最强的地区之一,较早就开始探索发展高科技产业;为了有效满足高科技产业发展的空间需求,长三角"三省一市"都在不同程度地探索新型产业用地供给政策。在中国式现代化建设新征程上,为了实现长三角地区高科技产业的高质量发展,必须要加强新型产业用地规划管理,为长三角一体化高质量发展提供强有力的经济动能。

二、新型产业用地的高科技产业规划与定位

产业规划与定位是新型产业用地规划管理的关键所在。需要结合城市整体规划和空间布局规划,厘清产业分布格局,以政府大力发展的高科技产业为中心,从政策支撑、产业发展等层面掌握政府的高科技产业诉求,将主导产业、周边产业和辅助产业作为链接"桥梁",建立具有开发、投资以及经营等诸多功能的高效运行平台,有效满足政府对产业转型、增加就业等领域的需求。

从高科技产业规划角度来看,结合现有产业政策和发展趋势,当前政府鼓励发展的高科技产业包含5个大类(分别是制造业、未来产业、现代服务业、战略性新兴产业、软件和信息技术服务产业)和16个领域(分别是先进制造业、航空航天产业、新材料产业、新能源产业、节能环保产业、优势传统产业、海洋产业、生物产业、互联网产业、文化创意产业、新一代信息技术产业、金融业、软件和信息技术服务业、机器人和可穿戴设备及智能装备产业、现代物流业、其他现代服务业)。从高科技产业定位角度来看,应坚持"高标准、严要求"的基本原则,通过大量引进国内外的紧缺人才与高端人才,创建专业的学研机构和组织,推动多产业资源的无缝衔接,促进人才和价值、融资和投资、市场和技术

的有机结合。此外，还需利用好政府各项优惠政策，享受个人及企业优惠税率，推动高科技产业高质量发展。

三、高科技产业高质量发展视域下新型产业用地规划管理机制

（一）管理要素

根据高科技产业高质量发展要求，可将新型产业用地规划管理要素划分成规划指引、用地供给以及项目监管等。其中，规划指引主要包含土地兼容比例、开发强度与建筑形态等；用地供给主要包含土地转让分割、出让形式与产权登记等；项目监管主要包含土地处置、准入评测、履约监管以及达产验收等。

（二）基本原理

高科技产业高质量发展视域下，新型产业用地规划管理的基本原理为：政府部门在完善政策的基础上，针对新型产业用地采取"收、放"性供给措施。其中，"收"主要指的是政府部门为全面发挥优惠政策的重要作用，避免出现房地产化等现象而采取的政策管束举措。主要包含：(1)明确转让分割比重，通常不得超过50%；(2)对产业准入有严格要求，用地监管和达产验收标准异常严苛；(3)建立土地综合处置机制，包括上市限制、土地收回以及拿地限制等；(4)对不动产登记有严格要求，通常需在达产验收以后才可进行不动产登记。"放"是指政府部门为大力发展新型产业用地而采取的激励举措。主要包含：(1)给予适当的地价优惠，结合市场情况合理降低新型产业用地的土地价格；(2)明晰用地类型，特别是需要将新型产业用地纳入工业用地范畴，根据工业用地要求实施管理；(3)进一步加大开发强度，不同于传统工业厂房的是，新型产业用地的主要建筑形态是研发办公。所有管理要素在"放""收"间动态调整，确保新型产业用地政策长期处于平衡状态，以此更好地满足高科技产业的高质量发展需求。

（三）管理要点

高科技产业高质量发展视域下，新型产业用地规划管理的要点主要有以下几个方面：

第一，规划布局。新型产业用地供给量并非越多越好，而是主要取决于城

市发展规模及其产业结构。同时,新型产业用地的布局不应是"全城撒点",需要规避办公市场,比如轨道交通站点和办公场所集中区附近不可布局。

第二,准入资格。新型产业用地规划管理的根本目标在于为设计、创意、开发、中试等相关产业功能提供服务,大力发展高科技产业,从根本上增强土地产出效率。由此,在对准入资格进行确定时,不仅需要考虑产业类型,而且还需要考虑投资规模、产出效率等因素。

第三,容量与建设。容量与建设管理不仅是新型产业用地企业最重视的内容,而且还是寻租博弈的关键所在。新型产业用地的容量与建设管理完全不同于传统的商办用地,不得变成商业办公的寻租空间,对商办用地产生影响。一方面,新型产业用地建设容量不可设置过高,应明确具体的阈值;另一方面,在建设管理形式上,需要充分考虑新型产业用地的功能,不但需满足研发办公要求,而且还需满足中试生产要求。

第四,交易许可。对新型产业用地来说,其对象都是特定的,与此相关的交易及退出过程均需有健全的审核机制,以此保障进驻企业能够有效满足高科技产业的本质需求,显著提高新型产业用地管理效能;若无企业进驻,则赋予开发企业优先回购的权利,在相关企业进驻以后便可出让。

第五,价格管控。在确定新型产业用地的地价时,应当进行全方位的考虑,地价太低会对办公市场产生不利影响,地价太高则会影响到市场活力。在地价确定过程中,需综合考虑如下因素:一方面,在确定地价时,需要考虑容积率、具体出让年限以及出让分割比例等方面的因素;另一方面,地价处在商办用地和工业用地中间,根据各地的现实状况,可考虑一定程度的倾斜。

四、长三角一体化背景下新型产业用地供给助推高科技产业发展的生动实践——上海

(一) 萌芽阶段:延续传统产业用地

2011年以前,上海新型产业用地供给处于萌芽阶段,产业用地完全按照国家规定实施管理,管理内容主要包括用地效能大幅提升、产业用地科学规划、用地行为有力约束,等等。从现实来看,上海采取设置产业区块、打造产业园区等形式,引领高科技产业向园区集中;采取节约集约利用评价、用地绩效评估等举措,引导企业不断提高土地利用率;以国有建设用地使用权出让合同为基础,准确划分工业厂房与实体产业项目。然而,此阶段依然缺乏针对性和精

细化的政策举措。在此阶段,传统工业仍是上海的主导产业,高科技产业处于探索发展的过程中,国家级开发园区与中心城区的有些工业企业逐渐向后端销售服务与前端开发设计渗透;总体而言,此时的上海新型产业用地供给仍处于萌芽阶段。

(二) 探索阶段:增加研发总部类用地

伴随上海国际化大都市建设进程的不断加速,2011年张江国家自主创新示范区挂牌成立。紧紧围绕张江产业创新战略,上海制定了若干支撑政策,致力于提高土地利用效率、促进高科技产业高质量发展,以及全面发挥先行先试的重要作用。在土地政策层面,《关于在张江国家自主创新示范区试点进一步开展产业用地节约集约利用的若干意见》的出台,促使存量用地在既定计划的支撑下转变为科研用地,同时推动容积率的提高,关于土地不再收取其他任何形式的款项,但是不可进行转让;此项政策的试点首先在张江、金桥展开。2013年,为了全面贯彻"创新驱动、转型发展"理念,从根本上满足高科技产业在发展过程中提出的全新需求,上海发布了《关于增设研发总部类用地相关工作的试点意见》,将研发总部类用地作为独立主体,从土地规划、管理以及监督等方面着手出台了一系列政策,为高科技产业发展提供了保障;并且,根据产业园区发展变化的基本特点,选择了16个先行试点区[包括金桥出口加工区(南区)、张江高科技产业东区等],提出可在系统评估和规划的前提下推动存量工业用地转变成研发总部类用地。

(三) 成熟阶段:增加综合用地

在高科技产业迅猛发展的大环境下,结合高科技产业用地的基本特点,上海系统部署、全面推动供给侧改革。2014年,《关于本市盘活存量工业用地的实施办法(试行)》等政策文件发布,针对存量工业用地如何有效转型提出三种方式且强调要将全生命周期思想应用于工业用地管理中,同时将工业用地划分为产业项目、标准厂房、研发总部产业项目、研发总部通用四种不同的类型,构建了差异化的管控体系。2015年,为了加速科技创新中心建设进程,根据高科技产业转型的基本需求及科创的根本特点,上海出台了相关政策,允许配套设施的建筑面积在总面积中的占比从不高于7%修改为不高于15%。2018年,上海市政府印发《关于本市推进产业用地高质量利用的实施细则》,系统梳理和明确了相关的政策要求;与此同时,2020年对该《细则》实施修订,进一步细化了政策要求。

五、长三角一体化背景下加强新型产业用地规划管理的对策建议

(一) 建立以需求为导向的新型产业用地发展体系

一方面,加强规划指导。为了满足高科技产业高质量发展在空间方面的需求、加快产业用地集约化进程,需进一步加大用地规划指导力度,主要涉及建筑形态、配套设施、开发强度等领域。首先,从兼容配套比例角度来看,为了满足高科技产业高质量发展的需求、促进产城深度融合;各城市的兼容比例通常是完全不同的,所以需遵循"一地一策"的基本原则,结合高科技产业高质量发展需求动态调整兼容配套的具体比例。其次,在用地开发强度方面,需要对容积率的下限予以明确,防止企业以较低的价格囤积土地;同时还需要对容积率的上限进行设置,以此避免高密度开发现象。对新型产业用地来说,传统蔓延式的开发方法已不再适用,需要适当提高土地的容积率,以此提高土地的利用效率,推动土地应用集约化发展。当下,新型产业用地容积率为2.0—5.0,发达城市的容积率通常会设置范围更广的上下限,有些城市甚至根本未设定容积率上限,比如杭州等城市。最后,从建筑形态角度来看,因为高科技产业的特殊性质,如果建筑用途偏办公或者偏工业,则在设计过程中可以学习参考现行规范。为了避免出现配套用房独立占地的问题,应对其功能及形态等内容进行全方位的监管;除此以外,新型产业用地的样貌与传统工业厂房有着根本性的差异,主要是高层楼宇,需采取全新的技术与工艺。

另一方面,细化配套分类。为了防止出现用地商业化行为,现阶段很多城市都明确要求,产业用地如果没有得到相关部门的批复,不得将其用途转变成经营;实际上,可以建设的配套设施界限依然是模糊的。科创、研发、学习等高科技产业活动与新型产业用地供给有着极其密切的联系,知识型人才不仅是推动高科技产业高质量发展的"生力军",而且还是新型产业用地的主要应用者。与传统产业工人相比,知识型人才有着完全不同的生活模式与消费喜好;结合相关研究成果可知,在景观环境方面知识型人才通常有着更高的要求,喜欢优美的景观环境。从使用者需求角度来看,配套设施的多样性、自然景观的优美性等要素与知识型人才对日常生活和生产方式的追求有极其密切的关联。高科技产业高质量发展视域下,可以充分考虑其生态化和人本化的需求

特征,适时调整配套比例,并且进一步细化配套分类,避免产业用地商业化现象。

(二) 持续优化新型产业用地规划管理政策

第一,全面实施新型产业用地使用权提前续期调研。充分考虑存量土地盘活利用的相关规定,对于使用权剩余年限较少的情况,在符合用途规范以及容积率要求的前提下,可以按照相关法律规定予以提前续期。对于此种情形,应由原批准单位又或者是指定机构实施系统化的评估,并且确定评估基准日、要求、流程、价格等各种要素。在基准日方面,应当沿用原合同提出的交付时间;在转让价格和基准地价方面,应当由当地政府机构充分结合企业承受力、高科技产业高质量发展需求等有关因素根据法定流程予以明确。

第二,健全低效传统产业退出体系。当前,在新型产业用地规划管理过程中,有些产能落后的传统产业并不愿意退出;这部分企业占据着很多的设备、土地等各种资源,对市场资源分配和应用效能有着极大的负面影响,并且还严重影响着高科技企业的进驻。对于市场比重小、经营质量差的传统产业,应当责令其立即退出。如果低效传统产业符合退出规定,则不得阻止其有序退出,同时停止各种形式的补贴、扶持等措施。另外,还需结合不同的企业类型采取对应的退出模式,处理好所有的相关事项。

第三,完善用地准入与履约监管机制。首先,产业准入管理方面而言,需要在准入文件中明确相关指标,主要包含亩均税收、人才团队、科技产出、单位排放增加值、单位能耗增加值、研发人员与从业人员比等。其次,履约监管方面,需要构建分层次、差异化的履约考核机制,细化各项考核指标,涉及完工时间、投产时间、产出效率、财政贡献、节能、环保等。除此以外,科学高效地运用经济、法律以及行政等举措,切实保障好用地准入和履约监管,从根本上提高新型产业用地规划管理的精细化与专业化水平。

(三) 建立健全新型产业用地规划管理制度

一方面,积极探索二、三产业混合用地管理制度。第一,将混合用地列为城市用地的特殊类型,明晰混合用地是分布在产业园区中,以设计、创意、研发和中试等为主的高科技产业混合第三产业用途的用地类型。鼓励各类产业用地进行科学转换,支持产业用途合理混合,革新用地供给模式,加大二、三产业混合用地的供给力度。第二,完善混合用地供给与管理制度。在二、三产业混合用地方面,应当保证政策的透明性和公开性,避免发生市场公平缺失的情况。在土地出让过程中,对于混合用地出让应当有明确的规定,为市场主体创造公平环境,更好获得产业用地;与此同时,按照业态混合要求,采取差异化的供给形式,对可混合用途及具体比例范围加以明确。第三,构建完善的混合用地监管制度。推动形成"政府主动＋市场参与"的动力体系,构建起相对完备的混合用地供后监管制度,防止出现混合用地"口号化"利用的情况,进而推动混合用地的可持续发展。

另一方面,构建完善的项目动态监管制度。为了实现项目监管的系统化与动态化,现行常用的监管制度包括以下两种:第一,采取双合同出让形式。在土地交易完成后,需要签署两份文件,分别是"产出监管协议""土地出让(租赁)合同",避免发生违反规定的行为。第二,采取"鼓励＋倒逼"的治理方式,建立综合绩效评价制度,对各类项目构建针对性的常态化监管体系。其中,最典型的就是长三角的企业综合绩效评价制度,将最终结果与资源配置、产业发展以及监管需求等相互挂钩,全面发挥市场与政府的重要作用。

(四) 基于城市规模构建分级分类管控机制

长三角"三省一市"在主导产业类型和经济发展水平等方面存在着显著差异,目前"三省一市"的高科技产业发展任务有着明显的区别,所以各地需结合城市规模因地制宜出台政策,提供更加灵活的指导意见。中小城市的新型产业用地需保障进驻企业的生产能效,确保相对有限的土地资源能够有效服务于高科技产业高质量发展,防止出现工业用地房地产化、产业空心化等方面的问题;大城市的新型产业用地可考虑走"更多功能、更高强度、更加自由"的发展道路。

首先,从整体规划角度来看:中小城市对商办用地的需求并不旺盛,主要考虑的是高科技产业的创新研发需求,高科技产业对人才资源有较强的依赖性,所以需要充分利用中心城区完善的配套设施,新型产业用地可考虑在城市的主要核心和发展轴线上进行布局;大城市应当考虑产业空间布局的平衡问题,并且需避免新型产业用地对中央商务区发展的影响,所以新型产业用地需规避城市核心区进行布局,依靠产业园区或郊区产业新城发展高科技产业。

其次,从详细规划角度来看:中小城市的大部分高科技企业都是来自本土制造业企业的升级转型,在功能兼容方面有所欠缺,因此在产业园区对用地功能进行混合,适宜减小地块面积,建设大量邻里中心,增加配套服务用地的占比,集中供应多样化的服务设施,包括居住区、办公楼等。这样不仅有利于实现土地开发的短期经济目标,而且还能够为企业转型提供源源动力。大城市的市场竞争更加激烈,大部分孵化企业的生命周期相对较短,在城市规划管理方面有着更加丰富的经验,所以能够逐渐从"用途兼容"转向于"复合利用",将建筑空间作为主要对象,推动多种需求与建筑体量在时间、空间层面的有机结合;选择更加灵活的建筑布局方式,建筑内部可一分多用又或是分层利用,地块内部可组团利用或者楼栋利用,充分考虑大企业协同办公与小企业集聚发展的需求,为各类企业提供最适宜的用地。

六、结论

综上所述,高科技产业高质量发展既是推动城市转型升级、提升综合实力的重要保障,又是促进社会经济高质量发展的关键所在;新型产业用地完全区别于传统工业用地,可以有效满足高科技产业的发展需求,为实现高科技产业高质量发展提供强有力的保障。从新型产业用地与高科技产业高质量发展的关系来看,高科技产业的规划与定位要符合新型产业用地的属性;新型产业用地的规划管理,对高科技产业高质量发展有着巨大的促进作用。结合上海新型产业用地规划管理的生动实践可知,随着产业转型升级的不断深化,各地政府应根据高科技产业发展需求适时调整新型产业用地政策,以此推动高科技产业的高质量发展。与此同时,在长三角一体化背景下,为了加强新型产业用地规划管理,需要建立需求导向新型产业用地的发展体系,持续优化新型产业用地规划的管理政策,建立健全新型产业用地规划的管理制度,基于城市规模构建分级分类的管控机制,进一步提高新型产业用地规划管理的效率和质量,助推高科技产业高质量发展,谱写中国式现代化长三角新篇章!

参考文献:

陈慧、赖雪梅:《新型产业用地政策实施情况与对策建议——以珠三角典型地区为例》,《自然资源情报》2024 年第 7 期。

李梦莹、方遥、袁嘉彤、张鹏:《需求导向视角下新型产业用地发展研究》,《智能建筑与智慧城市》2021 年第 12 期。

李若成:《新型产业用地更新体系与规划设计的中外比较》,2023 中国城市规划年会论文,武汉,2023 年 9 月,第 970—980 页。

刘力兵、岳隽、陈小祥、童岩冰:《新型产业用地政策调控机理研究》,《规划师》2020年第20期。

卢弘旻、朱碧瑶、蒋成钢:《制度经济学视角下的新型产业用地政策的逻辑与重点》,2020/2021中国城市规划年会论文,成都,2021年9月,第568—580页。

万云辉:《新型产业用地政策设计的东莞经验和实践启示》,2023中国城市规划年会论文,武汉,2023年9月,第981—990页。

吴江涛、林通:《城市更新行动中的新型产业用地管理与创新——以河南省郑州市为例》,《中国土地》2023年第6期。

徐小峰、黄贤金、陈志刚:《上海新型产业用地政策的演进逻辑研究》,《规划师》2023年第2期。

徐妍:《新型产业用地的规划管理研究》,《智能城市》2022年第11期。

杨益波:《长三角一体化高质量发展将大步向前》,《中国经济时报》2023年12月4日第1版。

张觅杰:《新型产业用地城市更新项目实施策略及管理要点探究》,《建筑设计管理》2022年第11期。

关于推动数字技术赋能浦东高端制造业绿色发展的思考

胡云华[*]

摘 要:新一轮科技革命和产业变革下数字技术飞速发展。绿色制造采用各种绿色战略和技术提高生态效益,需要推动数字技术和制造业绿色发展深度融合。实现制造业绿色低碳发展是浦东产业高质量发展的重要目标,更是打造社会主义现代化建设引领区的必然要求。浦东已初步建立了绿色制造体系,但仍存在诸多不足,需要从科技创新、体系建设、资金支持等方面进一步加快推动数字技术赋能浦东制造业绿色发展。

关键词:数字技术;制造业;绿色发展

党的二十大报告明确提出要"推动绿色发展,促进人与自然和谐共生"。2024年政府工作报告指出,要深入积极推进数字产业化、产业数字化,促进数字技术和实体经济深度融合,加快发展新质生产力。①《中共中央 国务院关于支持浦东新区高水平改革开放打造社会主义现代化建设引领区的意见》中明确提出,浦东要"增强自主创新能力,强化高端产业引领功能,带动全国产业链升级,提升全球影响力。"因此,促进浦东数字技术和实体经济深度融合发展,实现制造业绿色低碳发展是浦东产业高质量发展的重要目标,更是打造社会主义现代化建设引领区的必然要求。

---

[*] 作者简介:胡云华,中共上海市浦东新区委员会党校教授,研究方向为区域经济、创新经济。
① 新华网:两会受权发布 | 政府工作报告,http://www.news.cn/politics/20240312/bd0e2ae727435f6b9f59e924c871c5c2/c.html,2024年3月12日。

一、数字技术推动制造业绿色发展的理论分析

(一) 概念内涵

数字技术是以云计算、物联网、大数据、人工智能、第五代移动通信技术(5G)等为代表的新兴技术,相关产业具有创新能力强、带动作用明显、渗透性广等特点,对于推动各类资源要素的整合与优化,促进各类市场主体之间信息、技术的联通,具有强大优势。作为国民经济的战略性、基础性和先导性产业,新一代信息技术产业于2010年首次被《国务院关于加快培育和发展战略性新兴产业的决定》列入国家七大战略性新兴产业体系。

2012年,中国政府首次在政策文件中提出绿色制造的概念。2015年国务院将绿色制造列为建设制造强国五大工程之一,为绿色制造指明了方向和目标。2016年9月,工信部发布了《关于开展绿色制造体系建设的通知》,指出绿色制造体系的主要工作包括绿色工厂、绿色设计产品、绿色园区和绿色供应链的建设。绿色制造体系在纵向上包含绿色产品的设计、生产加工、供应链建设,在横向上则将工厂、产业链及整个园区有机地衔接在一起。

(二) 数字技术赋能制造业绿色发展

1. 人工智能赋能绿色制造智能感知和智能决策

在倡导"双碳"的背景下,人工智能将成为降碳减排的核心技术,在提升效率、带动节能减排、探索落地丰富应用场景方面大有可为。利用人工智能技术,通过智能的感知可以融合多元多维的异构数据,利用人工智能可对数据进行深度分析,实现数据驱动的智能决策。基于这些决策可以全面优化产业链的资源配置、赋能产业绿色化,助力碳中和。

2. 大数据基于数据资源赋能绿色制造进行关联映射

大数据驱动的绿色制造模式是在通过传感器收集海量数据并有效利用数据资源基础上,在大数据与绿色制造相结合的过程中产生的。利用大数据技术,通过对客户画像做相应的需求分析,指导绿色产品的设计、制造和包装。根据生产结果,制造厂主动溯源相关产品至客户,对客户和产品的相关数据做出一个合理的关联映射,建设出一个主动生产、动态调度、能耗实时监控的生产运营系统。

3. 工业互联网赋能绿色制造智能化

工业互联网不仅仅是高质量发展的必然要求,也是中国实现碳达峰、碳中和的需要。一方面,工业互联网可利用新一代数字技术与降碳技术深度融合,实现生产数据与碳排放数据的统一汇聚,尤其在万物互联的物联网平台加持下,让数据融会贯通,实现对工业能源的"精打细算"。另一方面,工业互联网可依托5G网络支撑工业制造全要素、全产业链、信息的全面链接,可大大提升生产管理效能,减少资源消耗,成为生产力提升与环境友好之间的新平衡点,推动碳减排工作迈上新台阶。

4. 5G赋能绿色制造可感知、可通信、可连接、可计算

在实现"碳达峰""碳中和"过程中,5G将成为绿色制造的重要抓手,运营商也将在其中发挥重要作用。通过对工厂设备进行5G化改造,企业可实现设备数据全场景采集,形成产线设备可视化运维,从而降低能耗、提高效率。

二、国内外数字技术促进制造业绿色发展的实践

（一）国外实践经验

1. 发达国家基本建立了促进制造业绿色低碳发展的政策体系

目前发达国家大部分已经实现碳达峰,绿色发展基础较好,并提出了制造业绿色竞争力的促进主张。此外,一些发达经济体正积极谋划或推行碳关税机制等绿色贸易保护政策。美国早在20世纪80年代就开始率先推进绿色制造,2007年通过《低碳经济法案》,最早从法律文本上设定了减少温室气体排放的战略目标。欧洲2005年开始对耗能产品提出能效标准框架性政策。2020年欧盟出台《新工业发展战略》及其在2021年的更新报告中均提出欧盟工业要实现向绿色化和数字化的双转型。日本一直把绿色发展作为重要发展方向。2007年,日本在《绿色经济与社会变革》中提出了构建低碳社会中长期方针;2020年首次提出于2050年实现"碳中和"目标;2021年修订《工业竞争力促进法案》,增加了"向绿色社会转变"的政策制度。

2. 发达国家利用数字技术促进企业绿色制造技术全球领先

发达国家在具体实践中已经广泛普及绿色制造理念,重点企业更是率先践行推广绿色制造技术,持续革新与升级,以实现绿色发展和低碳发展。通用汽车的美国工厂通过创建有助于部署可再生能源的微电网等方式提高能源效率,计划在2035年之前以绿色的方式生产汽车。美国通用电气提出"3050可

持续发展目标",即加大科技创新,在2030年实现全球运营碳中和,2050年实现在包含企业价值链中产生的所有其他间接排放量碳中和。在欧盟,奔驰将绿色低碳理念贯彻到生产制造全流程,并在生产制造阶段基于高度自动化和智能化,形成"黑灯工厂"制造模式,大幅节约电能并提高生产效率。西门子通过持续的数字化技术升级与应用创新,不断提升绿色生产力,数字化和低碳化"双轮驱动"已是其业务的重要支点。2021年,西门子在中国启动了"零碳先锋计划"。在日本,丰田基于以e-Palette为代表的"电动化、智能化、互联化"技术,从能源及碳排放、大气污染物、水资源管理和废弃物管理等方面打造车企低碳化样本。松下根据2017年制定的"Panasonic环境愿景2050",通过提供能源管理和解决方案、创建零碳工厂等方式,致力于削减能源使用。当前,松下致力于向"Panasonic GREENIMPACT(绿智造 创未来)"过渡。

(二)国内发展实践

1. 国家系列政策为推动数字技术赋能绿色制造提供了根本遵循

工业是中国能源消耗的大户,能源消费占全国的比重始终在70%以上;工业化石能源碳排放占全国碳排放的70%,占工业碳排放总量的85%以上。因此,工业绿色低碳转型是实现碳达峰、碳中和目标的内在要求。《中共中央国务院关于完整准确全面贯彻新发展理念做好碳达峰碳中和工作的意见》提出,要推动产业结构优化升级,加快推进工业领域低碳工艺革新和数字化转型,推动互联网、大数据、人工智能、第五代移动通信(5G)等新兴技术与绿色低碳产业深度融合。《2030年前碳达峰行动方案》提出工业领域要加快绿色低碳转型和高质量发展,力争率先实现碳达峰;推进工业领域数字化智能化绿色化融合发展,加强重点行业和领域技术改造。通过数字化智能化促进工业领域绿色化已成为中国实现"双碳"目标相关政策的重要内容,为利用数字技术赋能制造业绿色低碳发展指出了重要方向。《"十四五"工业绿色发展规划》提出,要以数字化转型驱动生产方式变革,采用工业互联网、大数据、5G等数字技术提升能源、资源、环境管理水平,深化生产制造过程的数字化应用,赋能绿色制造。工业和信息化部等部门颁发的《工业领域碳达峰实施方案》提出,"十五五"期间,在实现工业领域碳达峰的基础上强化碳中和能力,基本建立以高效、绿色、循环、低碳为重要特征的现代工业体系。数字技术作为重要技术手段赋能绿色制造,将在"十四五""十五五"期间成为重要部署方向。

2. 典型区域率先部署数字技术促进绿色制造发展

从区域层面上看,利用数字技术赋能绿色制造发展还处于起步阶段,目前只有深圳、杭州、宁波等信息化工业化程度较高的城市对此有专门部署并出台了有关政策予以支持,但尚未取得明显成效。深圳发布了《支持绿色发展促进工业"碳达峰"扶持计划操作规程》,重点扶持工业智慧(综合)、智能、数字化能源管理项目、近零碳排放示范工程等。其中对于智能光伏示范项目,奖励金额不超过100万元。杭州发布的《关于完整准确全面贯彻新发展理念做好碳达峰碳中和工作的实施意见》把提升数智支撑能力作为工作重点,提出要推动大数据、区块链、人工智能等数智技术与"碳达峰、碳中和"实践的融合创新。《宁波市工业领域碳达峰实施方案》提出,要"创新驱动,数字赋能",推动数字化智能化赋能绿色化发展,以数字技术驱动工业低碳转型。

3. 部分领军制造业企业已开展数字技术赋能绿色制造实践

为响应国家碳达峰碳中和战略,提高企业绿色竞争力,国内部分制造业企业已开展通过数字技术推动绿色低碳发展。宝武2021年发布了《中国宝武碳中和行动方案》,要求以技术创新助推宝武绿色低碳转型,通过智慧低碳冶金技术、全流程智慧制造、绿色供应链、核心设备智能运维等路径助力碳中和行动。海尔依托卡奥斯国家级工业互联网平台,通过应用5G、云计算、大数据等数字技术,自主研发了智慧能源管理平台,参与制定3项国家标准,获得核心技术专利21项,以大数据驱动企业能源管理升级。同时,海尔积极推进卡奥斯智慧能源平台迭代升级为碳资产管理平台,实现能源流、数据流、信息流、碳追溯流"四流合一"。

三、浦东数字技术促进高端制造业绿色发展现状分析

(一) 发展基础

1. 浦东初步建立了较为完善的绿色制造体系

"十三五"期间,浦东新区累计完成19家绿色工厂、3个绿色园区、22种绿色产品、4条绿色供应链的创建。截至2022年12月,浦东新区已累计创建22种绿色产品、36家绿色工厂、6条绿色供应链、3个绿色园区。2022年,联合汽车电子、勃林格殷格翰药业、西门子医疗器械等3家企业建设了上海首批零碳工厂,曙长数据建立了上海首批零碳数据中心。

2. 浦东在数字经济促进制造业绿色低碳发展方面具有较好基础

一是在政策层面，市级和区级已出台了绿色制造相关政策和规划。《上海市碳达峰实施方案》提出，要开展工业领域碳达峰行动，深入推进产业绿色低碳转型，建立绿色制造和绿色供应链体系，推动新材料、互联网、大数据、人工智能、移动通信、航空航天、海洋装备等战略性新兴产业与绿色低碳产业深度融合。《上海市产业绿色发展"十四五"规划》提出要"数字赋能、智慧发展"，以人工智能、5G、物联网、大数据、区块链等新一代信息技术为驱动，稳步推进信息技术与节能环保产业的融合应用，促进节能环保产业提质增效，催生一批新业态、新模式。

《上海市工业和通信业节能降碳"百一"行动计划（2022—2025）》明确了工业和通信业领域节能降碳时间表、路线图、施工图，提出要充分利用人工智能、5G、物联网、大数据、区块链等新一代信息技术，赋能产业智能化绿色化，力争平均每年节约1%的用能量。浦东也制定了相关的配套行动方案。《浦东新区资源节约和循环经济发展"十四五"规划》提出，要鼓励数字技术与节能的深度融合，推进"互联网＋智慧节能"的发展，通过数字化的手段助力"节能、提效"。相关政策的颁布为浦东推进数字技术推动制造业绿色低碳发展提供了政策依据和行动指引。

二是在企业层面，已有企业布局"数字技术＋绿色制造"融合发展。博彦科技是国内领先的软件技术服务供应商和最大的软件出口企业之一，为世界500强公司提供解决方案。该公司一直聚焦人工智能技术与物联网的充分融合，面对"双碳"机遇，最新推出的零碳工场项目已走向市场并收获不少成功案例。勃林格殷格翰是中国制药行业第一家达到碳中和的工厂，其通过进一步优化节能、更新迭代能效比更高的设备、引入先进的新型技术、优化智能化的能源管理系统以及影响整条上下游供应链等措施，不断探索脱碳途径，率先实现碳中和。

三是在生态方面，浦东为"数字技术＋绿色制造"提供良好发展环境。平台建设方面，国网上海浦东供电公司建有智慧能源"双碳"云平台，是能够实时监控浦东主要企业"双碳"状况的"全景式地图"。智慧能源"双碳"云平台还将依托"能源碳监测"功能，根据《上海市温室气体排放核算与报告指南》构建算法，为政府提供区域能源碳排放热力图和各地块、各行业、重点企业的同比、环比能源碳排增速，辅助政府科学、高效地制定规划，促进区域产业转型升级。浦公节能环保科技有限公司是一家专注于节能环保的高新技术企业，该公司通过对大型公共建筑的实时采集监测、能耗统计、分析和评估等技术服务工作,为政府提供实时动态的数据分析,并为相关法律法规的制定、行业规范的出台提供有力的数据支撑,为用能单位提供系统的节能解决方案,有效推进节能减排工作的实施。

此外,金融支持方面,上海市出台了首部绿色金融法规《上海市浦东新区绿色金融发展若干规定》。一方面不断提升绿色金融服务水平,促进绿色金融和普惠金融、科创金融的融合发展;另一方面推动绿色发展为全社会实现碳达峰、碳中和目标贡献金融服务业的力量。目前,上海正在申建国家级绿色金融改革创新试验区,浦东也已获批成为全国首批气候投融资试点地区。在这两项工作中,浦东都承担着开展绿色金融和碳金融支持经济转型发展先行先试的重要使命。

(二) 存在的不足

1. 制造业重点产业绿色低碳发展压力巨大

一方面,浦东制造业重点发展产业的生态足迹普遍较大。浦东重点发展的六大"硬核"产业,其中三个与电子信息产业有关。随着全球电子信息产业领先企业的环境数据更趋透明和全面,可以发现电子信息产业的环境足迹非常大。与一些传统上污染更严重的行业相比,最先进的芯片制造商现在拥有更大的碳足迹。生物制药产业——浦东另一硬核产业,从全球来看,其药品制造环节的碳排放量比汽车制造商在汽车制造装配时多13%。另一方面,浦东新区制造业重点产业面临产业壁垒风险。国际领先的头部企业为了应对国际上的ESG(环境、社会和公司治理)压力,已经出现了成立零碳盟等联盟形式,形成潜在的行业绿色发展规则和行业壁垒。国内外对重点产品领域的脱碳要求将会倒逼制造企业业务战略和绿色发展的彻底转型。

2. 数字技术赋能制造业绿色低碳发展政策尚未完善

《浦东新区资源节约和循环经济发展"十四五"规划》只是在推进"互联网+智慧节能"和通过数字化的手段助力"节能、提效"等点上提及相关内容。《浦东新区促进制造业高质量发展"十四五"规划》在数字技术促进制造业绿色低碳发展方面未有相关部署。《浦东新区人工智能赋能经济数字化转型三年行动方案(2021—2023年)》面向智能制造、智慧医疗、智能交通、智慧商业、智慧航运、金融科技、智慧农业、赋能平台等领域,聚焦人工智能、大数据、云计算、5G、区块链等领域提出数字技术与实体经济的深度融合,但尚未涉及绿色制造内容。《浦东新区人工智能赋能经济数字化转型高质量发展专项操作细则》涉及支持数字化转型标杆项目、数据要素流通、服务型制造等方面,但也未将数字技术赋能绿色制造作为资助领域。

3. 数字技术与制造业绿色低碳发展融合程度不够

从全国看,因环节构成复杂、技术种类多、技术系统集成难度大、成本较高等原因,"数字技术+绿色制造"的发展水平还处于初步融合阶段。一方面表现为基础理论研究短板突出,关键基础支撑能力不足;另一方面表现在技术积累不够深厚,数字技术与低碳、零碳、负碳技术的深度融合发展成熟度较低,核心技术和高端产品对工业领域节能减碳的支撑力度相对有限,等等。因此急需系统性、原创性的技术和理论创新,推动数字技术和降碳技术深度融合。浦东应充分利用自身优势,为中国数字技术赋能制造业绿色低碳发展发挥科技创新策源功能。

4. 制造业绿色低碳相关应用场景有待进一步拓展

重点行业企业和工业园区仍是浦东绿色制造体系建设的主体。在绿色工厂创建过程中,提高清洁生产技术水平、改善末端治理效果、提升污染物资源化和无害化利用程度,以及在绿色园区创建过程中,提高可再生能源使用比例和能源梯级利用率、推动提升园区数字化和智慧化管理水平,仍将是浦东全面推进绿色制造体系建设迫切需要突破的重点和难点。

5. 数字"双碳"相关人才严重短缺

数字技术赋能绿色低碳,急需一大批适应绿色低碳发展并具备数字化知识结构和数字化动手能力的人才。根据教育部印发的《加强碳达峰碳中和高等教育人才培养体系建设工作方案》,2021年7月全国碳市场启动前双碳相关从业人员约1万人,2025年预计相关从业人员数量会增长至50万~100万。在巨大的人才需求背景下,既具备"双碳"理论知识又具有数字技术实践技能的人才十分短缺,远远不能满足制造业"双碳"目标对人才的需要。浦东和全国一样,数字"双碳"相关人才严重不足。因此,加快数字"双碳"相关专业人才培养,是浦东数字技术能否支撑制造业绿色低碳发展的重要一环。

四、推动数字技术赋能浦东高端制造业绿色发展的建议思考

(一)强化科技创新,加强高水平"数字技术+绿色低碳"技术供给

一是推动一批"数字技术+绿色低碳"关键核心技术攻关突破。一方面,

围绕数字技术融合清洁智慧火电、工业装备和工艺过程共性能效提升等领域,研发一批关键技术;围绕数字技术＋智能电网、能源交换与路由、先进储能、智慧能源系统集成,开展关键技术研发。另一方面,围绕"数字技术＋绿色低碳",鼓励申报碳达峰、碳中和领域国家自然科学基金重点项目、国家科技重大专项、市级重大专项等。此外,争取成立一批"双碳"领域的国家重点实验室,推进碳中和领域的上海市重点实验室、技术创新中心、专业技术服务平台、新型研发机构等科技创新基地平台体系建设,开展"数字技术＋绿色低碳"相关研究和技术突破。

二是优先在"数字技术＋绿色低碳"领域开展"揭榜挂帅"机制创新。支持政府部门、国有企业、事业单位及其他企业和社会组织在"数字技术＋绿色低碳"领域的创新项目,优先在浦东新区揭榜挂帅公共服务平台上公开发布,并通过多种渠道向全球范围内的创新主体发布或推送创新项目。

(二) 聚焦特色园区,打造高品牌"数字技术＋绿色制造"绿色园区

一是加大"数字技术＋绿色制造"应用推广。一方面,加强示范引领,遴选一批集成电路、生物医药、汽车等领域基础好、认可度高、影响力强的企业先行开展试点应用,打造一批"数字技术＋绿色制造"标杆应用场景。另一方面,加强对行业成熟经验的应用推广,在发展潜力大、带动性强的"数字技术＋绿色制造"领域培育新增长动能,打造国际先进的绿色低碳制造业集群。

二是推动数字技术与制造业融合发展试点示范。与国内外"数字技术＋绿色低碳"先进工业园区对标,推荐具有典型代表性的产业园区开展数字技术与制造业融合发展试点示范,加快实现绿色低碳转型,为全国提供可操作、可复制、可推广的经验做法。

三是推动金桥智能网联汽车绿色园区建设。一方面,以智能化、网联化、电动化为主攻方向,促进智能网联汽车技术领域跨界融合和产业链上下游协同。另一方面,促进技术研发和产业化,加强智能网联新能源汽车核心技术攻关和基础技术提升。此外,加快推进智能网联汽车测试示范区建设,积极推动研究制定智能汽车标准体系。

四是推动张江建设赋能绿色制造的数字信息产业园区。一方面,推动以新型显示技术、功率半导体器件、能源互联网、分布式能源系统为代表的智能化低碳技术取得突破。另一方面,推动人工智能、5G等新兴技术与绿色低碳产业深度融合。

(三) 加大资金支持,围绕"数字技术＋绿色制造"构建高效率资金链

一是加大财政资金支持力度。一方面,加大浦东新区节能低碳专项资金支持力度,以数字技术为动力,建设国家级和市级绿色工厂、绿色供应链、绿色园区、绿色产品和绿色企业。另一方面,加大高质量产业基金、科技发展基金等区级财政支持力度,对利用数字技术建设制造业低碳化平台、技术研发攻关、应用转化落地等予以支持。

二是推动绿色低碳金融创新。一方面,推动金融机构利用数字技术创新多元化绿色信贷产品,加强产业绿贷服务平台建设、帮助绿色产品、绿色工厂、绿色供应链等企业精准对接银行,提升融资效率、降低融资成本。另一方面,探索设立区级绿色制造产业引导基金,鼓励社会资本以市场化方式设立绿色低碳产业投资基金,把"数字技术＋绿色制造"作为投资重点。

(四) 着力发展支撑、完善"数字技术＋绿色制造"的高品质生态体系

一是加快"数字技术＋绿色制造"人才建设。一方面,实施"数字技术＋绿色制造"英才计划,加快引进培育能突破"数字技术＋双碳"关键核心技术、实现成果高效转化应用的领军人才及团队。另一方面,加强数字技术与绿色低碳领域融合相关学科建设,推动职业教育与产业深度融合,引导大型企业与中高职院校共同举办"数字技术＋双碳"高质量职业教育。

二是推动成立"数字技术＋绿色制造"产业联盟。由重点研究机构和龙头企业牵头,联合数字技术和绿色制造领域科研院所、重点高校、主要制造企业及相关机构和企业,筹建"数字技术＋绿色制造"产业联盟。有效对接产、学、研之间的需求,推动重大研发成果转化,逐步形成成果研发、转化孵化、产业集聚的良性链条。

三是促进长三角"数字技术＋绿色制造"一体化协同发展。一方面,推动长三角系统解决方案供应商与用户企业的对接,加速长三角制造企业的数字化、低碳化转型。另一方面,大力推动长三角区域一体化,加强"数字技术＋绿色制造"共性技术服务平台建设,推动产业低碳化转型共性技术研发转化。

参考文献:

程广斌、吴家庆、李莹:《数字经济、绿色技术创新与经济高质量发展》,《统计与决策》2022年第23期。

戴翔、杨双至:《数字赋能、数字投入来源与制造业绿色化转型》,《中国工业经济》2022 年第 9 期。
李云鹤、吴文锋:《数字化转型能否助力我国制造业企业创新提质增效?》,《社会科学》2023 年第 9 期。
杨继东:《产业数字化与经济高质量发展》,《人民论坛》,2023 年第 22 期。
郑瑛琨:《经济高质量发展视角下先进制造业数字化赋能研究》,《理论探讨》2020 年第 6 期。
周茜:《数字经济对制造业绿色发展的影响与机制研究》,《南京社会科学》2023 年第 11 期。

提升农业新质生产力　加快实现浦东农业农村现代化建设

郭　岚[*]

摘　要：习近平总书记强调："农业现代化，关键是农业科技现代化。"推动农业现代化进程，关键在于不断深化数字、生态及生物技术的创新与应用，以此催生并培育农业的"新质生产力"。新质生产力的培育与发展，是实现高质量发展的核心环节与关键路径。面对新的发展阶段，浦东新区应把农业新质生产力作为引领，积极担当农业科技创新的先锋角色，勇当农业科技创新的主力军，早日实现农业农村现代化。

关键词：农业新质生产力；农业农村现代化；浦东新区

农业新质生产力的形成对于推动农业实现高质量发展、推进乡村实现全面振兴具有重要作用。2023年9月，习近平总书记在黑龙江省考察期间，首次阐述了"新质生产力"这一理念，指出要通过科技资源的整合来促进新兴产业的快速成长和发展。2023年12月，中央经济工作会议进一步明确了科技创新在产业创新中的推动作用，并强调了突破性技术对新产业、新业态、新动力的促进作用以及对新质生产力的贡献。在2024年1月31日的政治局集体学习会上，习近平总书记着重阐述了新质生产力对于推动高质量发展的影响深远，指出创新依然是促进快速发展的核心战略。分析中国农业的现状，作为农业大国，中国在农业领域取得了显著成就，农业总产值占全球比重高达22.5%，位居世界首位。然而，中国还不是农业强国，农业强国的整体实现度仅为67.2%，这说明中国在农业生产效率、科技创新、高水平人才支撑等关键领域与发达国家相比仍然存在着较大的差距。对照新质生产力与现代农业强国的标准，差距日益明显，成为中国实现农业农村现代化的瓶颈。

---

[*] 作者简介：郭岚，上海社会科学院副研究员，研究方向为城乡关系和三农问题。

一、浦东新区提升农业新质生产力的意义

(一) 为国家粮食安全提供坚实基础

粮食安全是最重要的民生问题,农业新质生产力是符合新发展理念的先进生产力形态,是保障粮食和重要农产品安全的重要引擎。农业新质生产力强调农业科技创新和人才培养,采用一些创新性的技术,不断培育战略性新兴产业和未来产业,实现对劳动者、劳动资料及劳动对象的提质升级,显著提高农业的生产效率和粮食产量,以增加粮食供应的稳定性和可持续性,为粮食安全提供有力支撑。从粮食产量方面来看,基于农业新质生产力的创新技术推动了现代生物技术和信息技术,改造了传统的农业生产流程,提高了粮食抗病虫害的能力,大幅度增加了粮食产量。从粮食生产的流程来看,基于农业新质生产力的创新技术可以有效解决由于土地碎片化导致的大机械利用率低的问题,将进一步促进粮食生产的规模化、标准化和产业化,降低农业的生产成本,提高农业的生产效率。从粮食储存方面来说,基于农业新质生产力的创新技术(例如智能仓储、低温干燥等),可以使粮食保存的时间更长,从而也增强了粮食储备的稳定性和可靠性。从粮食应急管理方面来看,基于农业新质生产力的创新技术可以有效应对自然灾害等突发事件,提供高效的农业生产和物资调配能力(例如:通过精准农业技术能够快速评估受灾地区的粮食损失情况并制定相应的补救措施,智能化的农机装备能够快速投入到抢收抢种工作中去,而智能化的粮食应急管理平台可以实现对粮食储备、运输、加工等环节的实时监控和调度)。农业新质生产力的创新技术还孕育了生态农业、循环农业等新的农业生产方式,这些新的生产模式减少了化肥、农药施用量,可以在更大程度上保护土地资源和水资源,为粮食生产提供了可持续的生态环境。

(二) 为完善现代农业产业体系提供技术支持

农业新质生产力的培育与发展,不仅是传统农村产业升级、农业新兴产业及未来产业布局的关键环节,还是推动农村产业新模式与新业态形成的重要动力源泉。首先,提升农业的生产效率,智能农机和精准农业等先进技术的应用,可以方便农业生产各环节的数据采集和分析,实现对土壤、空气和水资源的精细化管理,优化农户的生产决策,降低农业的生产成本,提高农产品的产

量和质量，增强农业的市场竞争力；其次，推动农业的产业升级，农业新质生产力可以通过集聚各类资源，开发农业的多重功能，发展"互联网＋现代农业""互联网＋绿色生态循环农业""互联网＋现休闲农业"等新型农业业态，促进农村一、二、三产业的协同发展，使农业向更高附加值和更可持续的方向发展；第三，优化和延长农业的产业链，通过引入物联网、大数据等现代信息技术，实现农业在生产、加工、销售等各个环节的紧密衔接，提高产业链的协同效率；第四，提升农业的创新能力，通过加强农业科技创新和人才培养，推动农业在品种改良、技术创新、市场营销等方面取得更多新突破，为产业的可持续发展提供有力支撑。

(三) 为农业农村绿色发展提供动力支持

绿色发展是高质量发展的基础，新质生产力实质上就是绿色生产力。农业新质生产力是农业发展的重要支撑，为宜居宜业和美乡村建设赋能。从农业生产绿色转型方面来看，农业新质生产力强调经济效益、社会效益、生态效益的有机统一，可以有效破解农业资源趋紧、生态退化等发展困境。农业新质生产力是将生产力的概念从"改造自然"提升到"人与自然和谐共生"的高度。通过使用生态农业、数字农业、调控微生物代谢、农业面源污染治理等一系列先进技术，积极拓展碳汇农业、林下经济等农业新领域，并形成休闲农业、旅游农业等绿色产业集群，推动高投入、高消耗、高污染的传统农业向高效能、高质量、绿色化的方向发展，从而真正实现"绿水青山"转变为"金山银山"；从农民生活绿色化转型方面来看，农业新质生产力是将绿色发展的理念传导到乡村生活模式中，为了打造宜居宜业的乡村环境，需要摒弃过去一直采用的"先污染再治理""边破坏边治理"的旧思路，应全力践行农业新质生产力的新理念，科学筹谋乡村的发展，加大乡村环境整治力度，培养出一批具有新观念、新思想的新农人，形成绿色生活方式，绘就乡村绿水青山新画卷。

(四) 为实现共同富裕提供加速引擎

习近平总书记强调，中国追求的共同富裕目标并非简单的均等分配，而是强调在增加社会总财富的基础上，实施公正合理的制度机制，确保财富分配的公平性。从增加农民收入方面来看，科技创新能够极大提升农业生产效率。农业生产效率提高的含义是单位面积（单位时间）内农产品产量的增加，这将直接增加农民的收入。随着收入的增加，农民生活水平也将得到提升，购买力也会增强。因此将进一步促进农村经济发展,缩小城乡差距,推进共同富裕;从提升农民的技能和素质方面来看,随着新技术的应用,农民需要不断掌握新知识和新技能,以适应新的生产方式。这将有助于提升农民的劳动技能,增强农民的就业能力,促进农民增收致富,实现共同富裕。通过改革土地制度,中国成功构建了稳固的新型农业经营体系,提升了农业经营主体的活力,进而推动了新形态农村集体经济运作模式的成熟与完善,实现了集体资产稳步增长,大幅度提高了农民的财产性收入。由此可见,农业新质生产力是以劳动者素质提升→生产效率提高→农民增收致富→城乡收入差距缩小这一逻辑顺序来逐步实现共同富裕的目标。

二、农业新质生产力的内涵和特征

(一) 农业新质生产力的内涵

新质生产力的诞生,源于技术领域的突破性飞跃、生产要素配置的创新性布局,以及产业结构的深度重塑。新质生产力的基础就在于劳动者、劳动资料、劳动对象三者间的优化,以达到全要素生产效率的快速增长。这一过程的核心在于不断推动创新,关键在于追求卓越的品质,其本质是先进生产力的集中体现。在农业领域,新质生产力的具体实现是通过科技化、数字化、网络化、智能化的要素全面渗透,借助革命性技术进步,以高技能劳动力为核心,体现为多要素的紧密耦合。其发展路径明确指向产业链的延展与结构性革新,并以数智化及绿色化转型为鲜明特点。农业新质生产力以科技创新为核心引领、以要素变革为关键支撑、以产业升级为竞争优势,旨在推动农业向现代化、智能化和绿色化方向发展,是达成农业高质量发展与建设农业强国目标的关键。农业新质生产力的发展,揭示了农业生产力从渐进量变到根本质变的演变规律,也是推动农业生产方式、产业结构和经营模式转型升级的过程,更是塑造与之相适应的新型生产关系的过程。与传统农业生产力不同,农业新质生产力具有差异化的要素禀赋特征,集中体现为劳动者的素质提升、劳动资料的智能更迭、劳动对象的边界拓展等几个方面。

(二) 农业新质生产力的特征

1. 劳动者的素质提升

与新质生产力相匹配的劳动者是指拥有更高劳动技能、创新思维和科学素养的新型劳动者。在农业领域，这两类人才是指：一是在农业相关领域进行技术创新的战略型人才；二是将先进技术运用到农业生产中的高素质应用型人才。这两类新型农业劳动者既包括在高校、科研院所等从事农业科技研究的科研人员，又包括经过专业技能培训的高素质农民以及各类能适应现代农业发展需要的新型农业经营主体和服务主体。这些新型农业劳动者拥有先进的农业发展理念、专业技能和经营经验，能够适应数字化、智能化的农业发展环境。因此说，农业劳动者的素质是直接影响农业新质生产力形成和发展的根基。

2. 劳动资料的智能迭代

随着人工智能、物联网、自动化装备为代表的新型劳动资料广泛应用，也拓展了农业生产的新赛道，极大提高了农业生产效率。大数据、基因编辑、微生物组等一些前沿性的农业技术被广泛应用在开发盐碱地农业、沙漠农业等领域。同时农业装备和设施的数字化、智能化升级也有效降低了农业生产风险，提高了农业产业的附加值。农业劳动资料的智能迭代将推动传统农业产业的深度转型，进一步加速农业新质生产力的形成和发展。

3. 劳动对象的边界拓展

新质生产力的劳动对象不再仅仅局限于传统的物质形态，而是在前沿科技创新推动下，催生出大量的新型生产要素，这也极大地拓展了劳动对象的边界。一方面，科技进步突破了土地等自然资源的约束，拓宽了农业生产领域和食物来源。例如：能够产粮的盐碱地、养鱼蟹的天山融水等成为新的劳动对象；另一方面，大数据、物联网、人工智能等被广泛应用于农业领域，海量的农业数据成了农业的新生产要素。例如：对气候数据、墒情数据、病虫害数据和生物基因数据的收集、处理及分析，可以产生巨大的生产力效应。

表1　　　　　　　　　农业传统生产力和农业新质生产力比较

生产要素		农业传统生产力	农业新质生产力
劳动者	特点	以体力劳动为主	素质跃升；以富有创新性的劳动为主；先进的农业生产理念、专业技能和经营经验
	举例	技术工人、普通农民	农业科研人员；高素质农民、法人农业经营者
劳动资料	特点	依赖传统物质资料的工具和机器；生产方式简单、效率低	智能迭代；信息化、智能化、数字化

续表

生产要素		农业传统生产力	农业新质生产力
劳动资料	举例	原材料、农业机械等实体工具	农业大数据平台;无人农场、无人运输车、无人机施肥
劳动对象	特点	传统的、原始的农业物质形态	边界拓展;高科技支撑的物态物质、数字技术应用的非物态物质
	举例	农地、动植物	能产粮的盐碱地;农业生产数据

资料来源:根据相关文献整理。

三、浦东新区提升农业新质生产力面临的新机遇

伴随现代农业的发展,技术革新和产业融合步伐不断加快,新模式和新业态不断涌现,浦东新区的农业发展模式正在由传统要素投入模式向高质量要素投入和高科技驱动模式转变。新区的农业已初步实现了从规模到实力的飞跃,正处于从"量"到"质"的过渡时期。

(一)创新要素组合形成农业新模式

"三权分置"政策的推行,促进了土地流转市场的发展和适度规模经营的普及,推动了新兴农业经营主体的快速发展,创新生产要素的重新组合形成了农业的新模式,这是农业新质生产力的具体体现。截至2023年12月,认定上海山臻果蔬专业合作社等39家合作社为浦东新区农民专业合作社示范社,上海农雄丰蔬果种植专业合作社等176家合作社为浦东新区农民专业合作社达标社。其中,上海越亚农产品种植合作社入选国家农民合作社示范社名单。同时,浦东新区农业生产社会化服务体系也迅速发展,建立了"1+2+9+X""农资+"社会化服务体系,即1个线上平台+2个中心仓+9个前置仓+X个前置柜,推进了浦东涉农区域服务全覆盖,实现了高效、便捷、全程化服务。

(二)产业升级融合形成农业新业态

在浦东新区,农业的转型升级融合了多种新兴技术,形成了全新的农业业态。随着现代农业技术的日新月异,尤其是自动化机械、智能机器人,以及物联网和大数据技术的采用,极大推进了新区农业现代化的进程。在生产端,这些技术在生产环节的应用改变了传统农业对环境的依赖,促进了农业作业方

式的革新，农业生产效率因新技术的普及得到了显著提高。在消费端，互联网电商的迅速发展也为浦东农副产品的销售提供了新的渠道，推动了产业链的进一步发展。这些新要素极大地提升了新区的农业生产力，增强了农产品的市场竞争力和可持续发展能力。2023年成立的浦东新区智慧农业产业联盟，会员单位从最初的27家增至38家，已经成了推动农业新质生产力发展的重要载体。

（三）农业全要素生产率的大幅提升

当前，中国农业的全要素生产率为2.52%，对总产值增长的贡献率为47.54%。在传统的生产要素中，土地与人力资源的投入对增长的推动作用逐渐减小，资本投入的效应保持不变。而技术进步和规模化经营在提升全要素生产率方面的作用则越来越明显。浦东新区农业全要素生产率年均增长达到3%，其中技术进步的贡献率达到2%，全要素生产率大幅提升是新质生产力的核心标志。

四、浦东新区提升农业新质生产力面临的新挑战

（一）现代农业发展和农业经营体系不匹配

浦东新区创新性地发展了一套农业经营模式，该模式围绕家庭承包制，涵盖了从龙头企业到家庭农场，再到专业农户和农民合作社的全方位农业经营体系。但是该体系在与现代农业的深度结合及高效互动上存在着局限，这成了阻碍浦东农业新质生产力增长和效率提升的关键因素，其影响包括多个领域。其一，在市场竞争和风险抵御方面，新型农业经营主体显得较为脆弱。例如：家庭农场规模有限，采用先进技术的成本较高，从而限制了其生产潜力的发挥。这些新型经营主体，包括家庭农场和合作社，倾向于采用常规的经营方式，这些方式并不能完全适应市场经济的发展要求。特别是在极端气候事件增多及农产品价格波动的背景下，它们在抵御来自自然环境与经济领域的风险方面显得尤为脆弱。由于涉农的交易平台不健全，加上金融中介机构对农业创新经营实体的资金融通支持倾向不显著，导致农业创新经营实体在面对风险时显得更为脆弱；其二，农业合作社及供销社等集体组织的效能发挥有待提升。在以家庭为单位的承包经营体系内，在实际运作更侧重于"分"的职能，而统一管理则发挥不足，因此导致集体经济组织的力量相对较弱。例如：个体农户和小型家庭农场在产供销环节遇到大型经济实体时，议价能力较差，农产

品的利润空间不断被缩减,融入统一市场的能力也会受到影响;其三,在农业服务领域,存在着经营性服务与公共性服务发展不平衡的现象。经营性服务在促进增产、提升效率与增加收益方面展现显著成效,市场需求和服务购买意愿强烈,但是由于农业本身的公共属性,特别是在预防灾害和病虫害等领域,相关服务的供需关系相对缺乏。这种情况制约了公共性服务的可持续性,而且在经营主体面对灾害风险时,难以采取主动的应对策略。因此可以说,现代农业发展与农业经营体系的不匹配严重制约了农业新质生产力的提质增效,亟待采取有效措施加以解决。

(二) 人口老龄化与人力资本不足

当前,中国已经进入人口老龄化阶段,农村地区老龄化的状况更为突出。有研究指出,农村地区耕地弃耕与人口老龄化有一定的联系,这导致全国农地平均规模大约减少了4%。同时,劳动力素质不高、人力资本不足的问题变得日益显著。根据相关的调查数据,以浦东新区为例,农业从业人员中50岁以上者占据多数,其平均年龄达57.69岁。高素质劳动者是提高农业新质生产力的关键,浦东的农村地区也面临劳动力资源数量与质量的双重压力。由于从事农业的人员年龄普遍较大,创新意识不够活跃,对高新技术接纳和融合的能力也有限,这导致新型生产方式的潜力不能被充分挖掘,农业生产的效率和效益也都会受到制约。与此同时,高素质劳动力的流失现象日益显著,这反过来又影响了农民职业化的进程。

(三) 资源环境的约束趋紧

在当前追求高质量发展的大背景下,对资源的有效利用和保护环境成为了不可忽视的问题。特别是在农业领域,作为支撑国民经济的重要产业,集约化、减量化和可持续性发展模式成了构建资源节约型、环境友好型社会的关键环节。在养殖业领域,针对畜禽和水产养殖的传统认知误区,也就是简单地将其视为污染源并施以"一刀切"的治理措施,已经严重影响了该产业的健康发展。因此,需重新审视养殖业定位,通过科学规划布局与资源化利用。例如:将畜禽粪污转化为有机肥,实现养殖业与环境的和谐共生,为农业循环经济与绿色发展提供新动力。在种植业领域,随着化肥农药减量使用,土壤重金属污染风险有所降低,但对照上海绿色农业发展目标,浦东新区耕地整体质量仍然有较大的提升空间。绿色防控技术滞后和种植户缺乏用地养地理念等因素也加剧了农业面源污染的严峻性。当前，对农药化肥的过度依赖已经引发了土壤酸化、次生盐渍化、耕作层退化等一系列问题，成为制约农业可持续发展的重大障碍。因此，推广生态种植模式和提升土壤健康管理水平，是应对资源环境约束趋紧、推动农业绿色转型的必由之路。

五、浦东新区提升农业新质生产力新举措

在中央一号文件（2024年）的指导下，浦东新区正在探索适应现代都市农业的发展策略。新区致力于提升现代都市农业的综合实力，特别注重品种的优化、品质的提升以及品牌的塑造，坚持采用高科技手段，追求高品质和高附加值，力图构建一个全新的现代农业产业体系，以此推动新质生产力的快速发展。具体的工作重点包括以下几个方面：

（一）数字农业要集成发展

2023年，浦东新区在数字农业方面取得了新突破，通过创建智慧农业产业联盟，实现了在该领域的整合发展。新区着重推进无人农场、植物工厂等尖端技术的综合运用，旨在为农业生产、消费和管理提供全面服务，打造了一个综合性的服务网络体系。此外，新区将构建"1＋1＋8"模式的农业综合监管体系及信息化平台，有效实施"一网统管"的农业管理模式，提升农业产业的整体运行效率和管理水平。

（二）种源农业集群实现新突破

浦东新区作为社会主义现代化建设的引领区，拥有坚实的种业基础和广阔的市场潜力。以构建现代种业产业链为目标，借助浦东国家农业科技园区的平台，推行包括10项重点行动在内的种业振兴策略和配套政策，有力地推进"现代种业示范区"和"张江种谷"的建设进程，在种业领域取得了显著成就。与此同时，浦东新区正推进现代设施农业项目，目标是建立一个国家级现代种业科技与智能装备产业集群。这个集群将整合各种创新资源，增强企业创新能力，加速成果转化，并在全球市场中获得强劲竞争力。

（三）品牌农业集结发力

浦东新区强化农产品单品优势，推出创新产品，塑造知名品牌，积极探索

适合区域内"大而优"与"小而美"企业品牌发展路径,充分利用瓜果产业的优势,着力扩大大米和蔬菜等产业的规模。在此过程中,区域公用品牌成为发展的支柱,引领农业经营主体打造企业品牌。迄今为止,已成功建立了六个区域公用品牌,其中包括南汇水蜜桃,同时还培育了一批在市场上享有知名度和影响力的企业品牌,共同构建了浦东新区优质农产品的品牌形象。

(四)绿色农业集约发展

在现代科技的推动下,浦东新区的现代农业设施与装备技术得到了显著提升,浦东为当地农业科技企业提供了科技成果与科技装备展示平台。目前,已有22项农业科技创新项目获得了资金支持,并成功建立了13个农业科普基地。截至2024年7月,新区共有180个生产单位通过了绿色认证,认证产品涵盖481种,总产量达到了25.1万吨,绿色认证比例达到了37%。

(五)设施农业实现集聚增能

自2018年以来,浦东新区依托财政性都市农业项目吸引了优质主体投身于设施农业的构建与运营中,截至2023年12月,已经顺利完成了58项设施农业项目,总投资规模达到15.55亿元。此外,浦东新区在加强规划引导和统筹协调方面也取得了新进展,完成了针对设施农业的专项规划。在整个上海市范围内布局了12处现代农业园区,覆盖面积总计3.6万亩。其中,浦东新区有4个这样的园区,占地面积约1.2万亩,占比达到了全市的三分之一。

(六)人才队伍集萃提升

为了深度落实浦东引领区人才发展的相关要求,重点解决乡村振兴人才发展中存在的棘手问题,浦东新区率先制定了《浦东新区关于促进现代农业人才发展的实施意见》。这一政策融入了浦东新区特有的"1+1+N"人才政策体系,核心目标包括集聚顶尖现代农业专家、提升农业从业者的经营能力、强化农业科技支持与人才教育的培训,并详细规划了一系列执行流程。

展望未来,浦东新区计划在高度开放的环境中建立国家农业科技园区,构建一个面向全球、服务全国、兼容并包的现代农业技术创新生态系统,努力成为农业科技创新的领军者,早日实现农业农村现代化。

参考文献：

杜志雄、来晓东：《农业强国目标下的农业现代化：重点任务、现实挑战与路径选择》，《东岳论丛》2023年第12期。

高帆：《"新质生产力"的提出逻辑、多维内涵及时代意义》，《政治经济学评论》2023年第6期。

高鸣、种聪：《依靠科技和改革双轮驱动加快建设农业强国：现实基础与战略构想》，《改革》2023年第1期。

韩长赋：《中国农村土地制度改革》，《农业经济问题》2019年第1期。

金碚：《论"新质生产力"的国家方略政策取向》，《北京工业大学学报(社会科学版)》2024年第2期。

罗必良、耿鹏鹏：《农业新质生产力：理论脉络、基本内核与提升路径》，《农业经济问题》2024年第4期。

城市治理编

从营商到宜商
——数字赋能浦东营商环境提升研究

陈亦雨*

摘　要:世界银行新发布的宜商环境评估体系更加关注数字发展、数据共享等指标。浦东的营商环境水平对于提升中国营商环境评估排名具有重要作用。浦东在数字化转型中取得了丰硕成果,但也仍存诸多难题。宜商环境"数字化"建设目标可被分解为四方面指标,即简易化、协调化、标准化、透明化。对标该目标,浦东新区需继续围绕企业全生命周期服务以及政府协同化办公,分阶段分领域打通政务数据互联共享通道,进一步优化数据利用与治理架构,同时加强政府与社会的合作,完善公共数据市场化开发利用体系,使数字赋能浦东新区营商环境的同时兼顾安全与发展,最终形成精准、协同、智能的数字营商环境。

关键词:浦东新区;宜商环境;数字政务;数据赋能

2022年2月4日,世界银行发布了宜商环境评估体系项目说明,引发全球关注。这标志着世界银行对全球商业环境的评估进入了新的阶段。[①] 最新的宜商环境评估体系报告更加关注数字发展、数据共享、公共服务等指标。营商环境是国际竞争力和发展软实力的重要标志,是新一轮国际竞争的焦点之一。世界银行研究表明,良好的营商环境会使投资率增长0.3%,GDP增长率提升0.36%。党的二十届三中全会审议通过的《中共中央关于进一步全面深化改革推进中国式现代化的决定》高度重视数字化营商环境工作,共提到"数字"13次,指出要"健全因地制宜发展新质生产力体制机制""推进政府机构、职能、权

---

* 作者简介:陈亦雨,中共上海市浦东新区委员会党校讲师,研究方向为行政法治、产业与区域经济法。
① 马源、高太山:《数字经济营商环境:国际指标框架及政策指向》,《发展研究》2020年第11期,第45—50页。

限、程序、责任法定化,促进政务服务标准化、规范化、便利化,完善覆盖全国的一体化在线政务服务平台"。该文件强调了数字化在发展新质生产力、提升政务服务以及推动营商环境优化中的重要作用,也凸显了中国政府积极推动数字化转型、利用数字技术提升经济发展质量和政务服务效能的决心。

习近平总书记强调,"发展新质生产力,必须进一步全面深化改革,形成与之相适应的新型生产关系"。优质营商环境特别是数字化营商环境,是良好生产关系的重要体现。在世界银行的评估中,上海以权重55%对中国排名产生了较大影响。而浦东新区作为上海市重要的改革先行者与经济重镇,其2023年生产总值占全市比重约三分之一。在上海市制定的营商环境6.0版行动方案中,亦明确要求浦东建设营商环境综合示范区。可以说,浦东的营商环境水平对中国营商环境排名评估具有重要作用。去年年初,上海市发布新版行动方案,明确将浦东新区定位为营商环境综合示范区。在改革进入"攻坚期"的关键节点,有必要对标世界银行新的评价指标,深入爬梳浦东当前在建设数字营商环境中的主要成果与挑战,理顺政府行为的内在要求,才能清晰把握政府行为的边界,进而提出优化路径。

一、数字赋能浦东营商环境的治理成效

习近平总书记提出,要"努力构建开放、公平、非歧视的数字营商环境"。进入新时代以来,浦东结合引领区建设要求,率先在全国推进数字化改革,营商环境建设经历了几轮迭代升级,在市场准入、事中事后监管、公共数据授权运营等方面取得了显著成效。打造"智慧好办"浦东特色服务品牌,加快实现政务服务"智慧精准""公平可及",有力支撑了数字营商环境的高质量发展。

在市场准入领域,浦东坚持完善"政务智能办"模式,在企业办事"最后一米"上发力。在全国率先开发人工智能辅助审批系统,引领商事主体行政审批数字化改革。"政务智能办"系统依托集成人工智能、区块链等技术,使审批一次通过率超过98%;不断深化政务服务"一网通办",区级涉企审批事项100%实现线上"不见面审批",有效提升了行政审批的准确度和效率。2024年4月,浦东新区印发《2024年浦东新区优化政务服务提升行政效能深化"一网通办"改革工作任务分工》。预计到2025年,政务服务实际办件网办比例达到85%,"随申办"月活跃用户数量达到300万、应用场景数量(累计)2—5个,移动协同

办公系统在党政机关使用覆盖率100%。[1]

在监管领域,浦东推动监管执法数字化转型。非现场执法方式较传统执法方式,有效节约了执法力量,优化了街面秩序,推动了数字化转型的进程,对于城市治理能力、治理手段的探索初见成效。同时,浦东新区首创"一司两地"一体化监管模式,依托临港新片区一体化信息管理服务平台,使上飞公司围网外的生产基地也能享受洋山特殊综合保税区贸易便利化相关政策。

在离岸贸易结算领域,浦东上线全国首个综合运用境内外数据用以支持贸易真实性审核的"离岸通"平台。通过把碎片化的数据串联后形成完整的、真实的境外物流链条,改变了银行原有基于纸质单证的审核模式,为金融机构提供高度集成化的离岸贸易真实性辅助核查服务;新增"离岸贸易业务辅助模块(税务端)",协助做好离岸贸易免征印花税风险联合监管和风险应对闭环管理工作,为监管部门间的数据交流提供辅助支撑,[2]为浦东新区统筹在岸业务和离岸业务的发展提供了有力支撑。

二、数字赋能浦东营商环境的现有挑战

近几年来,浦东通过推进数字化转型工作,营商环境不断提质量、上水平,许多工作走在全市和全国前列。但对标世界银行宜商环境指标体系(BEE)、对照国内其他先进省市的创新举措,浦东在数字化转型中仍然存在信息壁垒等诸多难题,影响了营商环境优化赋能的效果。

(一)数据烟囱问题尚存,部分单位系统独立、数据标准不统一、数据格式不兼容

首先,目前浦东新区数据局虽已建立起了大数据中心,但部分单位往往有各自的职责、权力和利益范畴,可能担心流程再造会导致其权力削弱或资源减少,或者因为难以打破原有的工作模式和习惯,所以其数据系统仍然独立,有些仅接入端口,将数据资源目录与数据产品目录反馈给数据局。因此,新区各单位间仍存在应用平台多、数据存量大、涉及领域广的问题,梳理整合各个部

---

[1] 上海市人民政府:《上海市人民政府办公厅关于印发〈上海市优化政务服务提升行政效能深化"一网通办"改革行动方案(2024—2026年)〉的通知》https://www.shanghai.gov.cn/202404bgtwj/20240308/4666df49e9fd4c5bb24a35ff05f02e95.html,2024年6月8日。

[2] 唐玮婕:《吸引跨国企业向沪转移离岸业务》,《文汇报》2024年4月30日版。

门的系统难度很大。不同部门各自建立和使用独立的信息系统,导致信息难以在部门间有效共享和流通。这使得跨部门业务协同变得困难,可能需要重复收集和录入相同的信息,降低了工作效率,增加了行政成本。

其次,数据标准不统一,意味着各部门对相同的数据可能采用不同的定义、分类和编码方式。例如,对于同一类业务数据,不同部门的记录格式、字段名称或数据精度等存在差异。这会引发数据理解和使用上的混淆,在进行数据交换和共享时需要花费大量时间和精力进行数据转换和匹配,而且容易导致数据错误或不一致。

最后,数据格式不兼容会造成部门间数据传输和共享的障碍。即使数据标准一致,但如果数据存储和传输的格式不同,也无法直接使用或读取对方的数据。这就需要进行额外的格式转换工作,或者使用特定的转换工具,增加了数据处理的复杂性和工作量。

由于缺乏完善的数据统筹协调机制,有些部门担心数据安全问题而不愿对接系统,导致数据闲置。有的部门反映,实际业务中"没有权限去其他单位查一些数据"、"有时候一个单位内部都很难协调"不是个别现象。例如,在城市交通管理领域,交通部门拥有大量的交通流量数据,但这些数据未能与规划部门充分共享,使得规划部门在进行城市道路规划时,无法充分利用这些数据进行精准的需求分析和规划决策。

(二) 数字资源的利用率不高,数据安全治理体系尚待完善

在调研中了解到,在数据集成和共享过程中,对于数量庞大且动态变化的集成数据,如果后期运行维护及有效应用机制不健全、不统一,就会出现数据资源利用率不高、数据质量和业务需求之间不匹配、数据管理成本较高的问题。这些问题在影响政府决策效率提升的同时,也增加了企业的营商办事难度。

一是数据采集环节存在问题。数据采集的方法不科学、不准确,或者采集的范围和频率不合理,导致收集到的数据无法满足业务部门的实际需求。此外,数据更新不及时。业务需求不断变化和发展,但相关数据未能及时跟上更新,使得数据失去了时效性和实用性。

二是某些数据安全治理体系的缺失,成为制约大数据发展的短板之一。数据在传输、存储、处理等环节可能存在被窃取、篡改、泄露的风险,而现有的安全防护技术和手段不够完善,难以有效应对复杂多变的网络攻击和数据安全威胁。目前包括浦东在内,国内针对数据安全的强制性政策要求还不完善,

随着数据业务不断发展,数据应用场景的持续拓展变化,传统以边界防护为核心的数据安全保护措施缺乏动态适应性,安全防护不够到位。

(三) 公共数据市场化开发利用不充分,仍存在主体权责不明、授权流程不清晰等问题

目前浦东区委已制定发布《浦东新区推进公共数据授权运营的工作方案》(浦委办〔2024〕1号)(下称《工作方案》),区数据局已经率先在健康医疗、金融、交通、气象等领域开展一批重点场景探索。但在公共数据市场化开发利用方面仍存在诸多问题,这些问题不仅限制了公共数据价值的充分发挥,也给数据市场的健康发展带来了阻碍,亟待采取有效措施加以解决。

一是大量有潜在价值的公共数据未得到充分挖掘和开发,许多数据仍处于沉睡状态,未能转化为实际的经济效益和社会效益。数据开发利用的创新模式和应用场景相对较少,缺乏足够的市场活力和吸引力,导致数据资源的价值未能得到充分释放。例如,在交通领域,虽然拥有丰富的交通流量、路况等数据,但在与智能交通解决方案提供商的合作方面不够深入,未能充分开发出满足市场需求的创新型交通服务产品。

二是在浦东新区公共数据市场化开发过程中,参与主体的权利和责任界定不够清晰明确。数据提供者、开发者、使用者等各方在数据采集、加工、流通、使用等环节中的权利和义务缺乏明确规范,容易导致责任推诿和利益冲突。比如,当数据出现质量问题或引发法律纠纷时,难以确定是数据提供者的原始数据不准确,还是开发者在处理过程中出现失误,抑或是使用者的不当使用导致,从而无法明确责任归属。

三是授权流程的不明确给公共数据的市场化开发利用带来了诸多困扰。缺乏清晰的授权规则和标准,使得数据开发者在获取数据使用授权时面临诸多不确定性;审批环节复杂且不透明,导致开发周期延长,增加了开发成本和风险。例如,某企业想要获取特定领域的公共数据进行商业开发,但由于授权流程不清晰,不清楚需要向哪些部门申请、提交哪些材料,以及审批的时间和标准,使得项目进展缓慢。

(四) 数字化转型过程中,社会与公众参与度不足,部分营商措施的可及性、常态化程度不高

一是信息不对称。部分企业和公众可能对数字赋能营商环境的相关政策、措施和平台了解不够充分,导致无法有效地参与其中。例如,一些企业对数字化平台办理业务的利用、政策信息的获取及相关服务的申请并不熟悉。调研发现,部分企业对"招投标全流程电子化""送政策进楼宇"等相关政策和营商服务"不知道、找不到、看不懂"或"申报没结果",对营商服务的获取途径、流程效用不了解、不熟悉。其原因是许多政策措施宣传力度不足且没有对重点企业一对一的关注。尤其是资源和政策获取能力较弱的中小企业,政府对它们营商服务可及性与普惠化明显减弱。政策落地的实际效果与市场主体现实需求之间往往存在鸿沟,信息反馈和监督制度尚未形成闭环。

二是缺乏互动与反馈机制。数字转型的过程中,一些相关企业对数字政府建设的需求和规划了解不够充分,缺少有效的参与建设渠道、互动渠道和及时的反馈机制。这使得公众和企业的意见和建议难以传达给相关部门,导致它们的需求无法得到充分关注和满足,降低了参与的积极性。

三是对企业技术和创新能力的挖掘不足。数字政府建设是一个长期的过程,需要与企业建立稳定、持续的合作关系。浦东新区拥有众多具备先进技术和创新能力的企业,但在一些数字政府项目中并没有充分引入企业的前沿技术和创新解决方案。且出于数据安全等方面的考虑,政府可能在数据共享和开放上相对谨慎,限制了企业对部分数据的获取和利用,导致项目的技术水平和服务质量未能达到最优。

三、从营商到宜商——新世界银行标准下营商环境数字化的要求分解

数字化营商环境是指通过数字基础设施建设以及现代数字技术的创新应用,实现传统政务服务的数字化转型,以突破时空限制、实现精准管理、提升办事效率、促进公平公正。[1] 持续推进数字化发展是营造市场化、法治化、国际化一流营商环境的关键举措。

世界银行在 2017 年推出了"数字营商指标",2022 年将网络接入、数字服务纳入 BEE 营商环境体系。该体系在企业准入、公共事务等多个领域对信息化水平、数字技术、数字公共服务都提出了要求,并将"电子技术应用"加入了跨指标的主题研究。该项要求将着重考量线上综合办事平台的应用以及电子

---

[1] 周伟:《数据赋能:数字营商环境建设的理论逻辑与优化路径》,《求实》2022 年第 4 期。

化单一窗口的建立,且不局限于某个单项指标,而是所有指标都会涉及。为明确营商环境领域的"数字化"建设目标,使该要求具化落地,可将其分解为四方面指标,即简易化、协调化、标准化、透明化。

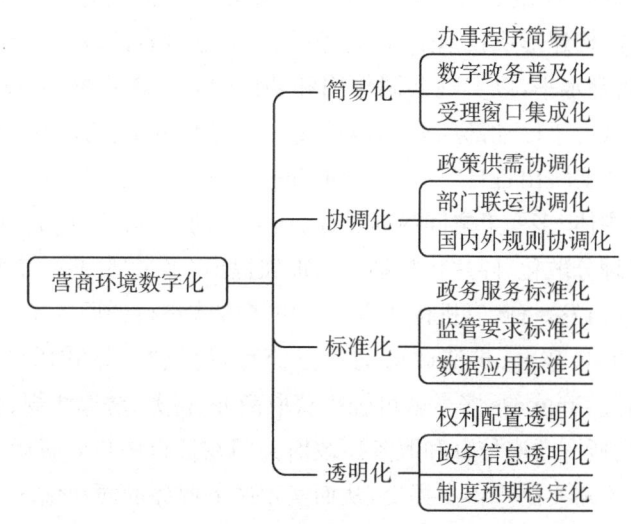

```
                                    ┌─ 办事程序简易化
                          ┌─ 简易化 ─┼─ 数字政务普及化
                          │         └─ 受理窗口集成化
                          │
                          │         ┌─ 政策供需协调化
                          ├─ 协调化 ─┼─ 部门联运协调化
                          │         └─ 国内外规则协调化
         营商环境数字化 ──┤
                          │         ┌─ 政务服务标准化
                          ├─ 标准化 ─┼─ 监管要求标准化
                          │         └─ 数据应用标准化
                          │
                          │         ┌─ 权利配置透明化
                          └─ 透明化 ─┼─ 政务信息透明化
                                    └─ 制度预期稳定化
```

图1 "放管服"改革视域下营商环境便利化的要求分解

(一) 简易化

数字营商环境的简易化主要从时间、手续和市场参与者处理相关问题的成本等角度进行判断和评估,推进新型基础设施、智能中枢、数据赋能等要素融合,构建完善横向可连接、纵向可聚合、有序迭代的数字底座。其深刻内涵是以数字化基础设施建设,助推政府职能边界的明确与服务效能的提升。该指标要求:1.推动企业办事程序的简易化、易操作、可落地。新加坡在设立公司方面的手续相对便捷,公司注册完全计算机化,由于其经商制度和流程透明、简洁,在线注册公司只需15分钟、设立公司仅需1.5天,远超地区平均水平。2.提高数字政务服务的普及度,考察政府对数字公共服务的应用程度,如开办企业电子平台的建立和运用情况等。例如,杭州通过共享市场监管、消防安全、医疗保障等15个领域监管信息,实现企业在线"一键"申请即可生成企业信用报告,平均办理时间从近两个月缩短至"秒开具",整体业务"零见面"办事率已达到96%。3.保障受理窗口的集成化,要求压缩窗口设置规模、减少前台收件人员、配强综合窗口人员,达到优化整合、减员增效的效果。

(二) 协调化

数字营商环境的协调化要求把企业看成一个不断发展的、开放的生命有机体,通过数据的不断授权运营、互联互通,重塑政府治理的体系结构、运行过程和互动模式,构建形成技术融合、业务融合、数据融合的政务服务体系,提升协同服务和管理水平,以实现共同作用和功能聚合。该指标强调政府间的协同整体治理、致力于推动部门联动协调化。面对跨区域、跨层级、跨部门的问题,各管理主体要跳出各自"一亩三分地"的思维模式,主动跨前、相互协同,形成多层次、多主体、多要素之间纵向贯通、横向联动、资源互补的立体化的治理格局,破除管理分散化、碎片化弊端。新加坡提出"多个部门、一个政府"口号,从企业的需求出发,将政府机构所有能以电子方式进行的服务整合在一起,根据用户需要调整、整合、再造政府的业务流程,提供"一站式服务,一站式体验"。居民通过 Singpass 账号就可轻松获取商务、税务、法律法规、交通等全生命周期需要的所有政府信息和服务。政府部门在征得用户同意后也可以调用这些资料,而不需要用户再次提交,从而实现政务服务的便利化。[1]

(三) 标准化

数字营商环境的标准化要求通过数据来优化和固化政府在实践中形成的一系列行之有效的工作运行机制,实现一切程序有控制、一切控制有标准。该指标要求:1. 政府对同一行业、企业类型、企业规模等对应事务中涉及的法律、法规,以及相应技术标准进行优化整合,推动政务服务线上线下标准统一、全面融合、服务同质,构建全时在线、渠道多元的标准化政务服务体系。[2] 2. 需要强化监管要求标准化,打通审批和监管业务信息数据系统,形成事前事中事后标准化监管能力。[3] 香港特区政府积极推行"精明规管"计划。该计划主要是对相关规管措施的酝酿、制订、征询、实施开展全流程标准化评估跟踪,确保出台的规管措施合理有效,从而提高香港商业牌照服务的效率、透明度和方便营

---

[1] 王元放:《滚动推进 完善治理 有力推动信息通信和电子政府的快速发展——新加坡电子政务成功经验及对我国的启示》,《信息化建设》2007 年第 10 期。

[2] 张涛:《数字化行政中书面形式的困境与出路——兼论数字行政程序的法定化》,《比较法研究》2023 年第 1 期。

[3] 孙莉莉、李锋:《我国数字营商环境建设论略:突出问题与优化措施》,《东北师大学报(哲学社会科学版)》2023 年第 2 期。

商度,降低业界的遵规成本和优化发牌程序。3.优化完善各类基础数据库、业务资源数据库和相关专题库,加快构建数据应用标准化、功能布局合理、部门职能协同的一体化政务大数据体系。[①] 香港特区近年来亦非常重视数字政府建设及开放数据,正构建"授权数据交换闸"和发展空间数据共享平台,逐步让部门之间的系统及数据库透过应用程序界面进行定期及实时的数据互通,以提供数据发展智慧城市。

(四) 透明化

数字营商环境的公开透明、稳定、可预期,不仅是市场主体良性竞争、持续发展的重要保证,而且还是进一步推进更高水平对外开放的基础和前提。该指标要求:1.全面公开政府机构权力配置信息。如依法依规公开政府机构设置、责任清单、制度改革、政务数据等信息。2.持续公开政务服务信息。通过线上线下渠道公开政府服务事项、办事指南、市场监管、行政执法等信息,同时推进办事服务全过程公开。[②] 3.以法治为基础,建立稳定、公开、透明、可预期的制度体系,降低市场主体运行的交易成本,释放经济增长潜能。世界银行评估的每一项指标表面上看是缩减时间和成本,但背后都是以法律制度框架作为支撑。

四、数字赋能视域下浦东优化营商环境的对策建议

(一) 分项建设、统筹管理,以身份认证和权限管理为抓手,打造"王"字形数据权限获取架构

首先,分步骤统一各部门数据格式、编码规则、数据质量等标准。由于分领域管理的需要、部门利益存在及安全保密技术受限,在短时期内难以实现数据平台的完全统一,但可先从数据格式、编码规则、数据质量标准等方面的统一入手,确保部门之间数据交换时的顺畅兼容。同时,为保障各部门的数据交互共享,需制定数据共享的规则和流程,明确哪些数据可以共享,以及共享的方式和范围,在浦东新区大数据中心提供便捷的数据访问接口。

[①] 黄未、陈加友:《数字政府建设的内在机理、现实困境与推进策略》,《改革》2022年第11期。
[②] 宋林霖、陈志超:《中国语境下的营商环境优化:核心议题与治理路径》,《中国行政管理》2021年第1期。

其次，分情况逐步推进数据平台的合并。成立由高层领导挂帅，各部门负责人参与的数据治理领导小组。对各部门现有数据进行全面清查，梳理数据资产，消除重复、冗余和错误的数据。对可以合并的平台，搭建集中式的数据存储和处理中心，实现数据的集中管理。并且基于统一浦东大数据中心，优化跨部门业务流程，实现业务协同办理。宣传数据统筹和统一平台的重要性，增强各部门的配合意识。开展针对跨部门工作人员的数据管理和使用培训，提高数据素养。

最后，采用先进的技术架构，"按需按级"设置数据密钥，形成"王"形数据权限获取架构，打通政务数据互联共享通道。建议参照杭州"城市大脑"经验，协调组织各单位自建业务系统模块，推动"通用功能＋专用功能"的"1＋X"模式落地。由统一平台为各单位提供可信执行环境，各单位将各自数据按照统一标准加密上传，其他单位可在该统一平台上根据自身需求将数据结果加密输出利用。"王"字三条横线象征市级、区级和街镇三个层级，上一级政府有权获取下级数据，而一条竖线代表垂直领域的指令、事件、任务的集成与传递，在纵横交错之中打造数据融通的平台。

(二) 强化数据资源的利用与治理能力，使数字赋能浦东新区营商环境的同时兼顾安全与发展

2024年3月，"上海数产云"项目启动，该项目搭建了以汇聚浦东新区企业数据为核心的数据治理体系及云平台，为浦东新区数字化转型和业务创新提供必需的基础保障。浦东新区可依托该平台，逐步探索完善数据的管理与风险控制体系。

一是加强重要数据资产管理，完善敏感数据保护体系。严格落实数据分级保护制度，定期实施敏感数据扫描，建立重要数据备份目录。优化静态脱敏场景，做到脱敏过程数据不落地，并在提供给分析团队或者政府部门决策之前，先进行数据脱敏，且坚持脱敏后数据的业务特征不能丧失。采用入侵检测、安全审计、防病毒、传输加密等多种技术和措施，在数据跨部门流转过程中，保障各方数据"可用不可见""可用不可取"。

二是及时迭代完善数据风控的规范与制度，建立数据溯源追责制度。数字化的发展与运用引发了社会的整体变革，同时其发展也需要打破旧体制机制的约束与障碍，建立与数字化发展相适应的体制机制。如新西兰将政府数据开放纳入政府信息和通信技术战略，通过制定《开放政府合作伙伴之新西兰国家行动规划》等数据开放政策法规和推行数字战略计划来促进数字化政府的发展,使数据开放工作得到相对充分的政策法规支持。建议浦东率先出台相应数据安全的保护法规,针对行政机关及其工作人员因人为因素导致的数据安全、企业采集和数据共享等问题提供追责方案。同时,形成业务系统实时水印能力,包括明或暗类型的背景水印、数据库水印、文件水印等水印技术。并为每个用户分配唯一的水印任务密钥,实现溯源系统从泄露的数据中提取水印信息,可溯源到最可能的责任人。

(三)以企业需求为导向,搭建政企沟通桥梁,打造"政策库""服务库""配套库",保障政策服务既有普惠性又有个性化

浦东新区要继续围绕企业全生命周期以及政府协同化办公,打造精准化、协同化、智能化的利企便民服务和政府办公管理能力,构建形成技术融合、业务融合、数据融合的政务服务体系,提升协同服务和管理水平。

新西兰以企业需求为导向,通过设立政府门户与新闻媒体在线网站,为企业创立、业务拓展等阶段性工作提供便利。比如,商业、创新和就业部(Ministry of Business, Innovation and Employment,简称"MBIE")的官方网站由分类明确的运营板块组成,[1]向企业提供识别财产、规避风险、免费线上技能培训课程、招聘和管理员工、企业的法定登记注册、寻找金融服务提供商、注册和管理个人财产证券等各种功能,并集成各项商业指南、市场监管的法律法规、多种公开数据等信息,为企业提供全周期、集成化数字服务。

浦东新区可参考新西兰经验,一方面,衔接国家、市、区三级政策,构建"营商政策信息库""政务服务内容库""要素式专业配套库",让政策找得到、看得懂、用得上。第一,建立"营商政策信息库":衔接国家、市、区三级政策,发布企业普遍关注的信息与多层次政策服务内容,加强政策国际化表达,开展多形式的政策要点解读和案例分析,让政府的政策找得到、看得懂、用得上。第二,建立"政务服务项目库":围绕投资引导、投资落地等环节,提供准入指引、产业布局、空间资源地图、成本计算器等服务,形成企业开办、资质许可、纳税、社保、项目许可等办事标准化流程,助力企业投资决策。第三,建立"要素式专业配套库":将资产评估、会计审计、人力资源、法律政策、仲裁公证、税务、知识产

---

[1] Ministry of Business: Innovation and Employment: Helping businesses succeed, https://www.business.govt.nz, August 8, 2024 vistied.

权、科研机构等多类专业服务资源信息整合集成,发布商务活动动态、科技创新动态,搭建国际一流、企业需要的服务平台。

另一方面,深化电子证照、电子票据、电子档案等应用,扩大其在政务系统、社会团体、商事等领域的应用范围,推进审批服务全过程智能化、数字化、无纸化。不断以技术赋能提升服务效能,持续深化"政务智能办",优化完善窗口"智能帮办"+远程"直达帮办"的智能服务模式,赋能提高审批服务人员履职能力,增强政务服务运行效能,提升企业办事体验感。

(四)完善公共数据市场化开发利用体系,推动数据要素市场的健康发展

浦东新区可依托张江数据产业集群与上海数据交易所,出台公共数据授权运营管理办法,探索明确公共数据授权运营的相关要求和流程。即,在确保安全的前提下,建设多层次、开放动态的公共数据授权运营体系,探索整体授权、领域授权和场景授权新模式,促进公共数据的有序开发利用,从而培育数据要素市场,全面释放数据要素的价值。

在此基础上,需要探索公共数据多元化利用提质增效路径、资源供应保障机制、价值开发再分配机制和数据产权机制等,充分发挥上海数据交易所在交易组织、信息披露等方面的服务功能,探索个人信息资源合规合法开发利用、受托运营,鼓励依托上海数据交易所开展数据资产入表、数据资产创新应用等活动,多层次地促进公共数据价值市场化利用。同时,公共数据资源作为大模型语料库的合理使用机制,可以高效反哺浦东的数字产业集群,促进区内人工智能发展,争取建设人工智能发展高地。

(五)加强政府与社会的合作,依托数字化提供多维智慧城市服务,提高数字治理水平

与原世界银行营商环境评价体系相比,BEE不仅重视政务服务程序便利化,更对该内容背后社会整体的营商氛围及政府对待市场环境的价值观提出了更高的要求。

一方面,通过政府与社会资本合作等方式,发挥浦东新区互联网企业聚集的优势与作用,利用这些企业已经覆盖的基础设施和经验,加速孵化更具适用性的政务服务平台。例如,可支持电子商务、金融科技、同城服务等领域的平台型企业参与市场监管,在符合国家政策法规的前提下形成平台内部适用的治理规则,将运营平台作为政府和平台用户企业之间的监管"介质",形成"政府管平台、平台管个体"的监管治理结构。对于具有普适性的平台内部治理规则,可在充分研究论证的基础上,逐步上升为政策制度和法律法规。① 再如,政府可通过"借力"和"嫁接"一些衍生性和拓展力强的互联网平台,宣传惠企、助企的政策、并提供简单急需的政务服务。

另一方面,激发全民共享共建营商环境的积极动力,打造"人人都是营商环境"的社会氛围。新加坡政府通过开放创新的理念吸引社会各方参与到城市数字化建设中,其通过"共产"(co-production)和"共创"(cocreation)等方式,激发民众的创造力,推动"互联网+政务服务"。例如,通过遍布公共场所的各类传感器,来全面精准地获取、采集各类必要数据信息。浦东新区可通过法规明确民众参与的模式、方法、程序以及促进措施,形成良性激励机制,提高民众参与热情。着力提高社会民众在市场监管、社会治理中的参与度。例如,可在"一网通办"平台开通民众"发现乱象""提出意见"等端口,通过对首次发现特定问题或提出特定建议的民众发红包、消费券等奖励措施,开展人人都是营商环境的讨论,提高民众共建营商环境的积极性。同时,把民众的参与率、参与度、参与成果作为政府部门的考核标准之一,分别依照民众参与的程度、次数、范围等对营商环境建设工作考核评选。

五、结语

习近平总书记强调,"营商环境只有更好,没有最好"。在数字化浪潮席卷全球的当下,打造优质的数字营商环境已成为推动经济增长、提升竞争力的关键所在。它不仅为企业提供了更高效、便捷和公平的发展空间,也为政府治理能力的提升带来了新的机遇和挑战。浦东作为国家开发开放的切入点和突破口,需牢牢抓住数字化赋能的风口,以国际一流的数字化营商环境向世界展示中国坚定不移扩大开放、与全球共享发展机遇的决心和信心。本文通过对数字赋能浦东营商环境的多方面探讨,明确了其具化指标和现存问题,并提出了相应的改进策略。然而,这只是一个开端,数字赋能营商环境的优化是一个持续的动态过程,需要政府、企业和社会各界保持敏锐的洞察力和积极行动,不断适应新的变化和需求。只有如此,我们才能在数字经济时代抢占发展的制高点,为引领区的高质量发展书写新的辉煌篇章。

---

① 李子文:《新经济监管的问题、思路和对策》,《宏观经济管理》2020 年第 4 期。

加强小微企业法律帮扶,全面提升浦东营商环境

陈 军[*]

摘 要:小微企业因为规模小和盈利水平低,在遭遇法律纠纷时极易陷入维权困境。浦东新区针对小微企业提供法律帮扶的改革探索,不仅是对公共法律服务内涵的拓展,更体现了浦东新区作为引领区对改革举措系统性、整体性、协同性的坚守,为浦东新区法治化营商环境的建设勾勒了浓墨重彩的一笔。浦东新区推出的帮扶措施既包括纲领性的管理措施,也包括细化的规范性文件,制度设计具有极强的可预测性和可操作性。未来如果能够在宣传方式、评估办法、受理条件、队伍建设和资金来源等方面,对既有的法律帮扶措施进行完善和升级,浦东新区的小微企业必将会在更为优化的营商环境中蓬勃生长。

关键词:小微企业;法律帮扶;营商环境

根据央行统计,截至 2018 年年末,全国拥有小微企业法人约 3 000 万户,另有个体工商户约 6 200 万户,中小微企业(含个体工商户)占全部市场主体的比重超过 90%,贡献了 50%以上的税收、60%以上的 GDP、70%以上的技术创新、80%以上的城镇劳动就业、90%以上的企业数量。[①] 小微企业虽然为经济做出了巨大贡献,但自身的生存状况却不容乐观。综观中国的法律体系,虽然中央层面和市级层面都有法律法规关切小微企业的生存发展和权益维护,但当小微企业陷入经营困境和法律困境时,却很难链接到身边的公共法律服务资源以寻求帮助。正是因为深深理解公共法律服务供给与市场中小微企业的

---

[*] 作者简介:陈军,中共上海市浦东新区委员会党校讲师,研究方向为行政法学。
[①] 界面新闻:《小微企业平均寿命仅 2.4 年,融资是最大难题 | 聚焦上海两会》,https://baijiahao.baidu.com/s?id=1655787425979830560&wfr=spider&for=pc,2020 年 1 月 15 日。

法律需求之间的矛盾,浦东新区开风气之先,于 2023 年率先推出《浦东新区小微企业法律帮扶若干规定(试行)》(以下简称《若干规定》),并于 2024 年迅速配套了《浦东新区小微企业法律帮扶若干规定(试行)实施细则》(以下简称《实施细则》),对浦东新区区域内小微企业的法律帮扶做出了完整的制度设计,及时有力地回应了小微企业的法律需求。对小微企业的法律帮扶是公共法律服务的拓展,而政务服务是经营主体感受营商环境最直接的环节。通过全面铺开对区域内小微企业的法律帮扶,厚植新质生产力发展的法治沃土,助力浦东新区的营商环境建设再上新台阶。

一、小微企业法律帮扶制度支持的必要性分析

(一)《若干规定》和《实施细则》的推出首先源于小微企业对法律帮扶的现实需求

众所周知,民营经济在中国经济整体中占有举足轻重的地位,而民营企业中中小微企业数量庞大,贡献巨大。以上海市为例,本市中小企业在诸多方面为经济发展做出了卓越贡献,是稳定经济基本盘的重要基础。例如,在稳增长方面,2022 年全市规模以上中小企业实现工业产值超 2 万亿元,占全市规上工业产值 49.4%。在稳市场主体方面,共有市场主体 327.3 万户,其中民营企业和个体工商户占比达 93.4%。[1] 浦东新区区域面积 1 210 平方千米,是上海市最大的一个市辖区,区域内的小微企业不仅数量众多、体量庞大,同时也面临着"一年成立,二年盈利,三年倒闭"的困境。[2]

小微企业虽然在社会的经济生活中发挥着不容忽视的重要作用,但是因为自身实力和规模的原因,小微企业在发展过程中一直面临较高的法律风险。例如,小微企业因为抗市场风险能力弱,很多时候都在为生存问题奋力挣扎,一般对盈利与否更为敏感,而对违法与否不够敏感,法律意识淡薄;再如,小微企业因为基础薄弱,承担不了很高的运营成本,所以基本上不会设立法务部门,这直接导致专业人才匮乏,一旦遇到法律纠纷茫然无措,极难维护自身利

---

[1] 市政府新闻办:《市政府新闻发布会介绍近期出台的〈上海市助力中小微企业稳增长调结构强能力若干措施〉有关情况》,https://shanghai.chinatax.gov.cn/tax/xxgk/zfxxgk/xwfbh/202305/t467122.html,2023 年 5 月 17 日。

[2] 界面新闻:《小微企业平均寿命仅 2.4 年,融资是最大难题|聚焦上海两会》,https://baijiahao.baidu.com/s?id=1655787425979830560&wfr=spider&for=pc,2020 年 1 月 15 日。

益。总之，无论是在用工管理、合规问题、财税制度、知识产权保护等方面，小微企业都面临重重法律风险。这些风险如果不能被有效防范和应对，都将严重制约小微企业的发展。浦东新区作为社会主义现代化建设引领区，在公共法律服务方面必须有所作为。《若干规定》和《实施细则》的推出，正是浦东新区以勇于担当作为的使命精神推出的开拓性改革举措，为小微企业的健康发展助力赋能。

(二)《若干规定》和《实施细则》的推出是中央和上海市关于民营经济发展决策部署在浦东新区区域范围内的落实落地

2023年7月，党中央、国务院在《关于促进民营经济发展壮大的意见》中指出，"民营经济是推进中国式现代化的生力军，是高质量发展的重要基础，是推动中国全面建成社会主义现代化强国、实现第二个百年奋斗目标的重要力量。"民营经济的重要地位不言而喻，而小微企业恰恰是民营企业的重要组成部分。振兴民营经济，必然要关注小微企业的发展，壮大小微企业的力量才能壮大民营经济。

正是因为充分认识到中小微企业在促进发展、稳定就业、保障民生领域的重要贡献，2023年5月，上海市出台《助力中小微企业稳增长调结构强能力若干措施》，从六个方面详细列举了28条助力中小微企业稳增长调结构强能力的具体措施。

中央对民营经济的高度重视，以及上海市委对中小微企业的全方面扶持，为作为引领区的浦东新区的相关工作指明了方向。浦东新区立即回应中央和市委的要求，2023年年初即展开立法调研，通过调研法院、工会、企业等单位，充分掌握情况，最终在7月通过了《若干规定》，加大对浦东新区区域范围内小微企业的法律帮扶供给。2024年7月，又及时出台了《实施细则》，让针对小微企业的法律帮扶真正触手可及。通过对经营中遇到法律纠纷并符合条件的小微企业进行有效法律帮扶，将国家和上海市针对小微企业的帮扶政策在浦东新区范围内落实落地，让国家和上海市关于助力民营企业健康发展的决策部署真正得以贯彻实施。

(三)《若干规定》和《实施细则》的推出是浦东新区法治化营商环境增能提质的发展之需

营商环境是培育市场主体的土壤，而法治化程度恰恰是土壤肥沃与否的关键因素。党的二十大报告明确提出:"营造市场化、法治化、国际化一流营商环境。"法治化是衡量营商环境优劣的重要指标。习近平总书记在多次讲话中都曾强调:"法治是最好的营商环境。"

浦东新区高度重视法治化营商环境的建设,更借助"浦东新区法规"的立法授权为营商环境的建设增能提质。2021年6月,全国人大常委会表决通过《关于授权上海市人民代表大会及其常务委员会制定浦东新区法规的决定》,允许浦东新区针对全国施行的法律、行政法规、部门规章做出变通和补充,再在浦东新区范围内实行。"浦东新区法规"的立法授权意义重大,这不仅意味着上海地方性法规多了一个"浦东新区法规",更为浦东新区法治化营商环境的建设提供了制度工具。2023年11月,《浦东新区管理措施五年规划(2023—2027年)》正式公布。在第三板块"为强化高端产业引领功能提供法制保障的立法项目"中,正式将推出《浦东新区小微企业法律援助若干规定》纳入其中。经过多方调研,反复研讨,新区司法局于2023年制定《浦东新区小微企业法律帮扶若干规定(试行)》,向全区推行。《若干规定》从性质上属于管理措施,规范性较强,对小微企业法律帮扶的力度得以加大,法治化营商环境建设更进了一步。

法治化营商环境的关键是制度规则的公开和透明,以及权力行使的规范和合法。浦东新区针对小微企业法律帮扶的制度设计处处都体现出法律的程序化思维,注重帮扶流程的透明度和可预测性。《实施细则》通过细化的规定,明确小微企业寻求法律帮扶的具体路径,通过明确申请条件、操作步骤和监管机制等,确保法律帮扶制度的透明度和实用性。这不仅能够让需要帮助的小微企业切切实实获得亟需的帮助,提升它们的竞争力和生命力,更为营造公平公开的法治化营商环境树立了范式。

二、浦东新区小微企业法律帮扶制度的立法亮点

《若干规定》与《实施细则》的公布,体现出浦东新区在小微企业法律帮扶问题上的一系列制度创新。主要体现在以下几点:

(一)继续高举先行先试的大旗,率先在浦东新区区域内探索建立小微企业法律帮扶机制

《若干规定》和《实施细则》从实体和程序两个方面,为陷入困境的小微企

业指明了寻求公共法律服务帮扶的实施路径。不仅让小微企业可以享受到免费的法律服务,而且法律服务涵盖了法律咨询、民商事纠纷调解、民商事案件代理等多个方面。浦东新区对小微企业的法律帮扶,无论从制度的可预测性和可操作性,还是帮扶力度的角度,都属于重大的制度创新,意义深远。2009年国务院印发《关于进一步促进中小企业发展的若干意见》,第六部分"努力改进对中小企业的服务"中对公共法律服务只字未提。2017年修订的《中华人民共和国中小企业促进法》在其"服务措施"部分,仅在第四十六条规定的最后提及了法律咨询服务,但是并未明确具体的实现路径,服务方式也局限于单一的咨询。2023年印发的《上海市助力中小微企业稳增长调结构强能力若干措施》,其中第二十七条虽然聚焦于优化中小企业法律服务,但服务更注重法律宣讲和法律咨询服务,对获取法律服务的程序问题并未细化。综上,在没有具体的制度可以依托和成熟的经验可以借鉴的情况下,浦东新区通过发布管理措施和规范性文件的方式,率先在本区域内启动对小微企业的法律帮扶。这再次证明,浦东新区作为引领区,最重要的功能就是进行"开拓性创新"。小微企业法律帮扶制度的突破,正是引领区勇于担当作为和敢于创新的生动体现。

(二)从程序和实体层面明确小微企业法律帮扶的申请路径

《若干规定》对申请条件予以明确,确保符合条件的小微企业可以无偿获得公共法律服务的帮扶。在《若干规定》第四条中明确:小微企业同时符合下列条件的,可以申请法律帮扶:(1)在本区登记设立并经营的;(2)小微企业及其法定代表人、实际控制人合规、诚信经营的;(3)生产、经营过程中合法权益受到侵害,因经营困难不能承担市场化法律服务费用的;(4)设立时间在三年以内的。专精特新、区重点产业领域的小微企业申请法律帮扶的,可以不受前款第四项设立时间限制。《实施细则》则细化了如何证明企业符合条件,如诚信经营证明和经营困难的具体标准。同时,对于申请和审查的程序、律师库及指派都做出了明确规定,确保小微企业的法律帮扶切实可得。相较于以往的法律规定和制度设计,浦东新区推出的《若干规定》和《实施细则》更加注重实体和程序兼顾,确保符合帮扶条件的小微企业能够切实获得公共法律资源的倾斜。

(三)建立小微企业帮扶律师库,组建专业的法律服务队伍

在小微企业法律帮扶的管理措施推出之前,浦东新区司法局工作专班展开深入调研,组织多家小微企业和律师事务所进行座谈,以确保需求和服务的精准匹配。在充分调研之后,浦东新区司法局公共法律服务处立即开始着手组建法律帮扶律师库,目前有资格入库的律师需要符合三项条件:(1)在本区律师事务所执业;(2)从事法律服务工作满三年;(3)热心公益。同时,公共法律服务处按照专业对律师库进行分类,形成了公司合规治理、劳动用工、知识产权、投融资等多个专业组。当小微企业申请法律帮扶服务时,区法律援助中心根据专业对口、公平公正、援调结合、优质高效的原则,从事先建立的律师库中指派合适的律师为小微企业提供法律服务。律师提供帮扶服务,有权领取法律帮扶补贴。

(四) 探索小微企业法律帮扶费用的多元筹措方式

律师为小微企业提供法律帮扶服务,类似于为公民提供法律援助,都需要通过领取办案补贴来保证其帮扶行为的连续性。对于小微企业帮扶经费的来源,浦东新区司法局思路开阔,勇于创新。他们并没有局限于财政资金,而是在立法中明确,要拓展资金来源渠道,寻找多元主体共同支持对小微企业的法律帮扶。《若干规定》第十条明确规定:区人民政府按照本规定为小微企业法律帮扶提供必要的经费支持。鼓励相关单位和个人通过捐赠、设立基金等方式,对小微企业法律帮扶经费进行补充。探索小微企业通过分担部分帮扶费用的方式维护自身合法权益。鼓励公证机构、司法鉴定机构对受助企业减收部分公证费、鉴定费。可见,提供资金支持的主体可以是个人、基金会、小微企业自身,也可以是公证处、司法鉴定中心等相关机构。

值得一提的是,《若干规定》与《实施细则》的公布,不仅让社会各界看到浦东新区在小微企业帮扶领域的制度创新成果,同时也可通过审视制度设计中普遍性与特殊性相结合、操作性与概括性相结合、创新性与协同性相结合等特点,深入理解浦东新区在改革中所秉持的整体观与实践观。

三、浦东新区小微企业法律帮扶制度创新的重要意义

(一) 浦东新区针对小微企业提供的法律帮扶服务拓展了公共法律服务的内涵

2021年修订的《中华人民共和国法律援助法》在其第二条明确规定:本法所称法律援助,是国家建立的为经济困难公民和符合法定条件的其他当事人无偿提供法律咨询、代理、刑事辩护等法律服务的制度,是公共法律服务体系

的组成部分。由此可知,现行法律援助制度覆盖的受援助主体主要是自然人,并不包括非自然人。随着社会不断进步,公共法律服务供给不断优化,法律援助的受惠群体正在不断增加。在这样的背景下,市场中大量小微企业的法律需求应该被正视并予以回应。因此,浦东新区通过发布管理措施,将公共法律服务覆盖小微企业是创新之举,更是应时之举。在立法过程中,考虑到法律援助制度作为公共法律服务的基本制度,其覆盖对象的变化关系公共法律服务体系的全局,必须慎之又慎。因此,通过与中央层面和市级层面的多次沟通,最终浦东新区在立法的时候审慎选择了"法律帮扶"而非"法律援助",以确保在全国范围内公共法律服务的统一性。无论用词如何,浦东新区探索建立的小微企业法律帮扶制度都是公共法律服务的一部分,是对现行法律援助制度的有益补充,更是对公共法律服务内涵的拓展,未来的复制和推广必将推动法律援助制度的深层次改革。

(二) 浦东新区针对小微企业法律帮扶制度的探索体现了改革中的系统性整体性协同性

2024年5月23日,习近平总书记在济南主持企业和专家座谈会时强调:"改革要更加注重系统集成,坚持以全局观念和系统思维谋划推进,加强各项改革举措的协调配套,推动各领域各方面改革举措同向发力、形成合力,增强整体效能,防止和克服各行其是、相互掣肘的现象。"[①]当下中国的改革已经进入"深水区",很多问题折射的矛盾之深前所未有,而矛盾的解决牵一发而动全身。此时此刻,推进改革不可能靠某个区域单兵突进,更不可能靠孤立的个别改革举措零敲碎打。必须通过高瞻远瞩统领全局的顶层设计和全国一盘棋的整体谋划,才可能解决改革中的问题。小微企业的法律帮扶制度改革同样需要打出上下衔接、相互呼应及系统集成的改革组合拳。

从中央层面而言,2002年6月第九届全国人民代表大会常务委员会第二十八次会议通过《中华人民共和国中小企业促进法》(该法于2017年修订),这是中国第一部以国家法律形式颁布的保护中小企业的专门立法。该法总则的第一条就明确了"维护中小企业合法权益"的基本立场。2009年,在亚洲金融危机的背景下,《国务院关于进一步促进中小企业发展的若干意见》及时出台,

---

[①] 新华社:《习近平主持召开企业和专家座谈会强调:紧扣推进中国式现代化主题 进一步全面深化改革》,https://www.gov.cn/yaowen/liebiao/202405/content_6953237.htm,2024年5月23日。

再次重申了"进一步营造有利于中小企业发展的良好环境"的基本立场。

从市级层面而言，2020年上海市人大修订了《上海市促进中小企业发展条例》，明确了"本市探索将小型微型企业纳入法律援助范畴，对生产经营困难的小型微型企业提供法律帮助。"2023年5月，《上海市助力中小微企业稳增长调结构强能力若干措施》对外公布。这份文件内容丰富，尤其值得一提的是，在精准服务部分特别提出，要优化中小企业法律服务，助力中小微企业稳增长调结构强能力。

浦东新区深刻领会中央和市委市政府促进中小企业发展的主旨精神，于2023年和2024年及时推出《若干规定》和《实施细则》，通过拓展公共法律服务的内涵，将中央和市委扶持小微企业发展的基本立场转化为实实在在、切实可得的法律帮扶，为区域内小微企业的发展赋予源源不竭的动力支持。纵观针对小微企业的政策支持系统，从中央用全国人大立法的方式进行制度的顶层设计，到上海市政府用地方性法规和地方性规章的方式予以细化，再到浦东新区政府用管理措施和规范性文件的方式，将这一制度扎扎实实落地，转化为小微企业具体可得的法律服务，并由鲜活案例予以呈现，我们看到了系统性整体性协同性推进改革的力量，更加坚定未来的改革之路必然更注重制度的有机衔接、系统集成和协同高效。

（三）浦东新区针对小微企业法律帮扶制度的探索进一步夯实了以法治思维和法治方式推动浦东高水平改革开放的发展模式

自2021年全国人大常委会作出《关于授权上海市人民代表大会及其常务委员会制定浦东新区法规的决定》以来，浦东新区法规、管理措施、地方性法规浦东专章分别达到18部、23部和2部。[1] 这些法规制度共同组成了浦东引领区的制度供给体系、法治保障工作体系和实施监督体系，确立了以法治思维和法治方式推动浦东高水平改革开放的发展模式。

针对小微企业法律帮扶出台的《若干措施》和《实施细则》，以法治化的思维方式和制度设计，将扶持小微企业发展的基本立场转化为切实可行的实体制度和程序制度，让陷入困境的小微企业有机会通过公开透明的途径获得公共法律的帮扶，从而渡过难关，延续其生命周期。针对小微企业法律帮扶的实

---

[1] 人民网：《直击引领区｜浦东"立法试验田"释放改革效能》，http://sh.people.com.cn/n2/2024/0410/c134768-40805598.html，2024年4月10日。

践探索，正是改革于法有据、先立后破的生动案例，更是以法治思维和法治方式推动浦东高水平改革开放的发展模式的有力佐证。根据公众号"法治浦东"2024年7月4日的报道，当日上午，即在《实施细则》征求意见结束不足一月的时间，浦东新区司法局在洋泾街道受理了全区首例小微企业法律帮扶案件。新区司法局公服处第一时间联合了洋泾司法所、区法援中心、浦东公证处、法律帮扶律师库专家等组成工作组，一同开展现场办公，目前已形成了获得各方认可的解决方案。首案的受理不仅是浦东优化法治化营商环境的真实写照，更用其显著的实践效果夯实了浦东以法治思维和法治方式推动高水平改革开放的发展模式。

四、进一步拓展小微企业法律帮扶的制度空间

（一）精准性宣传有待加强

从立法性质上而言，《若干措施》和《实施细则》属于管理措施和规范性文件。这类立法的共同特点属于"小快灵"立法，即注重特定问题的解决，切口小，对策准，适用对象通常是特定主体，而非普遍主体。因此，真正对这类立法有普法需求的是与立法有利益相关性的特定主体。常规的广撒网式的宣传攻势，在每个人都陷于信息泛滥的漩涡、难以筛选出有用信息的今天很难发挥作用。只有抓住特定受众，才能实现精准普法，确保有法律帮扶需求的小微企业能够及时获取信息和及时获取公共法律资源的倾斜。从目前的宣传攻势来看，新区司法局主要通过政府网站、媒体宣传，以及在企业登记部门发放宣传活页的方式，提高《若干措施》和《实施细则》的知晓度。这种宣传方式属于传统的常规的宣传方式，针对性并不强。笔者建议，立法不易，立法之后的实施落地更难，政府部门应该抓住法律刚刚公布的契机，按照行业分类、区块特点、以及过去司法部门掌握的涉及小微企业的数据指引，主动发动自媒体参与，主动链接小微企业，组织宣讲会、座谈会、典型案例分享会等，让更多小微企业关注《若干措施》和《实施细则》，让它们一旦陷入法律困境，能够及时向公共法律服务体系求援。

（二）立法后评估制度需要进一步完善

法律法规颁布实施后，立法后评估必须紧随其后。全面及时地对法律法规实施效果进行跟踪和评价，不仅可以反思制度设计的缺漏，也能及时进行改进和完善，提高公共法律服务的水平。目前，浦东新区的立法后评估按照以下

原则进行:浦东新区法规或者管理措施实施一年后,开展例行评估;在浦东新区法规或者管理措施实施五年后,开展刚性评估。因此,《若干措施》和《实施细则》颁布一年后就将展开例行评估。为了评估能够真正起到强化法律实施效果、发现问题、提升立法质量的作用,笔者建议在评估过程中,首先要健全小微企业意见征集反馈机制,在选取足够样本的基础上,广泛征集对实施效果的评价意见。针对负面评价,需要及时给予明确的反馈意见,以便最终形成政企之间畅通的沟通机制,确保立法随时回应小微企业的实际需求。其次是探索将实施效果评估工作纳入政府相关部门绩效考核之中,通过包括服务对象在内的多方评价,督促相关部门注重立法质量,同时跟踪法律实施效果,确保每一部立法都不流于形式,而是解决实际问题。

(三) 小微企业法律帮扶能否被纳入法律援助体系值得进一步探索

《若干规定》中对小微企业提供的免费的法律服务被定义为"法律帮扶",并未使用《法律援助法》中"法律援助"的概念。在立法之初,概念的使用确实存在争议,经过与中央和市级主管部门多次商谈,最终决定采用"法律帮扶"的概念。之所以采取这样的做法,有其深层次的原因。首先,从适用范围来看,法律援助是国家层面的一项基本公共法律服务制度,由《法律援助法》予以规制,其适用范围是全国,而法律帮扶由浦东新区的管理措施《若干规定》来规制,其适用范围仅是浦东新区,两者确实存在巨大差异;其次,从公共法律服务资源的使用者来看,法律援助的对象是经济困难的公民个人,即自然人主体,而法律帮扶的对象是经营困难的小微企业,是非自然人主体。适用对象从自然人向非自然人拓展,属于立法领域的重大事项,由国家层面的立法予以规定更为恰当。因此,浦东新区针对小微企业的法律帮扶属于引领区的制度探索,将其视为公共法律服务体系的延伸和拓展更为合适。但从长远发展来看,无论是生活陷入困境的公民个人,还是因法律纠纷陷入困境的非自然人主体,都需要公共法律服务的关照和支持。因此,期待在不远的将来,中央层面能够对法律援助的相关法律进行修改,将浦东新区在公共法律服务领域的探索纳入其中,拓展法律援助的适用主体,不管是自然人还是非自然人主体,符合救助条件的都有机会得到"法律援助"。

(四) 拓宽小微企业法律帮扶资金的来源渠道

针对小微企业的法律帮扶属于公共法律服务的拓展,是公共法律服务的重要组成部分,也是浦东新区保障和改善民生、优化营商环境的重要举措。根据2019年中共中央办公厅、国务院办公厅印发的《关于加快推进公共法律服务体系建设的意见》第十七条规定,法律援助经费纳入同级财政预算,同时不断拓宽公共法律服务资金筹集渠道,鼓励通过慈善捐赠、依法设立公益基金会等方式,引导社会资金投向公共法律服务领域。浦东新区发布的《若干规定》基本沿袭了国务院指导意见的做法,主要通过财政资金、捐赠、基金会等方式筹措资金,同时鼓励小微企业分担一部分、公证和司法鉴定机构减免一部分的方式,多方共担帮扶费用。笔者以为,针对小微企业的法律帮扶,属于法治化营商环境建设中基础性、服务性和保障性的工作,应该获得更多和更为持续的资金支持。可以在现有立法的基础上,进一步拓展和细化资金来源渠道,例如,财政资金部分,目前是浦东新区财政部门通过一年一申请的方式为小微企业法律帮扶提供资金支持,未来能否考虑为小微企业的法律帮扶设立专项资金;再如,寻求司法系统的支持,在诉讼中力争帮助小微企业获得诉讼费用的减免;最后,用更多的方式手段激励企业或个人进行捐赠,例如,捐赠企业除了可以获得法律规定的税收减免之外,司法行政部门能否考虑为捐赠企业颁发专项公益证书,提升其市场美誉度。

(五) 加强法律帮扶律师队伍的建设

针对小微企业的法律帮扶,最终必需依赖律师群体的法律服务才能得以落地。因此,法律帮扶的律师队伍是帮扶目标能否达成的重要影响因素。只有这支队伍具备极强的专业性、公益性和政治性,才能更好地服务小微企业,真正提升浦东新区的营商环境水平。加强法律帮扶律师队伍的建设,笔者认为,可以从以下几个方面着手:一是加强对入库律师的培训。小微企业因其规模小、实力弱、法律意识淡薄的特点,其法律需求与大中型企业有显著差异。通过有针对性的培训,律师更容易深刻理解这种差异,设身处地换位思考,以谋划最佳法律服务方案;二是律师库的分类应该更为精细,笔者建议,在目前的专业分类之外,能否按照争议解决方式,将入库律师进行更精细化的分类,例如,民商事纠纷调解、民商事诉讼代理、商事仲裁代理等,从而确保法律服务的精准性。三是应该进一步放宽入库律师的执业年限条件。《若干规定》要求入库律师必须满足从事法律服务工作满三年的条件。笔者认为,这一要求应该适当放宽。主要基于以下考量:目前对参与法律帮扶的律师的办案补贴参照法律援助的标准,补贴数额微薄。虽然法律帮扶强调公益性,但是必须承认,更愿意承接这类帮扶服务的是急于积累法律实践经验的年轻律师。这个群体需求最为强烈,同时对待个案也会更为尽责。如果设置三年执业年限的门槛,虽然貌似保证了律师的专业素养,却很难保证职业经验成熟的律师能够拿出足够的时间,倾注于收益微薄的小微企业的案件。因此,笔者认为应该放宽入库律师的准入条件,不要将最有可能为小微企业法律帮扶做出贡献的年轻律师群体拒之门外。

(六) 适度放宽法律帮扶的申请条件

《若干规定》明确的小微企业法律帮扶的申请条件中,规定"设立时间在三年以内的"小微企业,才有资格申请法律帮扶。对于其他三项申请条件,即经营区域要求、诚信经营要求以及经营陷入困境的证明要求,笔者认为是确有必要的申请条件,有利于筛选出公共法律服务需要倾斜资源的帮扶对象。但是设立时间的要求必要与否,以及三年时间是不是一个恰当的衡量标准,笔者认为值得商榷。大量与企业经营相关的立法,在时间上以五年期作为衡量标准。例如,《企业所得税法》规定的亏损结转年限为5年。《公司法》规定的股东认缴出资额的年限也为5年。因此,笔者认为,如果从公共法律资源有限性的原则出发,主管部门认为设立企业经营年限的限制确有必要,可否将这个年限适度拉长至5年,以覆盖更多有法律帮扶需求的小微企业,也便于与其他涉及企业经营的法律相呼应。

优化营商环境是全面深化改革的重要组成部分,打造市场化、法治化、国际化一流营商环境,也是中央对浦东新区引领区的重托。党的二十届三中全会提出,在明确改革原则、安全底线的前提下,鼓励支持地方基层解放思想,大胆试、大胆闯。浦东新区勇立改革潮头,敢于创新,敢于突破。大胆拓展公共法律服务的内涵,打破法律援助只能覆盖自然人主体的常规思维,及时回应小微企业的法律需求,推出了小微企业法律帮扶的系列制度。营商环境的建设从来不是空洞的口号,只有站稳人民立场,扩大公共法律服务的覆盖范围,切切实实解决人民群众遇到的问题,让市场中千千万万的小微企业有实实在在的获得感,才是真正发挥法治固根本、稳预期、利长远的作用,才是真正优化了区域内的法治化营商环境。

参考文献:

蔡云、殷荣林:《法治社会背景下中小微企业的再造:境遇、困境与突破》,《南方论刊》2017

年第 11 期。
唐语欣、董雨恬、廉晨虹:《中小微企业公共法律服务供给的优化路径研究》,《秦智》2024 年 6 月刊。
王千石、褚雪霏:《当代中国小微企业合规的法治实现》,《黑龙江社会科学》2024 年第 1 期。
徐鹏博:《我国小微企业安全与环境法律援助的探讨》,《安全与环境学报》2013 年 8 月。
杨璐嘉:《王麒 廖虹宇代表:帮助小微企业化解法律风险》,《检察日报》2022 年 3 月 8 日 007 版。

政务大模型如何赋能数字政府
——应用场景与治理路径

丁依霞[*]

摘　要: 大模型加速融入千行百业,其中利用大模型技术赋能数字政府创新变革,推动政府数字化、智能化运行成为最新趋势。政务大模型凭借其"通用人工智能""垂直且精深""对话即服务"等特点,在政务服务"一网通办"、城市治理"一网统管"、政府办公"一网协同"等方面呈现出巨大的应用潜力。但与此同时,考虑到技术的"双刃剑"效应,政务大模型应用需处理好顶层设计与实践探索、战略与策略、守正与创新、效率与公平、活力与秩序、自立自强与对外开放等若干关系,并以"SGDP"(即 safety、guideline、data、people)为原则,统筹发展与安全,使其更好地为增进人类福祉服务。

关键词: 政务大模型;数字政府;应用场景;治理路径

一、引言

从 2022 年年底的 ChatGPT 到 2024 年年初的 Sora,人工智能领域的爆款产品不断出现,成为全球热议话题。在此背景下,国内外科技公司纷纷推出 AI 大模型产品,如 OpenAI 的 GPT 系列、Anthropic 的 Claude 模型、谷歌的 PaLM 系列、百度的"文心一言"、阿里的"通义千问"、华为的"盘古大模型"等。一时间,大模型市场竞争格局呈现百舸争流之势。国际数据公司(IDC)数据显示,2023 年全球人工智能市场规模达到 1540 亿美元,同比增长 26.9%。预计到 2027 年,全球人工智能市场规模将增长到 5000 亿美元以上,年均复合增长率达 34.2%。

---

[*] 作者介绍:丁依霞,中共上海市委党校讲师,研究方向为数字政府、政务服务、智慧城市。

以 ChatGPT 为代表的大模型作为人工智能技术的一次质变,其应用成为各国推行数字治理、建设数字政府、开展数字竞争无法回避的议题。从国际进展看,部分国家已开展政务大模型应用探索。2023 年 2 月,新加坡政府开发的"Pair"系统类似公务员的 ChatGPT,能够用于辅助公文写作。2023 年 6 月,英国政府在其国民健康服务体系(NHS)部署基于人工智能的技术服务,以帮助诊断癌症、中风和心脏病等。2024 年 8 月,阿根廷宣布使用人工智能来"预测未来犯罪"。从国内情况看,各地不断加强大模型产业顶层设计和场景应用。2024 年 3 月,浦东新区揭牌成立政务大模型联合创新实验室,推动大模型技术在新区治理各个领域的创新应用。2024 年 5 月,《上海市推进"人工智能＋"行动打造"智慧好办"政务服务实施方案》,推进更多惠企利民政策和服务"免申即享、直达快享"。2024 年 7 月,《北京市推动"人工智能＋"行动计划(2024—2025 年)》,推进大模型在接诉即办智能受理、智能办理中的试点应用。可见,政务大模型越来越成为政府数字化转型的新蓝海,有利于提升数字政府决策的科学化水平、实现数字政府社会治理的精准化、推动数字政府公共服务的高效化。① 但与此同时,作为一项新事物,政务大模型发展和应用都处于起步阶段,可以应用到哪些领域、如何应用以及注意事项等都存在模糊之处。为此有必要加强对大模型技术的研究,弄清楚政务大模型在数字政府领域的应用场景,理性评估其应用价值,在此基础上明确相应的治理路径,以更好发挥其赋能作用。

二、理解政务大模型

(一) 政务大模型的定义

大模型正赋能千行百业,其中政务领域亦是其典型落地场景。基于此,政务大模型可定义为人工智能大模型在政务领域的具体应用,包括语言大模型、视觉大模型和多模态大模型等。凭借其庞大的规模参数、强大的泛化能力以及深度学习能力,政务大模型在政务服务"一网通办"、城市运行"一网统管"、政府办公"一网协同"过程中具有非常广阔的应用场景。根据不同划分标准,可以把政务大模型分为不同类型,如表 1 所示。

---

① 杨莉、刘文文:《人工智能技术嵌入数字政府研究》,《特区实践与理论》2023 年 6 期。

表 1　　　　　　　　　　　政务大模型的不同类型

划分标准	划分类型	类型释义
服务对象	对内类	全面监测、分析、预测政府运行状况,为政府管理和决策提供智能化支持
	内外类	提高信息处理效率和政务服务质量,为企业和个人提供智能化、精准化服务
服务内容	内容生成类	通过对政府数据库的深度学习,生成政策文件、法律法规、工作方案等具体内容
	交互方式类	对政府治理界面、业务办理流程、政民互动渠道与方式等方面的完善与提升
服务程度	辅助类	在辅助政府工作人员和企业、群众决策、办事等方面的作用,如起草文件初稿
	替换类	在直接替代政府工作人员部分脑力劳动方面的作用,如生成会议纪要

(二) 政务大模型的特点

一是"通用人工智能"。通用人工智能是具有高效的学习和泛化能力、能够根据所处的复杂动态环境自主产生并完成任务的通用人工智能体,具备自主感知、认知、决策、学习、执行、社会协作等能力。[①] 政务大模型较以往人工智能产品而言,能更准确地学习和领会人类的一般思维,并根据指令快速创作。此外,凭借背后的大规模参数,政务大模型在文本生成能力上实现了具有文本修正能力、长文本输出能力、生成内容个性化和输出形式多元化的技术跃迁,[②]其可以"涌现"的内容从"百事通"跃升至"万事通"。这种前所未有的人机交互能力使政务大模型呈现出"通用人工智能"甚至"强人工智能"的特点。

二是"垂直且精深"。行业大模型(也叫私域大模型、垂直大模型)是基于通用大模型的能力去做微调或挂载相关向量库,调试后适用于细分领域。政务大模型较通用大模型而言,专业性更强、数据安全要求更高。值得注意的是,通用大模型的数据源主要是互联网公开数据,但是政务大模型需要政务领域的专业甚至敏感数据,这些数据是通用大模型拿不到的,因此其具有通用大

---

① [美]查鲁·C.阿加沃尔:《人工智能:原理与实践》,杜博、刘友发译,机械工业出版社2023年版,第9页。
② 张洪雷:《生成式人工智能参与数字政府建设的技术跃迁、目标导向与可行路径》,《南昌大学学报(人文社会科学版)》2023年第4期。

模型无法比拟的专业能力。

三是"对话即服务"。政务大模型的"对话即服务"主要指大模型中的类 ChatGPT 功能，即其具有的拟人性、交互性、多模态等技术优势，[1]能够以对话形式实现人机互动。通过连续性的对话互动，政府可以获得更为精准的用户需求信息，公众也可以获得更为简明易懂的政策信息或服务指南。比如原来办一件事需要先找到应用入口，然后开始填写表格，填写过程中可能还需要反复确认或来回重复。未来可能就是直接输入一个指令，大模型可以帮助我们直接将目标事项的功能点调出来，然后通过人与机器对话的方式输出办事需要的信息，大模型进行自动回填，实现"边聊边办"。

三、政务大模型的应用场景

(一) 政务服务

1. 智能问答

之前很多政务服务平台都推出了智能咨询、智能搜索、智能问答机器人等应用，但也引发了"智障"的讨论，即传统 NLP(自然语言处理)没有自主学习和推理的能力，因而无法理解用户提问的意图，只能做"知识的搬运工"而非经过理解之后的反馈。大模型技术通过预训练和生成式人工智能(GAI)这样的组合方式，对于用户的意图理解能力要远胜于传统 NLP，并且它的输出模式是生成式内容，更具有人格化与温度感。针对一些专业性较强的领域，利用政务大模型打造为"数字客服官"(digital customer service，DCS)，能够提供更加精准、高效、个性化的回答。

2. 免申即享

智能化时代，公众对政府服务的要求会越来越高，而政务大模型可以通过对个人和企业的数据分析，了解各种需求和偏好，并根据这些信息提供个性化、主动化服务。例如，政务大模型助力"免申即享"。政府为企业发放补贴资金时，补贴到哪些行业、哪些企业，以前这块工作非常难做，容易受到人的主观性、数据的滞后性等影响。而大模型可以结合最新的国家政策、省、市、区级文件进行综合分析研判，然后给政府出具一个企业补贴标准的框架性建议，政府机构可以结合自身的决策流程与标准进行权衡。

---

[1] 陈礼、吕佩安：《数字政府治理中的类 ChatGPT 模型研究》，《征信》2023 年第 10 期。

3. 政务数字人

政务数字人作为专业、理性与客观的行政角色,能够克服政务活动及其过程中的非理性因素影响,完成从"行政人"(administrative man)到"虚拟行政人"(virtual administrative man)的转变。[①] 加持大模型技术的数字人在与用户交流的过程中可以自动判断需要补充哪些内容,比如填写复杂表单的时候可以提醒你需要补充什么信息、数据以及注意事项。如果政务服务平台后台已经有了你需要填写的某些数据,那就不需要用户重复填了。另外如果需要你补充哪些内容,数字人可以跟你进行问答式的帮办,实现"边问边办"。

(二) 城市治理

1. 诉求处置

借助政务大模型作为12345热线后台服务人员的工作助手。比如政府新出了一个政策文件,老百姓通过互动提问来获取信息,大模型通过溯源文件内容来作解释,这可以精准快速地回答公众的问题,从而降低12345热线后台人员的学习门槛与知识理解难度。又比如政务大模型助力12345热线系统的标签优化。过去对12345热线要建立非常全面的知识体系,即"打标签",有时候不同的人对同一个事物的描述可能打的标签还不一样,这样的知识库建立后对后续的服务准确性和效率都会产生影响。但是现在通过大模型的推理逻辑,可以对这些非机构化的文本建立知识库体系,从而提高对12345热线后台处理咨询问题的支撑能力。

2. 体征感知

在城市治理领域,政务大模型的智能识别能力可以满足城市快速发展的需求。过去基于计算机视觉做了很多治理场景,例如针对标志性物件和异常行为的识别。在这些场景中,首先要收集大量的数据,进行大量分析提炼,然后再去做数据标注,训练完之后还要对预选定的场景做识别和处理。这种处理方式由于缺乏通用和泛化的能力,一旦转换到另一个场景时,能力就瞬间失效了。而大模型的能力在城市治理场景中,不只局限于识别它曾经训练过的物体,还可以对过去没有识别过的物体进行识别。比如辖区内企业和经营数据的预警,问政务大模型这个辖区存在什么问题,有没有欠薪、培训机构携款

[①] 汪波、牛朝文:《从ChatGPT到GovGPT:生成式人工智能驱动的政务服务生态系统构建》,《电子政务》2023年第9期。

潜逃、非法办学等问题。通过对这些问题进行分析,然后针对最新的投诉、新闻、征信、审判文书等数据,就可以实现对敏感企业的定位。

3. 应急管理

相比"解决问题",政务大模型更擅长"发现问题"。识别风险方面,比如一些舆情或公共事件,在发生之前可能在12345热线已经投诉过,但因为没有及时识别和发现,导致线下极端事件出现。所以可以通过大模型提升对风险隐患的识别能力。当然,发现问题只是开始,解决问题的流程十分复杂,大模型的主要价值在前半段的"发现问题",后半程的"解决问题"还发挥不了作用。城市应急管理是一个复杂的协同网络,有时甚至需要几十个部门的联动和快速响应,需要设置相应的权力流程和责任划分机制,而这些是大模型解决不了的。比如一个涉及电线杆的问题可能存在十几个类别或情形,每一类问题对应的都是一个部门权力和责任流转与衔接的过程。

(三) 机关运行

1. 公文辅助

美国研究和咨询机构 e. Republic 旗下的数字政府中心部门发布《让ChatGPT为您服务——公务员的生成式人工智能提示指南》,策划了针对公务员的50个ChatGPT提示示例,包括起草信件、分析数据、制定战略计划、评估政策等。用政务大模型起草政务领域的重大文件或施政纲领不一定可行,因为这些战略性规划往往是一种面向未来的创造性思考和战略性布局。但大模型可以作为公文辅助助手,在收集资料、搜集素材、做资料和素材总结、写出框架、会议纪要总结、领导讲话稿等方面提供辅助。比如撰写一个部门的年终工作总结,可以先用大模型把一些格式化的内容写出来,然后再补充必要的数据、观点和"金句"。

2. 知识管理

大模型与垂直领域政务知识库相结合,并进行模型训练,能够形成适用于多场景的政务决策模型。① 具体来说,政务大模型通过对制度规范、政策文件、工作素材、高频事项等方面的内容深耕,自动贴标签,借助总结能力进行结构化处理,形成关于政务内容的知识图谱。由此一来,公务人员可以获得智能问答、精准查找、归纳总结等功能,从而辅助政策制定和决策优化,提升政务运行

---

① 孟庆国:《"AI大模型+政务"的现状、趋势与思考》,《武汉社会科学》2024年第2期。

效率。以无差别综合窗口助手为例,例如上海市徐汇区基于通义大模型和徐汇智能算力平台研发上线了徐汇区政务服务大模型。通过大模型构建政务知识库,精准识别企业群众办事意图,为窗口工作人员提供全流程辅助,助力打造"一人通全岗"的"无差别大综窗"。

3. 科学决策

过去数据辅助政府决策主要通过一些决策模型和数据积累去做算法,政务大模型的出现会使政府在决策辅助机制方面更加智能化。作为"大数据＋大算力＋强算法"结合的产物,政务大模型可以广纳经济、社会、环境、民生等各个领域的数据,并通过分析和模拟为政府决策提供准确的参考,成为政府内部的"数字运营官"。① 大模型还有一定的逻辑能力和判断能力,可以对数据中潜在的动向和趋势进行分析,洞察数据中潜在的问题或机会。例如12345热线有大量的投诉数据收集上来之后,可以通过大模型进行分析,过去非结构化的数据很难分析,生成式大模型能在这方面挖掘出更有价值的信息和建议,给政府提供辅助决策。

四、政务大模型的治理路径

(一) 需要处理好的几对关系

习近平总书记在《推进中国式现代化需要处理好若干重大关系》一文中深刻指出,推进中国式现代化是一个系统工程,需要统筹兼顾、系统谋划、整体推进,正确处理好顶层设计与实践探索、战略与策略、守正与创新、效率与公平、活力与秩序、自立自强与对外开放等若干重大关系。这"六对关系"既是推进中国式现代化的重要方法论,也是政务大模型应用的基本遵循。

1. 顶层设计与实践探索

统筹顶层设计与实践探索意味着要处理好政务大模型应用的自上而下和自下而上。作为政府数字化转型的创新趋势,政务大模型既需要来自顶层设计的统一规划和整体布局,坚持"一张蓝图绘到底",也需要汲取地方实践和地方经验的养分,实现"实践反哺理论",两者相辅相成、缺一不可。没有顶层设计的系统部署和方向指引,政务大模型应用既可能因为难以协调各方关系而停滞不前,也可能因为各自为战形成新的技术孤岛;反过来,没有基层实践的

---

① 黄璜:《赋物以"智",赋治以"慧":简论 ChatGPT 与数字政府建设》,《学海》2023年第2期。

积极探索与大胆创新,缺少来自实践前沿的经验和知识,顶层设计也会成为无根之木、无源之水。

一方面,政务大模型应用要从数字政府建设的大局着眼,通过一系列政策安排和措施策略形成有利于政务创新的数字协调制度,从而降低数字化转型的各类制度成本,避免政策不配套、行动不同步、业务不联动、数据不互通、系统不兼容、安全不保障等问题。另一方面,各地区各部门因地制宜,结合具体情况具体场景有的放矢地进行实践探索,努力创造可复制、可推广的经验做法。当前,数字政府建设已经进入"深水区",而大模型技术为政府数字化转型提供了新方向和新动力。需要充分发挥地方的主观能动性和首创精神,通过试点先行、创新大赛、揭榜挂帅、容错机制等更好地撬动地方的积极性,形成"试验-认可-推广"的创新路径,实现"以小见大、以点带面"的创新扩散效应。

2. 战略与策略

战略与策略是我们党领导人民改造世界、变革实践、推动历史发展的有力武器。在政府数字化转型中恰当运用人工智能大模型技术,也需要处理好战略与策略之间的关系。

战略是一种从全局考虑谋划实现全局目标的规划。要基于战略高度部署和完善政务大模型应用,认识到政务大模型之于人工智能发展和政府数字化转型的作用及价值。要着眼于推进国家治理体系治理能力现代化总体布局,从数字政府战略高度对包括政务大模型在内的创新事物进行前瞻性、全局性布局,作出相应的总体规划和整体方案,以科学的战略预见未来、引领未来。

策略是根据形势而确定的原则和方法,能够为战略实施提供科学方法。针对政务大模型应用,不同区域、不同部门、不同层级的政府部门需要根据实际情况作出具体的指导意见和建设指南,因时、因势地选择政务大模型的应用场景和建设模式,以确保政务大模型能持续创造价值和效益。

3. 守正与创新

守正创新是我们党在新时代治国理政的重要思想方法。政府数字化转型是一个在继承中发展、在守正中创新的历史过程。推广政务大模型应用时,要处理好"旧"技术迭代和"新"技术采纳问题。技术不是越新越好,也不是越复杂越好,而是要坚持问题导向和需求导向,统筹新旧技术应用,以合适的技术实现"增强政府""敏捷政府"和"整体政府"。面对日新月异的技术发展,政府应鼓励有条件的主体加强创新研发能力,加大对创新主体的支持,推动算法、数据、算力等各方面资源协同发展。要以开放包容的心态和科学严谨的方法对待新技术应用,既避免对新技术的一味排斥,也警惕对技术的盲目乐观。

4. 效率与公平

《数字经济促进共同富裕实施方案》中指出,要通过数字化手段促进解决发展不平衡不充分问题,持续弥合"数字鸿沟",促进公平与效率更加统一。在数字政府建设中应用大模型技术,既要创造比传统政府更高的效率,又要更有效地维护社会公平,更好地实现效率与公平相兼顾、相促进、相统一。

一方面,政务大模型应用在提高政府办事效率、促进全体人民共享数字红利等方面具有重要价值。波士顿咨询公司发布的《公共部门的生成式人工智能应用:从机遇到价值》(Generative AI for the Public Sector: From Opportunities to Value)认为,生成式人工智能可以帮助政府公共部门提高生产力和服务质量,其在国家、州或省以及地方政府中的生产力价值每年可达1.75万亿美元。

另一方面,要注意技术应用中的公平问题。从全球互联网发展来看,大数据和推荐算法的流行,特别在面向妇女、儿童以及少数群体用户的时候,智能化应用的合规性均存在巨大挑战。因此,在公共服务或社会治理场景中引用政务大模型,必须考虑其合规性问题,确保大模型的有效运用和使用者期望的合理满足。此外,需要对政务大模型的使用进行监督和评估,避免算法偏见,[①]确保其不会滥用权力或侵犯公民权益。

5. 活力与秩序

中国式现代化应当而且能够实现活而不乱、活跃有序的动态平衡,在中国式现代化中推进政府数字化转型同样如此。政务大模型应用不仅对政府数字化转型是新机遇,对市场企业而言同样是新机遇。对政府来说,通过政企协同能够有效弥补政府在技术、资金、平台等方面的不足,快速获得数字化能力。对于企业来说,通过政企合作可以获得新的商业机会和经济增长点,实现高质量发展。

值得注意的是,政务大模型和人不一样,没有真正的记忆能力,也无法对其生成的内容负责,会出现"一本正经地胡说八道"的情况。因此,在政务大模型应用中,必须对其背后的数据是否存在偏见、是否违反法律法规、是否侵犯隐私等进行深入了解,防止 AI 幻觉带来的负面影响。

---

① 孙伟平:《人机之间的工作竞争:挑战与出路——从风靡全球的 ChatGPT 谈起》,《思想理论教育》2023 年第 3 期。

6. 自立自强与对外开放

统筹自立自强与对外开放意味着要处理好对内和对外之间的关系。一方面，要立足国情谋划数字政府发展和政务大模型应用，特别是要看到中国具有的超大规模市场、海量数据资源、丰富应用场景等多重优势。政务大模型应用过程中，要结合各地区、各部门的具体情况，开发适合自身政务服务、城市治理和政府办公场景的大模型应用，支持本地产品形成生态系统。与此同时，要警惕其他国家对中国生成式人工智能应用和发展的技术封锁，加快自主生成式人工智能平台的研发及其在数字政府建设领域的应用。

另一方面，要坚持胸怀天下，要拓展世界眼光，深刻洞察人类发展进步潮流，既要紧跟世界互联网发展的最新成果，又要以中国新发展给世界带来新机遇。生成式人工智能作为全球人工智能技术发展的最新成果，在提高全球生产效率、生活品质、治理效能方面具有重要潜力，各国积极加快应用这一技术。我们在关注技术发展的同时，也要善于吸收各国技术应用的经验和教训。

（二）政务大模型应用的"SGDP"原则

《中共中央关于进一步全面深化改革　推进中国式现代化的决定》指出，完善推动新一代信息技术、人工智能、航空航天、新能源、新材料、高端装备、生物医药、量子科技等战略性产业发展政策和治理体系，引导新兴产业健康有序发展。[1] 作为人工智能领域的热点话题和主流方向，大模型在各行各业的应用不仅要尊重技术发展规律，还要结合各领域特点加强对技术的治理。就政务大模型应用而言，需要遵循 safety（安全）、guideline（操作指南）、data（数据治理）、people（以人为本）等原则，统筹发展与安全。

1. safety 安全保障是底线

与其他创新技术一样，政务大模型的应用也是一把"双刃剑"，在助力创新与发展的同时，存在模型决策不够透明、模型训练过程中对隐私信息保护不足等问题，以及算力极限、数据私属、算法深化、风险治理困境。[2] 因此，政府应更

---

[1]《中共中央关于进一步全面深化改革　推进中国式现代化的决定》，《人民日报》2024年7月22日第1版。

[2] 喻国明、金丽萍、卞中明：《小有小的用处：大模型传播生态下的小模型——概念定义、技术构造与价值角色》，《新闻记者》2024年第1期。

加审慎地看待政务大模型应用,牢牢兜住安全底线,避免"科林格里奇困境"。①

一是结合数字政府安全体系建设和信创工作要求,加强人工智能内生安全、零信任防护等建设。面对现阶段政府软硬件设备多为国外生产、数据和网络安全威胁、境外势力和黑客势力攻击等风险,要着重构建全方位安全保障体系,落实全过程安全管理制度,提高关键信息基础设施的自主可控水平,切实筑牢安全防线。

二是提高数据安全保障能力,建立数据分类分级保护制度,健全数据监测预警和应急处置体系。党的二十届三中全会指出,加快建立数据产权归属认定、市场交易、权益分配、利益保护制度,提升数据安全治理监管能力。② 因此,政府部门要加强对数据采集、归集、共享、流通、使用等各环节的安全治理,完善从数据到算法再到生成内容的全链路体系规制,精准检测和评估可能出现的风险,及时采取补救措施。

三是营造稳定包容的监管环境,根据风险等级、应用场景、影响范围等具体情境,实施分级、分类、差异化监管。一方面,政府要做好顶层设计,完善相关立法工作的同时,进一步明确数据信息和技术使用的规范政策体系,完善相关配套法律法规制度。另一方面,政府要引导企业在人工智能大模型开发中提高安全意识和责任意识,加强对个人信息和数据的保护,主动构建安全、可靠、可信赖的大模型生态。

2. guideline:操作指南是关键

目前全球一些国家与城市发布了相应的公共部门应用生成式人工智能的操作指南,如英国发布的《英国政府生成式人工智能框架》、加拿大的《生成式人工智能使用指南》、阿联酋的《生成式人工智能的100个应用场景与案例》等。这些指南旨在明确政府部门在大模型建设过程中可以将其应用到哪些领域,以及什么事可行、什么事不可行等,从而引导和规范政府机构有效利用大模型这种智能化工具。

从全球多个国家和地区的指南建设情况看,对"如何使用"都提出了很具

---

① 科林格里奇困境(Collingridge's Dilemma)是指技术控制的两难困境。英国技术哲学家大卫·科林格里奇在《技术的社会控制》(1980)中提出,一项技术如果因为担心不良后果而过早实施控制,那么技术很可能就难以爆发。反之,如果控制过晚,已经成为整个经济和社会结构的一部分,就可能走向失控,再来解决不良问题会变得昂贵、困难和耗时间,甚至难以或不能改变。
② 《中共中央关于进一步全面深化改革 推进中国式现代化的决定》,《人民日报》2024年7月22日第1版。

体的要求与提示,包括"禁止用例""建议用例""如何提问"以及"针对生成内容采用的注意事项"等。值得注意的是,围绕撰写总结摘要、语言翻译、公众咨询问答、代码编程、决策辅助等场景,不同国家或城市在"禁止"和"建议"的选择上存在部分冲突,可见不同政府对大模型应用的认识与政策要求并不一致。但是在价值准则设定方面,保持公平安全使用、明确责任主体判定,以及对结果的可追溯与解释性,这些几乎是每个政府机构对政务大模型应用的根本性诉求。

3. data:数据治理是基石

《"数据要素×"三年行动计划(2024—2026年)》指出,数据要素具有报酬递增、低成本复用等特点,能够优化资源配置、赋能实体经济、发展新质生产力。对于政务大模型而言,数据不仅是其重要的生产要素,也是其重要的治理资源。可见,如何梳理、整理相关高质量数据"喂"给大模型,是做好政务大模型要面临的基础性问题。

政府数据分为不同类型,有些数据可以直接对公众公开,有的是有限制地公开,还有的不能公开。为此需要将数据分级分类制度作为数字政府建设的逻辑起点,从源头规制大模型技术引发的数据风险。[①] 政务大模型在数据治理方面要遵守"政务数据不出域、调用过程可追溯和计量、使用问题闭环可控"原则,即所有的数据训练尽量在可信场所进行,以确保其专业能力的提升和数据安全的保障。

4. people:队伍建设是根本

《提升全民数字素养与技能行动纲要》对领导干部和公务员提出了要着重提升数字治理能力的目标要求,引导领导干部和公务员提升数字化时代的履职能力。政府数字化转型的本质是运用数字技术对政府管理服务的流程和模式进行优化。在以人民为中心的发展思想指引下,数字政府始终是"人"的政府,"数字"只是政府运行的状态与形式。不论是政府管理,还是政府服务,执行主体都是"人"。因此,政务大模型应用必须坚持以人为本,抓好队伍建设。

政务大模型应用需要考虑到政府工作人员的接受意愿、工作技能、数字素养等问题,不能让快速发展的数字化成为他们的负担,坚决杜绝"数字化形式主义"和"指尖上的形式主义"。首先,提升领导干部的数字思维、数字技能和数字素养,通过设立首席数据官等岗位加快构建专业领导机制。其次,创新数

[①] 韩广召:《我国数字政府建设应用ChatGPT模型的探索与思考》,《现代管理科学》2023年第4期。

字化人才引进、培养、使用机制，通过引育结合培养一支讲政治、懂业务、精技术的复合型干部队伍。再者，全面提升各治理主体的数字化履职能力，切实解决理念、编制、资金、素养、培训等问题。此外，加快开展专家资源和培训课程储备，形成一批针对政府部门和参建企业的培训计划和课程，提升专业人才培养质量。

五、结语

目前大模型正在与越来越多的行业和场景进行深度融合，不仅能在科技企业中应用，也能够在千行百业的数字化、智能化转型进程中发挥关键的作用。政务大模型的落地，对于优化公共服务供给、提升政务协同办公效率、创新市场监管和社会治理方式、推进国家治理体系和治理能力现代化，都具有非常重要的价值。政务大模型在政务服务"一网通办"、城市治理"一网统管"、政府办公"一网协同"等领域的应用正取得积极反馈。与此同时，政务大模型在数字政府中的应用前景远不止于此，未来将在当前已应用场景持续深化的同时，不断探索其在更多领域的广泛应用机会。对此，需要持以理性的态度，认识到技术的潜能和风险，让技术更好地为增进人类福祉服务。

数智赋能韧性安全城市建设的路径研究
——基于浦东新区城市大脑的实践

周彦如[*]

摘　要: 加快推进韧性安全城市建设,是浦东新区统筹发展与安全的必然要求,也是打造引领区现代城市治理示范样板的内在要求。浦东新区发挥城市大脑"一网统管"平台优势,探索以数智赋能提升城市韧性的新路径。数字化技术的运用,促进了浦东城市运行的系统韧性、过程韧性和功能韧性的提升,同时也面临着韧性安全理念和行业标准建设滞后、业务数字化与数字业务化梗阻,以及运营维护成本和市场化风险上升等困难与挑战。深化数智赋能韧性安全城市建设,需要从文化建设、顶层设计、支撑保障和运营维护体系等方面进行探索。

关键词: 韧性安全城市;数智赋能;城市大脑;城市运行安全

高质量发展离不开高水平安全。近年来,随着各类城市风险持续上升,建设韧性安全城市成为党和国家的一项重要战略举措。习近平总书记在2023年考察上海时强调,要全面推进韧性安全城市建设,努力走出一条中国特色超大城市治理现代化的新路。党的二十届三中全会进一步提出,推动形成超大特大城市智慧高效治理新体系,深化城市安全韧性提升行动。

建设韧性安全城市,既需要国家层面加强顶层设计,也需要地方的先行探索和勇于实践。作为上海市最大城区,近年来浦东城市安全风险不确定性持续加大,城市风险暴露度和脆弱性不断增加,城市运行安全不断受到各类风险因素的威胁。《中共中央　国务院关于支持浦东新区高水平改革开放打造社会主义现代化建设引领区的意见》提出,浦东要提高应对重大突发事件能力,努力打造现代城市治理的示范样板。建设韧性安全城市,是浦东新区统筹发

---

[*] 作者简介:周彦如,中共上海市浦东新区委员会党校助教,研究方向为城市治理、应急管理。

展与安全的必然要求,也是打造社会主义现代化建设引领区的内在要求。面对复杂严峻的安全形势,浦东新区探索以城市大脑为牵引,深化城市运行"一网统管"建设,不断增强城市风险感知、预警和处置能力,持续提升城市韧性安全水平。①

一、浦东数智赋能韧性安全城市建设的经验与成效

韧性安全城市建设是全方位的系统工程,而科技创新则是提高城市韧性的重要一环。② 2017 年 4 月,浦东新区启动建设"城市大脑",开始探索以数智赋能提升城市韧性的新路径。2018 年,浦东新区正式上线城市大脑 1.0 版,经过多次迭代升级,目前已更新至 4.0 版。随着城市大脑的不断完善,浦东城市安全管理数字基座不断夯实,城市运行风险感知、认知和处置能力全面提升,城市韧性安全水平不断增强。在这一过程中,浦东统筹推进城市大脑的规划、建设、管理、运行,不断提升城市安全运行的系统韧性、过程韧性和功能韧性,实现城市高质量发展和高水平安全良性互动。

(一)构建系统完备的城市运行管理体系和数字底座,增强城市系统韧性

一是构建了融合日常、专项和应急的城市运行管理体系。浦东新区以城运中心为依托,以应急任务处置为中心,以集成化数字治理平台赋能韧性安全城市建设。在"一网统管"的体系架构下,浦东新区城市大脑 4.0 版实现了横向到边、纵向到底。在横向上,浦东新区将涉及到城市治理领域的委办局的部门界面和应用场景统一纳入到平台,涵盖规划、资源建设、交通、生态环境等 9 个专业部门的分平台以及 65 个专项应用场景。在纵向上,除了 1 个区总平台,还同步建设了 36 个街镇分平台、2 个特殊区域的分平台以及 1496 个居村联勤联动微平台。在平时状态下,区总平台对街镇分平台进行日常指导和业务监督。在应急状态下,区总平台可以实现视频会商和领导坐镇指挥。近几年来,在防汛防台、节日值守、重大活动保障、应急突发事件处置等各类专项工作当中,浦东新区城市大脑发挥了重要的支撑作用。

---

① 本文作者曾于 2023 年在浦东新区城市运行管理中心和应急管理局挂职交流,并于 2024 年围绕本文课题开展深入研究,与相关负责同志进行了一对一深度访谈交流。
② 范维澄、黄弘:《韧性城市建设的意义、进展与展望》,《人民日报》2024 年 6 月 14 日第 9 版。

二是构建了面向城市运行安全风险的数字治理体系。浦东新区应急管理局围绕系统安全韧性,在信息化建设规划过程中注重集约化和集成化。面向"全灾种、大应急"的应急管理体系,贯穿于事前日常监管、事中处置救援、事后行动评估的全过程,支持大屏端、PC端、移动端三端应用情景。对于涉及的应急指挥、安全生产、综合减灾等核心业务,建设了应急管理综合信息平台、安全生产智慧管理信息系统、城市安全风险综合监测预警平台、安全风险排查整治上账管理系统、应急物资信息管理系统、应急避难场所管理系统等,同时融合防汛防台、低温雨雪冰冻等多个专项应用场景,提升系统管理使用过程中的精准性和有效性。

三是构建了全方位立体化的数字化技术支撑体系。浦东新区明确"一平台、两网络、三领域、四体系"的数字应急总体架构,即建设"浦东新区应急管理综合信息"一平台、构建"全域覆盖的城市安全风险综合监测预警感知网"和"空天地一体应急指挥通信网"两张网、围绕"安全生产、灾害防治、应急处突"三领域、打造"数据支撑、业务应用、标准规范和运行保障"四体系。通过全方位立体化的技术支撑,力求通过技术创新手段倒逼应急管理工作从"领域分控"向"综合防控"转变,从"信息孤立"向"数据汇聚"转变,从"静态排查"向"动态监测"转变,从"事后处置"向"事前预防"转变,从"传统管理"向"智能管控"转变,助力韧性安全城市建设。

(二)实现敏捷高效的城市运行风险防控与响应处置,增强城市过程韧性

一是增强智能化风险防控能力。以国家城市安全风险综合监测预警体系建设试点工作为契机,浦东以率先形成的城市运行综合管理体系为基础,增加城市安全风险监测预警相关职能,构建浦东新区城市安全风险综合监测预警平台。在应用平台体系建设方面,已基本建成涵盖1个总平台、7个行业分平台、15个专业场景、1个区域分平台、36个街镇分平台和1496个居村微平台在内的全链条平台体系框架。按照"能监测、会预警、快处置、可研判"的目标,通过物联感知、视频识别、大数据分析、隐患排查4种监测类型,实现对公共空间、企业、社区3大监测空间的实时监测。根据城市生命线、公共安全、自然灾害、生产安全四个领域进行梳理,明确红、橙、黄、蓝4个等级的业务处置和信息发布规则。分类分级形成预警事项目录库,根据数据分析结果将事件分类,由一般事件、严重事件、突发事件组成3类需处置事件,分别匹配小闭环、中闭环、大闭环。

二是提升智慧应急处置水平。浦东新区已初步建成全区共建共享共用的应急综合指挥指挥场景。依托浦东城市大脑4.0"一网统管"平台,区城运中心接入来自公安、教育、卫生健康、建交等部门和街镇的视频图像共计29万余路。突发事件时,区应急总指挥部和37个区级专项指挥部在区城运指挥大厅可共享所有视频资源,通过调取无人机图像、高空鹰眼、公安监控视频及"城运通"单兵装备(车载移动布控球)扫盲,将突发事件现场全方位、无死角、立体式、全景式呈现,让指挥员在远程"身临其境",科学指挥。同时,区城运中心也正在逐步向街镇进行赋能,共享相关监控视频资源。通过一体化、智能化、可视化和扁平化应急救援指挥场景,实现突发事件的快速响应和处置。

三是探索事件学习创新形式。事件学习是提升城市对于同类型风险和危机的适应能力和增强城市安全韧性的重要方式。为加强对危机事件的学习,浦东新区正探索在应急管理综合信息平台中录入国内外典型突发事件应对案例,通过对相关事故灾难报告的结构化分析,还原事件发生和处置经过,建立相关事件的应对处置模型。依托12345市民服务热线,通过大数据算法分析研判海量工单数据,进行规律研判,或围绕近期的重要节日、重大活动和天气等因素,对可能爆发的工单事项进行预判,实现由接诉即办向未诉先办转变。针对高发的工单事项,根据前7周实际的发生量来推测下一阶段的发生量。迭代升级消防数据平台,将原有消防数据平台升级为消防业务数据仓库,为警情智能研判、大数据趋势分析等提供支持与服务。

(三) 推动多元融合的城市运行安全治理与场景建设,增强城市功能韧性

一是以数字协同增强组织韧性。浦东新区打造了智能化的协同处置中台,针对跨部门、跨地域、跨层级的疑难事项,各个部门都可以通过该系统发起协同申请,需要协同的事项会经过城运中台进行流转,形成线上处置闭环。这种系统与系统直接对接的方式,节省了大量线下人工沟通协调的成本,体现了"一网协同"的理念。在区级层面,浦东城运中心建立了平急融合的值班值守体系。区城运平台设城运中心、指挥长和应急联动值班长,集合新区总值班、应急、120、防汛等部门,整建制入驻城运中心,区领导作为周轮值值班主任带班轮值,实现了常态和应急的深度融合。此外,与城市管理密切相关的公安、城管、市场监管等部门也派出驻处级干部,组成联席指挥室,在应急状态下,协同开展应急联动处置工作。

二是以数字参与增强社会韧性。为加强对社会应急力量的指导和协调,浦东新区将其主管或有长期合作关系的企业、社会应急救援队等社会力量的信息录入了区应急管理综合信息平台。通过对人员信息、值班备勤情况、装备情况、分布情况等信息的掌握，实现对社会应急力量的信息化动员。建立隐患上账管理系统，倡导市民积极利用"12350"安全举报电话、"96119"消防违法行为举报热线和"12345"市民服务热线，揭露安全生产中的潜在风险与企业不合规行为，增强对安全隐患的公开曝光，以此促进社会各界共同参与、协同治理的良好环境形成。

三是以数字呈现增强空间韧性。目前，浦东新区以"可视化"为要求，构建"一屏观全域""一图展全景"的指挥场景，建成各类要素汇聚的"应急指挥一张图"，叠加突发事件、风险隐患、应急资源、避难场所等多种应用图层，在GIS地图中精确定位展现。正开发完善的应急物资管理信息平台可以在突发事件的应急处置中实现对周边资源的自动展示，方便相关指挥者安排处置人员第一时间及时调用。如发生生产安全事故后，城运大脑的地图模块可以通过地址精确定位，系统默认搜索周边500米范围内的应急专家、应急队伍、物资装备、防护目标、救援车辆等应急资源。

二、浦东数智赋能韧性安全城市建设的困难与挑战

数字技术为韧性安全城市建设提供了有力手段，对提升浦东新区城市系统韧性、过程韧性和功能韧性具有重要意义。然而，在运用数字技术赋能韧性城市建设的同时，浦东新区也面临一些困难和挑战。

（一）韧性安全理念需要强化，行业政策标准有待确立

从概念起源上看，"韧性安全"最初源于物理学、材料学等少数自然科学领域对于"韧性"的研究，主要是一个学术性而非政策性概念。目前，社会各界对韧性安全概念的理解多停留在学术研究层面，韧性安全的理念在认识上和政策上还有待进一步强化和明确。这主要体现为如下三种理念冲突：

一是"要我安全"与"我要安全"。近年来，随着"三管三必须"原则的确立，各级生产经营单位主体责任与政府监管责任进一步压实，各部门各行业对城市安全问题也更加重视。然而，在经济发展任务压力持续加大的情况下，行业部门、属地街镇的主要精力仍在于抓经济发展。在此背景下，安全发展的目标常常被认为是"要我安全"，安全工作是应急管理等少数部门的工作，缺乏主动

提升本行业本领域韧性安全水平的改革创新动力。

二是"小安全"与"大安全"。在总体国家安全观的视野下,韧性安全不再只是针对自然灾害、事故灾难等风险因素的"小安全"概念,而是涵盖多个安全领域的综合性"大安全"概念。然而,目前无论对于上海和浦东新区,还是对于全国其他城市而言,已有关于韧性安全城市建设的相关政策仍然是以应急管理部门牵头为主的"小安全"行业标准,未能涵盖韧性安全建设所涉及的众多安全领域,如公共卫生、社会治安、生态环境、食品药品安全等。行业标准和业务指标的缺乏,使得韧性安全城市建设的目标边界不清晰,相关工作缺乏指导性和针对性。

三是"部门安全"与"共同体安全"。韧性安全建设并不只是政府部门的事业,而是需要包括政府、市场、社会在内的多元行动主体积极参与,才能形成具有强大韧性的安全共同体。然而,目前关于韧性安全城市的研究和探索主要还是依靠专家学者和政府部门在推动,市场主体、社会主体的参与还相对薄弱,全社会参与共建共治韧性安全城市的氛围还相对欠缺。面对日益繁重的安全发展任务,政府部门无法仅凭自身单打独斗维持城市韧性安全水平,需要在推动社会参与上进一步发力。

(二)业务数字化存在梗阻,数字业务化尚存差距

业务数字化是实现数智赋能韧性安全城市建设的基础和前提,而数字业务化则是数智赋能韧性安全城市建设的目标要求。当前,浦东新区依靠城市大脑的技术优势,在韧性安全城市建设的业务数字化方面取得了明显进展,在数字业务化上进行了深入探索。然而,无论是在业务数字化,还是数字业务化上,都存在较大的提升空间。

一是业务数字化存在多重障碍。浦东新区各重点行业领域基本都建设了相应的综合管理平台,在推进业务数字化方面取得了一定进展,但部分平台在设施设备建设上存在前瞻规划不足,建设完整度和实用性等无法满足韧性安全城市建设的功能需求。大多数平台远程视频监控设施安装覆盖面不高或明显偏低,一些平台风险隐患数据仍依靠人工输入为主,大数据智能治理程度不高,对数据背后的规律性、普遍性和苗头性热点、难点问题缺少收集和研判,对大数据背后共性和倾向性问题提炼不足,视频监管、智能识别、研判预警、自动推送和联动处置功能不强。

二是数字业务化进程任重道远。数字业务化是在政府管理模式、流程、机制上的深刻变革,具体到城市安全领域,即从单一的监测预警事件防控转向利用平台综合数据来推动风险防控模式的革命性重塑。[①] 结合浦东新区实际,在韧性安全城市建设的数字业务化方面,仍面临一些挑战。具体来看,即数智赋能韧性安全城市建设中缺乏全过程系统观念。现有的数字化手段运用主要偏重于事中监管与事后快速处置,但如何突出事故风险从事中事后监管向事前预防转移还亟待加强。另外,在突发事件的事后恢复重建和学习提升上,浦东新区城市大脑目前还缺乏相应的专业化平台支撑。因此,现阶段的城市大脑还未完全形成对韧性安全城市建设的全过程赋能。

综合来看,之所以产生以上障碍,有三个方面的重要因素:

其一,智能化建设投入乏力。由于政府财政压力持续增加,而数字化平台建设和运营需要大量资金投入,因此在后续数字化建设方面面临可持续问题。对于应急管理、城市安全领域的数字化项目,目前浦东新区各建设单位并没有固定的年度预算,现有平台想要迭代升级,必须重新申请资金。尽管区城运中心智慧大脑已经达到4.0版本,覆盖了全区绝大多数应用场景,但现阶段区级和各街镇的城运软件系统多是自行投入研发,不仅耗费了大量人力物力,也不利于后续全区层面的升级管理。部分人大代表曾反映,目前基层信息化的硬件建设项目审批持续收紧,信息化申请渠道不断收窄,一些街镇因资金筹措、后期维管等原因,硬件建设停滞,"一网统管"的优化升级难以持续布局与推进。

其二,数据治理问题亟待破解。目前,浦东新区各重点行业领域基本都建设了相应的综合管理平台,但各平台的监测感知数据、执法管理数据等零散在各个管理部门,有的数据归集于市管平台,有的数据仅在基层社区实现了小范围归集,全区缺少统一的数据标准,数据壁垒鸿沟依旧存在,不同平台相互间融合度较低,数据联通共享共用程度不足,跨部门、跨区域、跨层级多元数据归集和交互共享存在一定困难。另外,数据的准确性与及时性也有待提高。如公安部门提供的人口数据主要基于治安管理的需求,是一种静态的统计数据,无法准确反映实有人口的变化情况。监控视频类数据可以开放实时观看,但无法回放和调节角度,难以用于智能分析。一些地图数据难以做到实时编写、实时共享,存在一定的延时性。

其三,技术部门与业务部门的需求割裂。目前,韧性安全城市建设中的数

[①] 佚名:《监测预警城市风险　提升城市安全防控水平》,《中国应急管理》2023年第12期。

字化项目支持,主要是由技术部门在牵头,包括平台的设计、研发与运营,技术部门都发挥了主导性作用。然而,部分城运技术部门的人员反映,城市大脑的建设往往不是"技术倒逼流程再造和体制机制改革",而是"技术走在前面,业务比较在后面",存在"技术框死业务"以及技术创新过程的反复性。这一问题反映出技术部门与业务部门在需要和标准上的割裂,未能在韧性安全城市建设中实现技术与业务的有机统一。这导致在业务数字化取得较快发展的同时,数字业务化却相对滞后。

(三) 运营维护成本同步上升,市场化风险有待化解

数字技术在韧性安全城市建设中的运用,除了受到政府自身资源约束外,还需要考虑运行成本和项目外包的相关风险问题。

一是技术投入与运营维护成本的不协调。数字化技术应用的一个重要动力,是要通过智能化的"技防"来降低传统手段下的"人防"成本,即在理论上,随着技防投入的增加,相应的人防成本应该降低。但在实际中,部分城运和应急部门的工作人员反映,"智能化应该是帮助人们减轻工作负担的,但没有感觉智能化起作用",技防投入虽然大幅增加,但人防的力量却并没有下降。比如,在一些应急指挥和现场调度会议中,为解决系统故障和网络等问题,城运部门需要专门请技术公司派人员做现场技术保障,而且随着会议重要性和人员级别的上升,对技术保障的要求越高、力度越大、投入也更大。在技术力量加强的情况下,为维护硬件和网络,需要额外配备更多专业化的维修和通信保障队伍。针对无人机等新型设备,还需要配备无人机队伍等专业操作人员。因此,如何在技防投入不断增加的情况下降低人防成本,是数智赋能韧性安全城市建设面临的一个现实难题。

二是市场外包中存在一定的委托代理风险。由于政府自身资源有限,特别是缺乏专业技术资源,因此城市大脑的开发、建设、运营和维护依赖市场化的技术公司。在项目外包的过程中,政府部门是以财政资金作为支持,而技术公司是以利润作为行动依据,这个本质差异造成了项目外包中的委托代理风险。据部分城运部门工作人员反映,在项目合同签约之前,技术公司能够充分展现自身的技术优势和工作信心,但在合同顺利签约后,技术公司实际投入的技术配套支持却低于预期,甚至会将主要精力投入于拓展其他客户市场。此外,由于技术公司自身人员变动大,城运部门也面临着人员流失或变动后业务不连续的问题,需要重新投入资源进行业务衔接。在浦东城市大脑建设过程中,目前已经历3次技术服务商的合同变更,城运部门甚至被一些工作人员比喻为技术公司的"培训基地",因为每个技术公司的加入都需要对其进行业务培训。因此,如何化解数字化项目外包带来的市场化风险,是数智赋能韧性安全城市建设需要考虑的又一重要因素。

三、深化数智赋能韧性安全城市建设的建议与展望

基于对浦东新区的实践探索,深化数智赋能韧性安全城市建设,需要对当前面临的问题和挑战进行针对性回应。

(一)加强韧性安全文化建设,加快韧性安全城市顶层设计

一是广泛宣传提升防灾减灾意识。通过广泛宣传韧性安全城市建设理念,让人们理解韧性安全城市建设的重要性、必要性与紧迫性,切实增强各级领导干部安全发展和市民群众防灾减灾安全意识,筑牢韧性安全城市建设的社会基础。在组织宣传教育上,建立干部定期培训机制,组织各级领导干部定期开展业务培训;在社会宣传教育上,创新宣传教育形式,广泛开展韧性安全理念和防灾减灾救灾技能教育。浦东新区各个行业部门要充分发挥自身行业监管优势,密切沟通协作,打破行业监管壁垒。加强多灾种防控、多层级联动、多部门协同,确保防灾减灾救灾体系建设横向到边,纵向到底,突出重点,兼顾全域,涵盖全灾种、实现大应急。

二是加快具体实施政策与业务标准落地。针对韧性安全城市建设行业标准缺失的问题,除组织相关专家学者开展研究外,市、区两级部门应积极协同,推动韧性安全城市建设的行业标准与业务指标落地,完善和细化建设方案,提供具体可行的指导意见和实施办法。以《上海市加快推进韧性安全城市建设的意见》的出台为契机,加快制定符合浦东引领区定位的韧性安全城市建设实施办法,推动《浦东新区综合防灾减灾规划(2023—2035年)》的落地与实施,加强资源空间布局和功能融合,实现应急资源、防灾减灾救灾功能空间布局与浦东新区经济社会发展相统一。

(二)提高数智支撑保障力度,赋能韧性安全城市全面转型

一是建立可持续的投入机制。科学合理设置数字化转型绩效目标,建立与政府财政相匹配的数字化项目投入机制。在拓宽数字化项目建设的投入支

持方面,在有限的财政资源下,优先保障城市安全治理数字化项目的资金需求,以确保项目的顺利实施和可持续发展。发挥公共财政对韧性安全城市建设的保障引导作用,重点支持应急管理、灾害防治、安全生产、风险监测、公共卫生防疫等相关工作的信息化建设。落实税收优惠政策,激励企业增加对政府信息化项目的研发投入。在信息安全、数据集成共享、系统维护升级等信息化项目上,适度投资布局,加大对基层城运中心和应急部门的资金支持。建立多元化融资渠道,利用好超长期特别国债、政府专项债券等融资机制,为信息化项目提供长期稳定的资金来源。加强新型基础设施前瞻性投资布局,打造智能集约、联合互通的数字底座,实现对韧性安全城市建设赋能。

二是加快数据资源整合。加快研究制定促进数据互联互通的体制机制和技术方案,建立跨部门、跨层级的协调机制,统筹指导和协调城市安全领域的数据治理,确保数据共享工作的顺利推进。制定完善城市运行安全数据要素的政策管理办法,明确数据质量管理、数据安全保护、数据采集清洗等环节相关主体的责任,通过综合施策、协同推进,逐步打破数据壁垒,提高数据利用效率。加快数据要素标准化建设,编制精准分类的政务服务数据和城市运行管理数据目录,明确数据的来源、格式、更新周期等关键信息,确保不同部门、不同系统间的数据能够顺畅流通和共享。在打破数据壁垒的同时,促进数据向基层城运和应急部门稳定开放,实现区级部门对基层部门的数据赋能。

三是促进数字技术业务融合。数智赋能韧性安全城市建设,关键不在于数字化技术本身的应用和升级,而在于以提高城市运行安全综合治理能力为需求导向,特别是实现城市韧性的全过程系统提升。在此意义上,韧性安全城市建设的数智赋能方向在于坚持业务需求先行,强化全过程系统观念,运用数字技术实现风险的闭环处置管理,使事故隐患从源头上杜绝发生、将隐患风险消解于萌芽,从根本上不断提升城市韧性安全水平。具体而言,在不断迭代提升"城市大脑"4.0功能的同时,应聚焦"高效处置一件事",不断加强前端感知能力建设,强化前端问题发现能力,及时发现和预测各类风险问题。通过运用智能化信息技术,构建起全面覆盖、统一调度、资源共享和动态更新的集成化运行信息系统,实现事前及时预防、事中有效监管、事后快速处置,系统稳步推进韧性安全城市建设。

(三) 优化平台运营维护体系,提升韧性安全城市保障水平

一是推动数智赋能平台运营降本提质。推进数智赋能韧性安全城市建设

的过程中,降低数字化平台的运营成本是一个重要的目标。为了实现这一目标,可以利用自动化工具和软件,自动化运维运营与维护,减少人工干预,降低运维成本。例如,采用自动化监控和报警系统,及时发现并处理系统问题。优化运营策略,通过 AI、大数据等技术对数字化平台的运营数据进行智能分析,提高运营效率。推动流程再造与业务创新,对传统业务流程进行数字化改造,进一步简化流程,减少不必要的环节和成本。例如,通过城市大脑平台实现数据的自动采集、录入、清洗和管理,减少人工成本;通过视频会商系统的升级,进行非现场办公,降低现场办公组织成本。整合区政务云、数据、网络安全等分散的运营力量和运维队伍,强化信息化系统日常运营管理和服务。加强部门员工培训,提高员工对数字化技术的掌握和应用能力,降低因人为因素导致的运营成本增加,同时减少辅助人员的增加。

二是加强数字化项目外包风险管理。在数字化项目外包过程中,政府面临着信息安全、服务质量、沟通障碍与协调等多重风险。为了降低这些风险,应对外包项目进行科学评估与决策,通过科学的方法和工具对外包项目进行全面的评估,包括成本效益分析、风险评估等,以确保外包决策的合理性和可行性。通过市场调研、客户反馈等方式,了解外包服务商的信誉和口碑,选择具有良好声誉和稳定合作关系的服务商。对外包服务商的技术方案、实施计划等进行详细评估,确保其能够满足政府的需求并具备较高的性价比。强化合同管理与约束,在合同中明确双方的权利、义务、责任及违约责任等条款,确保合同条款的完整性和有效性。设立明确的验收标准和验收流程,确保项目成果符合政府的要求和标准。促进团队协作,鼓励政府内部团队与外包服务商之间的协作与配合,共同推进项目的实施。建立数字化项目风险补充机制,确保因技术服务提供商自身原因造成的公共利益损失能够得到追溯和赔偿。

当前,数字化浪潮正加快重塑城市经济、生活和治理实践。作为社会主义现代化建设引领区和上海"五个中心"建设的核心区,浦东城市公共安全形势复杂严峻,各种新问题和潜在的安全风险不断增加,提升城市应对重大突发公共事件的韧性水平迫在眉睫。数字技术在城市公共安全治理中的运用,为韧性安全城市建设创造了新机遇,未来需要从政治、科技、文化、社会等不同层面进行探索,发挥好这一手段在保障城市运行安全中的积极作用。

参考文献:
董幼鸿、周彦如:《技术赋能城市韧性治理的系统思考》,《东南学术》2022 年第 6 期。

武永超:《智慧城市建设能够提升城市韧性吗?——一项准自然实验》,《公共行政评论》2021年第4期。

肖文涛、王鹭:《韧性视角下现代城市整体性风险防控问题研究》,《中国行政管理》2020年第2期。

张春敏:《数字化转型中韧性城市建设的制度基础、演化机制与现实路径》,《贵州社会科学》2021年第7期。

加强社会工作者队伍建设
推进基层治理现代化

苏兰花*

摘　要：社会工作者队伍为基层治理提供专业的人才支撑，是加强和创新社会治理的重要力量。开发开放以来，浦东适应经济社会发展，以社会工作者队伍的职业化专业化发展不断回应和破解基层治理难题。随着治理现代化的推进，《党和国家机构改革方案》的实施将为专业社会工作者队伍的建设发展建构新的制度环境，新的时代条件下，浦东要发挥社会工作者队伍建设的示范引领作用，更好地服务基层治理现代化。

关键词：基层治理；社会工作者；社会工作部

党的二十届三中全会发布《中共中央关于进一步全面深化改革　推进中国式现代化的决定》，强调要"健全社会治理体系""健全社会工作体制机制，加强党建引领基层治理，加强社会工作者队伍建设，推动志愿服务体系建设。"进入新发展阶段，人民美好生活需要日益广泛，不仅对物质文化生活提出了更高要求，而且对民主、法治、公平、正义、安全、环境等方面的要求日益增长，对政府的治理水平、治理能力也提出了更高的要求。社会工作者是加强和创新社会治理的重要力量，在夯实党的执政基础、增进社会和谐稳定、维护社会公平正义、提供精细化社会服务等方面发挥着重要作用。要进一步激发社会工作者在保障和改善民生、创新社会治理中的活力，推动社会工作队伍高质量发展，强化基层社会治理现代化的人才支持。

---

* 作者简介：苏兰花，中共上海市浦东新区委员会党校讲师，研究方向为人事人才、基层党建。

一、专业人才支撑：社会工作者在基层治理中发挥重要作用

（一）专业性是最大的特点和优势

"专业社会工作"是一项秉持利他主义价值观，以科学知识为基础，运用专业方法帮助生活困境中困难群体的职业活动。旨在促进个体及其社会环境之间更好地适应。与日常社会工作和行政社会工作不同，专业社会工作通常基于高等教育机构中的社会工作专业教育，并遵循专业伦理价值的指导，运用科学的助人技巧以实现助人目的。"专业社会工作者"如同律师、医生、教师等职业一样，被视为专业技术人员。根据2015年修订的《中华人民共和国职业分类大典》，专业社会工作者被明确归类为"专业技术人员"的范畴。根据《社会工作者国家职业标准》，社会工作者是遵循助人自助的价值理念，运用个案、小组、社区、行政等专业方法，以帮助机构和他人发挥自身潜能、协调社会关系、解决和预防社会问题，以及促进社会公正为职业的专业工作者。

（二）为社会治理各个领域提供专业支持

社会工作者的服务涵盖司法矫正、戒毒康复、贫困救助、儿童和青少年发展、老年人生活质量改善以及灾害应对等多个领域，为不同群体提供必要的支持。社会工作者的专业知识和技能使他们在解决社会问题和提供公共服务方面发挥着不可或缺的作用。特别是在那些营利组织不愿涉及或政府机构难以完全承担的服务领域，如扶贫、养老和救灾援助，社会工作组织和社会工作者发挥了重要作用，有效缓解了服务供给不足和不平衡的问题。王思斌（2014）指出，社会工作参与社会治理，既治标也治本，既遵循政策规则又重视情理，既注重环境因素也不忽略个人方面的原因，既从事治疗也重视预防和发展，协助居民形成参与和治理经验，既致力于基本服务又从事政策倡导等。李迎生（2014）认为，社会工作者扎根于基层群众中，能及时了解人们的各种问题与需求。不仅能够及时发现问题与风险，而且能够借助专业视角对之进行科学全面的分析，是社会风险与问题的"扫描仪"。中国社会工作联合会会长陈存根认为，社会工作者是社会心理服务体系建设中的中坚力量。要充分发挥专业社会工作者的优势，推动建设一站式基层社会心理服务平台，协助政府全面开展社会心理服务，助力健全各领域社会心理服务网络，"与社会治理体系、精神文明建设相结合，积极探索新时代枫桥经验的发展规律，逐步走出一条社会心

理服务体系建设助力中国式现代化发展之路"。① 习近平总书记在统筹推进新冠肺炎疫情防控和经济社会发展工作部署会议上指出,"要发挥社会工作的专业优势,支持广大社工、义工和志愿者开展心理疏导、情绪支持、保障支持等服务。"这一重要讲话是对社会工作者积极参与疫情防控的充分肯定。分布在全国各地的社会工作机构及广大社会工作者在疫情防控期间开展线上线下立体行动,为疫区医务工作者、患者及家属、集中及居家隔离人员等提供多层次、全方位、多样化、专业化服务。②

(三) 回应社会转型期新矛盾新挑战

20 世纪 90 年代以来,面对经济社会的快速发展和空前的社会变革,上海率先引入专业社会工作理念和方法,造就了一支具有一定职业化、专业化水平的社会工作者队伍。在从计划经济向市场经济转变的过程中,国有企业和集体企业的倒闭、解组或改制导致大量"单位人"下岗失业,同时一些早期退休的人员也遭遇了"退休后无保障"问题。随着城市化的推进,人口大量向东部发达城市流动,农村剩余劳动力大量涌入城市。同时,犯罪、吸毒、未成年人犯罪等问题在社会中日益突出。上海作为改革开放的前沿阵地,较早地结合实际探索构建了"两级政府、三级管理、四级网络"的社会管理体制,以应对市场化、城市化、工业化进程中的多元复杂问题。在这一体制中,社会工作者在村居层面发挥着重要作用。首先,通过调配一部分原先担任企业单位或工厂车间中层干部的人员到社区担任书记或主任,将原有的单位管理经验移植到社区管理之中,发挥其曾经作为"单位人"或"干部"的身份认同优势进行"社区建设"。其次,强化社区工作者队伍建设,推动其从最初的业余或志愿性质的队伍向专职化队伍转变,提升社区工作者队伍回应基层社区管理问题的能力。最后,加强增量改革,在原有社区工作者队伍之外,大力培养专业社会工作者,推动专业社会组织培育和发展,使其与社区工作者一道形成回应转型期基层社区多元矛盾问题的重要机制。实践表明,广大社会工作者是社会服务的专业提供者,是社会矛盾的有效化解者,是社会政策的忠实执行者,是社会管理创新的有力推动者,是社会公平的积极维护者。上海社会工作者队伍建设从这一时

---

① 陕西社会组织:中国社会工作联合会会长陈存根:《社会工作者是社会心理服务体系建设的中坚力量》,https://www.163.com/dy/article/ITTK3A2N0514D4BV.html,2024 年 3 月 22 日。
② 李迎生:《发挥社会工作在疫情防控中的专业优势》,《光明日报》2020 年 3 月 6 日。

期开始起步,主要经历了探索起步阶段(1993—2001年),主要标志是在基层开展社会工作实践和社会工作专业教育;面上推开阶段(2002—2004年),主要标志是社会工作人才队伍建设职业化、专业化发展;全面深化阶段(2005年至今),主要标志是国家层面推动社会工作者队伍建设。

二、职业化专业化发展:浦东社会工作者队伍建设

开发开放以来,浦东适应经济社会发展,以社会工作者队伍的职业化专业化不断破解开发开放过程中的基层治理难题。通过分层次、分阶梯、分领域推进专业社会工作者队伍建设,涌现出了一批社会工作领军人才,不断扩大浦东社工品牌影响力。先后诞生了中国大陆第一家社会工作行业组织——浦东社会工作协会,第一个公益组织孵化器——浦东公益组织发展中心,第一家民间社会工作服务机构——乐群社工服务社,探索出了一条适合中国特色和浦东区情的社会工作专业化、职业化、本土化发展之路,获得了"全国首批社会工作人才建设试点示范区""全国首批社会工作服务示范区"等荣誉称号。[①]

(一) 率先开展社会工作者引进集聚和社会工作组织机构的培育建设

浦东新区高度重视经济与社会的协调发展,适应经济社会的客观实际需求,积极探索加强社会工作的新方式、新途径。1997年,浦东新区在全国率先引进专业社会工作者到社区从事社会工作,首批从中国青年政治学院社会工作系引进了36名社工专业本科毕业生,充实到基层相关岗位上,成为浦东新区开展基层社会工作的一支新生力量。在加强专业人才引进集聚的同时,浦东新区大力推进社会工作组织机构的建设。从2000年起,在全国率先在街道和居委会设立社工站,并通过工作坊、沙龙等形式开展专业社会工作。2000年,上海东方医院成立社工部,在全国卫生系统率先开展医务社会工作。2002年,浦东新区在学校社会工作实务领域进行积极探索,相继在38所中学开展学校社会工作。2003年,全国第一家民间性社工服务的机构——乐群服务社和第一家用社工专业方法为流浪乞讨人员提供专业服务的机构——阳光慈善救助社在浦东新区成立。同年,浦东新区首次发文设立社工岗位。

---

① 光明日报客户端:《上海浦东全力推动构建社会工作人才发展新生态》,https://topics.gmw.cn/2024-08/05/content_37481952.htm,2024年8月5日。

(二) 率先启动社会工作者专业培训和职业标准建设

随着改革开放的深入和社会主义市场经济向纵深发展,中国社会生活经济成分和经济利益、社会生活方式、社会组织形式及社会岗位和就业形式日益多样化,各种新的社会问题不断出现。面对多样化、多元化的社会需求和各种复杂的社会矛盾及问题,浦东新区在社会工作者队伍建设中坚持高起点,大力推进社会工作的职业化和专业化建设。社会工作领域不断扩大,不仅限于传统的民政工作,还涉及社区矫正、青少年、禁毒、教育、卫生、老年人等领域,为社会工作者提供了发展平台。为深入推进社会工作的职业化和专业化发展,1999年,浦东新区在全国城市基层率先成立了浦东新区社会工作者协会,建立社会工作培训中心,开展社会工作专业化培训。浦东新区社会工作者协会在全国率先开展了职业标准建设,得到了国家和上海市民政部门的肯定。2003年下半年,浦东新区社会工作者协会接受国家劳动和社会保障部的委托,在上海市与浦东新区劳动和社会保障局的指导及支持下,组织上海多所高校社会工作专家组成课题组,开发编写了《社会工作者》国家职业标准,于2004年6月由国家劳动和社会保障部正式颁布实施,成为规范国内社会工作发展的重要文件和全国社会工作专业人才标准化建设的重要依据。截至目前,全区持有国家职业资格证书的社会工作者达万余人,成为浦东社会工作专业化、职业化、本土化发展的中坚力量。

(三) 促进社会工作者队伍建设的合作交流

着眼于加快推进社会工作人才队伍建设,不断提高社会工作的整体能力和水平,浦东新区大力构建专业性的社会工作资源网络和经常性的沟通交流机制,加强与高校、科研机构和社会组织的密切合作,开展社会工作调研,举办社会工作知识讲座,把专业人才、专业知识和专业技能导入社会工作实践。浦东新区社工协会主动加强与上海各个高校社工系之间的交流与合作,积极推进社工实务进程,聘请高校社工专业教师开展社工实务督导,并分别与高校签订实习协议书,推进社会实践基地建设,培育社会工作专业人才队伍。浦东新区还注意加强与社会工作比较发达的国家及地区的沟通和交流,组织开展各种专业交流和学习考察活动。2000年,浦东新区与香港社会工作组织建立合作关系,组织了第一批专职社会工作者赴香港考察学习,为社会工作水平的提高和社会工作者队伍的建设营造了良好的氛围与环境。

(四) 完善社会工作者培养激励政策制度

浦东新区的社会工作者队伍自初步形成至今已逐渐壮大,这一过程伴随着制度建设的不断优化,从规划制定到人才培养、开发及激励保障政策的不断完善。政府层面出台了包括《关于在浦东新区社会事业系统推进社会工作职业化、专业化的试行意见》《浦东新区社会工作人才队伍三年发展纲要》《关于鼓励扶持浦东新区社会工作者培训的实施意见》以及《关于社会工作督导人才队伍建设实施意见》等关键文件,共同构成了培养、评价、使用和激励社会工作者的制度框架。《纲要》明确了社会工作者的专业化和职业化发展目标、内容与措施,并提出了政府部门与社会力量协同合作的工作要求。《督导》则聚焦于实务工作的薄弱环节,为浦东本土社会工作督导队伍建设提供了制度支持。实践表明,有效的人才激励保障制度对于队伍建设至关重要。浦东新区特别注重社会工作者的薪酬激励,通过发布《社会工作者薪酬体系指导意见》《浦东新区社会服务机构专业人才职位设置及薪酬体系指导方案》和《2019年版浦东新区社会工作服务机构薪酬体系指导方案》,为社会工作者提供了明确的薪酬标准。薪酬体系的特点包括:以上海市城镇职工社会平均工资为基准,并随社保平均工资的变化进行调整;为各岗位设定薪酬起点,但不设定薪资上限,由社工服务机构自主决定;以及以激励为导向,适当提高薪酬指导价,增强对行业发展的推动作用。

(五) 发挥品牌机构与领军人物的示范引领作用

浦东通过加强典型宣传和开展大型活动,塑造社会工作品牌,稳步拓展社会工作的影响力,促进社会工作者队伍建设的不断深化。一方面,加强宣传,树立典型。注重对社会工作中具有代表性的组织机构和创新人才的宣传,利用它们的社会影响力促进社会事业发展和社会工作人才的建设。另一方面,开展活动,展示形象。在社会工作发展的初期,浦东新区通过搭建一系列活动平台,宣传社会工作,展示社会工作人才队伍形象,提高广大市民对社会工作的认知,扩大社会工作的影响。如社工节展示社会工作的最新成果和未来发展的蓝图,在社会各界引起了积极的反响,受到了社会工作领域专家、学者及广大社会工作者的关注和好评,进一步营造了有利于社会工作人才发展成长的良好氛围。

三、融入治理体系：社会工作者队伍建设发展趋势

2023年3月，中共中央、国务院印发《党和国家机构改革方案》（以下简称《方案》），提出组建中央社会工作部，负责统筹指导人民信访工作，指导人民建议征集工作，统筹推进党建引领基层治理和基层政权建设，统一领导全国性行业协会商会党的工作，协调推动行业协会商会深化改革和转型发展，指导混合所有制企业、非公有制企业和新经济组织、新社会组织、新就业群体党建工作，指导社会工作人才队伍建设等。同时，地方社会工作的部门职能和设置也会进行相应调整。《方案》的实施将为专业社会工作者队伍的建设发展建构新的制度环境，为专业社会工作者进一步参与社会治理创造更好的条件，也对社会工作者队伍建设提出了更高的要求。新的时代条件下，浦东要发挥社会工作者队伍建设的示范引领作用，更好地服务浦东基层治理现代化。

更加注重专业化与规范化发展。中央社会工作部将通过制定出台社会工作者管理办法、工作人员业务标准等工作规范，提供统一标准化指导，推广社会工作的先进经验和模式，提高社会工作的专业化水平和规范化程度；负责策划和指导社会工作人才队伍建设，通过提供培训课程、举办研讨会和学术交流活动，加强社会工作者的培训和管理工作，培养和引进社会工作专业人才，提升社会工作人才队伍的整体专业水平。由此，作为社会工作者队伍自身要遵守管理办法和业务标准，确保工作符合专业和规范要求；积极参与培训和交流，通过不断学习和提升，加强自己的专业能力；执行专业标准和职业规范，在工作中明确职责，规范工作流程；接受监督和评估，确保专业服务质量和水平。

进一步聚焦重点治理领域。根据《方案》中确立的中央社会工作部的职能，未来社会工作发展将集中在三类重点领域：党建社会工作、公益慈善社会工作和信访社会工作。在党建社会工作领域，社会工作者要积极参与基层党建工作，通过专业实践提升党建效果，同时推动社区居民参与社区事务和治理。在公益慈善社会工作中，社会工作者要善于利用队伍自身的专业知识和技能，引导公益慈善活动的科学化和专业化，同时利用公益慈善的平台和资源，推动社会工作的实践和服务。在信访社会工作中，社会工作者要着重发挥自身的专业优势，提供问题预防服务和跟进服务，以确保上访者得到持续的关注和帮助，同时为优化和完善信访治理机制提供新思路和新方法。

参考文献：

狄金华、钟涨宝:《从主体到规则的转向——中国传统农村的基层治理研究》,《社会学研究》2014年第5期。

马凤芝、马树强:《社会工作者参与政策实践的三大基础》,《社会政策研究》2024年第2期。

唐文玉:《中国式基层治理现代化:历史生成与路向诠释——基于国家与社会关系演进的视角》,《社会科学战线》2023年第12期。

吴佳峻、徐选国:《迈向技能为本:社会工作者职业技能的形成过程与生产转向》,《华东理工大学学报(社会科学版)》2023年第5期。

浦东新区锚定引领区建设目标
推动"现代城镇"全面提质升级

浦东新区发展和改革委员会城市发展处

摘　要：深入实施以人为本的新型城镇化是贯彻二十届三中全会《关于进一步全面深化改革推进中国式现代化的决定》的重要举措。浦东新区按照党中央国务院的战略部署，围绕打造社会主义现代化建设引领区，锚定2035年全面建成现代化城区的目标，以新型城镇化的要求推进全区"现代城镇"建设。本文从提升镇域发展内生动力、不断满足人民对美好环境、优质服务的追求，阐述"现代城镇"在发展优质产业、强化优质服务、营造优美环境方面的做法、成果，同时提出新型城镇化建设要加强统筹协调，注重功能、品质提升，积极倡导共建、共治、共享、促进全社会共同参与，强化制度创新、理顺建设过程中的体制机制。

关键词：中国式现代化；引领区；新型城镇化；制度创新

党的二十届三中全会审议通过的《中共中央关于进一步全面深化改革推进中国式现代化的决定》（以下简称《决定》）指出，当前和今后一个时期是以中国式现代化全面推进强国建设、民族复兴伟业的关键时期，在城市建设方面，城乡融合发展是中国式现代化的必然要求，要完善城乡融合发展体制机制，统筹新型工业化、新型城镇化和乡村全面振兴。2024年7月，国务院印发的《深入实施以人为本的新型城镇化战略五年行动计划》提出，要深入实施以人为本的新型城镇化战略，稳步提高城镇化质量和水平，充分释放新型城镇化蕴藏的巨大内需潜力，持续推动经济实现质的有效提升和量的合理增长，为中国式现代化提供强劲动力和坚实支撑。

浦东一直承担着中国改革开放的重大任务，扮演着探路先锋的重要角色。2021年4月，中央赋予浦东新区打造社会主义现代化建设引领区的重大任务，要求到2035年，浦东现代化经济体系全面构建，现代化城区全面建成，现代化治理全面实现,城市发展能级和国际竞争力跃居世界前列。区委、区政府根据浦东发展进程、现阶段特点,创新性地提出构建"精品城区、现代城镇、美丽乡村"三个圈层各美其美、美美与共的现代化城区战略构想。2023年7月,经五届区委四次全会审议通过,出台《中共浦东新区委员会关于深入践行人民城市重要理念 全面推进现代化城区建设的意见》指导推进三个圈层建设和实施三年行动计划。浦东新区12个街道定位为"精品城区",24个镇城市开发边界以内区域定位为"现代城镇",城市开发边界以外区域定位为"美丽乡村"。三个圈层各有发展定位,空间大致清晰,又不截然分隔,相互协调支撑,有机融合发展。"现代城镇"是三个圈层中承接产业发展的主战场,对支撑现代化城区建设起到至关重要的作用,到2025年,实现"现代城镇"全面提质升级。本文在总结梳理浦东推动"现代城镇"建设的阶段性进展及其取得的初步成效基础上,就进一步推动"现代城镇"全面提质升级提出对策建议。

一、阶段性进展

一年来,浦东"现代城镇"建设围绕"发展优质产业、强化优质服务、营造优美环境",聚焦产城融合、功能完备、职住平衡、生态宜居等,强化资金保障,加大投入,着力破解发展不平衡、不充分问题,促进区域形象整体提升和功能强化,不断筑牢"现代城镇"作为城市发展基本实力的支点作用,发挥"现代城镇"对周边集镇和美丽乡村的服务引领作用,提升"现代城镇"融合发展品质,不断提档升级向"精品城区"靠拢。

(一)立足强化顶层设计,夯实建设战略目标任务

一是强化关键目标。到2025年,全区各镇激发新动能、展现新气象、焕发新活力、产业经济能级提升、服务治理明显加强、区域形象整体优化。推动镇级工业园区转型升级,加快存量提质增效,提高镇级园区经济密度,力争到2025年各镇范围内至少拥有一个市级或区级特色产业园区。二是明确建设任务。"现代城镇"三年专项行动计划围绕城镇面貌提升、服务能力强化、生态环境优化、治理水平提高、产业功能提升5大类实施项目1355个,安排资金约1235亿元。通过"三上三下"聚焦项目引领,24个镇形成各镇"现代城镇"建设专项行动计划,细化镇级财力实施项目和资金安排,各行业、各部门和属地街镇协同实施推进区级财力项目。自"现代城镇"建设启动以来,累计开工项目

935个,较总计划1355项,实现开工率69%,全面推动了浦东新区高质量发展的空间载体建设。三是夯实系统指标。加强镇镇对接,实现综合交通高效便捷,轨道交通成网成环,轨道交通站点100米内地面公交站点比例达100%。织密蓝绿网络,构建城乡公园体系,提升公园的可达性、体系性和功能复合性,基本实现各镇均有特色品牌公园,推进骨干河网、镇级毛细水系的建设和互联互通,到2025年建成"7+X"个生态清洁小流域,河湖水质达到水功能区规划要求。强化住房保障体系,优化全年龄段的教育体系、全生命周期医疗健康服务体系、社会养老服务体系,丰富文化体育空间,推动商业服务供给升级。全面实现原生生活垃圾"零填埋"、无害化处理率达100%。

(二) 紧扣区域统筹联动,提升城镇发展内生动力

一是发挥系统融合功能。推动城乡基础设施一体化,加快沪南公路改建、周邓快速路以及南畅东抬、川六公路、川南奉公路改建等一批重大项目,加紧推进21号线及东延伸、13号线东延伸、机场联络线、19号线等轨道交通项目;推进重大生态项目建设,打造形成公园、楔形绿地、骨干河道、生态廊道联系城、镇、村的生态基底和环境空间。实现79座城市公园24小时开放,加快推动沔西、洲海、张家浜滨河以及新丰等环上公园,围绕完善"五横六纵"骨干河网,推进北横河、外环南河、外环运河等工程建设。推动胸科、长征等优质医疗资源建设和一批公建配套学校、一批社区卫生服务中心提质增能,促进镇域公共服务资源进一步均衡优质。二是推动管镇联动发展。紧盯重点领域,强化重点开发区域管委会与各镇联动,加强城镇圈建设,强化张江科学城、"金色中环"、东方枢纽上海东站、南北科技创新走廊等重点开发区域与各镇的联动发展,加强镇域间产业分工协同,培育优势产业链和产业集群。张江推动张江水泥厂转型科创高地和人文街区;金桥制定全方位发展蓝图,大力发展"未来车""智能造",推动上海通汇汽车零部件研发和智能制造中心落地开工;曹路以东部湾、金海湾"两湾"驱动产城融合发展。三是聚力推动提质增效。聚焦存量产业用地提质增效项目,促进产业用地集约高效利用,助推城镇产业高质量发展。通过持续建设发力,高能级园区品牌持续擦亮,张江集成电路设计产业园、张江细胞与基因产业园被评为市级中小企业特色产业集群,三林筠溪科创园聚焦低密度"总部+研发"打造快速消费品制造和研发中心+数字产业集聚的产业空间,宣桥新食尚都市产业园获评国家级农业科技园,浦发•零碳绿谷获批2023年度上海市首批零碳创建园区。

（三）聚焦优化制度体系，加大政策层面机制创新

一是推动产业园区、"两旧一村"改造等实现拓面增量提速。探索专项债券和专项借款资金渠道，拓宽资金来源，保障产业园区基础设施更新提升以及"城中村"稳步推进征收拔点，不成套改造实现多点突破，加快"两旧一村"改造整体建设。目前，北蔡镇联勤村南新村等"城中村"改造项目专项债券为上海市首个由国家发展和改革委员会审核通过的项目。唐镇小湾村已获取上海市首个"城中村"专项借款118亿元额度，新场镇"城中村"也已获取专项借款30亿元额度。二是不断完善现代化城区的政策体系。研究形成包括规划引导、建设指导、机制优化、城市治理等方面的政策清单，在去年首批8项政策全部完成的基础上，研究拟定2024年度13项创新政策。同时激发街镇因地制宜，主动思考适应当地发展的机制创新。比如，北蔡镇提出打造"市场联盟"，积极探索农贸市场管理方式转型发展。三是破解难点瓶颈问题。坚持问题导向，加强调研，梳理研究"现代城镇"建设过程中遇到的"断头路、资源性指标、'两旧一村'改造、产业园区配套、接电接水、管道修复、新老机制衔接"等难点堵点问题，形成"一问题一方案一责任主体"清单，由区分管领导挂帅，职能部门全力落实、相关部门协调推进，夯实破解问题的工作机制。

二、工作成效

党的二十届三中全会《决定》指出，要健全推进新型城镇化体制机制，构建产业升级、人口集聚、城镇发展良性互动机制。浦东新区区委、区政府高度重视现代化城区工作，每季度召开工作会议，要求各部门、各街镇、各管理局、各国企把践行人民城市重要理念贯穿到现代化城区建设的全过程、各方面，强化使命担当，当好施工队长，加快把美好蓝图干成实景画。"现代城镇"是现代化城区"三个圈层"建设的重要部分，面积大、人口多，起到承上启下的作用。

（一）理顺体制机制，促进"现代城镇"全面发展

持续发挥好浦东新区全面推进现代化城区建设联席会议制度，继续夯实现代化城区建设"街镇主导、条线支撑"的协作框架，区级层面各委办局按照分工做好现代化城区建设总体推进、业务指导、帮助解难题等服务各镇的相关工作，各镇承担起"现代城镇"建设的主体职责，"我的地盘我做主"，统筹协调镇域范围内的建设项目。一是加强规划引领。按照《中共浦东新区委员会关于深入践行人民城市重要理念　全面推进现代化城区建设的意见》提出的到2035年浦东现代化城区全面建成的总体目标和以高质量发展筑牢现代化城区物质基础、以高品质生活增进现代化城区民生福祉、以高效能治理增进现代化城区运行效能、以高素质文明彰显现代化城区精神品格的具体要求，以镇为主、条线支撑，参照城市总体规划、国民经济和社会发展"五年"规划编制方式，加强镇域全方位的中长期规划引领作用，推进建设任务三年滚动计划、年度建设计划的落细落实。二是加强系统性机制的研究落地。对于涉及工业园区配套设施建设、农村集体经营性用地入市、加快土地储备释放发展空间等全区整体性、系统性、面上共性问题，加强制度设计。三是因地制宜，推动适宜地方发展的机制创新。鼓励各镇在推进"现代城镇"建设中结合资源禀赋，抓住发展核心，研究出台相应的灵活的制度。

（二）强化问题导向，提升"现代城镇"建设品质

一是抓住重点问题。"现代城镇"建设的重点在于推进产业发展，在于产城融合，对于当前反映较多的镇工业园区配套设施陈旧、招商引资吸引力减弱、镇级财力难以为继以及"城中村"建设面临资金等问题，需要区镇加强研究，做好区镇平衡，算好短期投入和长远收益账，用好国家政策，拓宽资金渠道。二是破解疑难问题。通过季度工作会，全区形成了现代化城区建设诉求"街镇提问、部门解题"的有效方式，通过归并、梳理，街镇共提问79项，分管区领导挂帅，部门逐一解答，有针对性地服务赋能基层，构建工作闭环，促进工作效率和质量。三是面向全过程答题。"现代城镇"建设不仅在建、更在管养，坚持建管并举、综合施策，把全生命周期理念贯穿城市规划、建设、管理各环节各领域，推动城市治理模式创新、治理方式重塑、治理体系迭代，探索符合超大城市特点和规律的现代化治理路径。

（三）加强统筹协调，提升"现代城镇"城市温度

根据国务院印发的《深入实施以人为本的新型城镇化战略五年行动计划》，浦东位于现代化都市圈培育行动范畴，要推进公共服务共建共享，支持与周边城市开展优质中小学、三级医院等多模式合作办学办医，健全重大灾害和公共事件联防联控机制，加强应急救援协同保障等。一是不断以更高水平的"15分钟社区生活圈"为牵引，全面推进公共服务优质均衡，推动优质公共服务资源向家门口延伸、向郊区覆盖,向"一老一小"等重点人群倾斜。二是优化"社区嵌入式服务圈",建设一批地标性购物商圈,因地制宜发展集市夜市,服务产城融合,激活镇域消费,将集镇打造成辐射城乡全镇域的区域生活中心。三是加强道路联通工程、环境美化工程、绿化生态工程,加快镇域之间、社区与园区的道路贯通,打通"断头路",系统梳理、分类施策,补齐供电、排水、燃气、道路、公交等基础设施短板,加强对乡村的辐射作用,城乡资源双向畅通流动,城乡融合共同体全面构建。

三、对策建议

建设"现代城镇"是浦东打造现代化城区的重要一环,根据区委、区政府总体部署,进一步推动"现代城镇"建设,要按照现代化城区建设一、二、三季度工作会议的要求,不断做好"四个统筹""三个导向",锚定全面提质升级的目标任务,抢抓项目进度,争取早见成效。

(一)进一步健全"赛马"机制

面对当前经济稳增长的严峻形势,要推动实现区、镇"上下联动、左右贯通",压实责任形成"现代城镇"推进的工作合力,抢抓四季度关键时期,发力快进,为完成全年现代化城区目标任务打下坚实基础。各镇切切实实担起主体责任,全域统筹协调属地项目,主动作为,协调好区相关部门一起推动,将项目落细落实,主动谋划、加快推进。更好统筹"现代城镇、美丽乡村"的建设,增强内生发展动力。在建设过程中,树立标杆,在"现代城镇"建设的赛马场上比作为、比实绩,在全区形成你追我赶、大干快上的项目比拼氛围。

(二)进一步夯实统筹协调作用

抓项目统筹,梳理评估"现代城镇"建设成效,进一步优化调整三年计划和年度计划,加快推进落实"两旧一村"改造,提升城市更新热度,加强存量闲置、低效产业资源的空间再利用、再更新。抓资金统筹,通盘考虑算好资金账,做好资金平衡方案,探索多种投资模式,持续拓展资金渠道,筹集专项债,引入社会资本参与"现代城镇"建设,促进政府、社会力量和社区之间联动参与建设。抓资源统筹,用好"五票"统筹,全力服务保障产业项目落地和重大工程建设,加快畅通区域路网、河网、轨道交通站点覆盖,推进基础设施建设,推动更多生态空间开放共享。

(三) 进一步落实政策创新突破

进一步推动"现代城镇"建设,由项目建设为主向项目建设与政策创新并重深化。进一步优化规划引导、建设指引、土地使用、空间布局等各类要素,积极运用数字化手段,进一步明确标准规范,精准供给和配备各类设施。街镇、部门协同推进,实现"街镇点菜、部门配菜",进一步探索制度创新和政策破题,协力推进、共同研究解决行动推进中的重大问题或事项。

浦东推动城乡融合发展的理论与实践指向

孙晴娟[*]

摘　要：城乡融合发展是党中央在新时代深刻考量城乡关系演变规律作出的战略选择。推进城乡融合发展既是马克思主义城乡关系理论在中国的具体实现，又是中国式现代化目标全面实现的实践场域，是理论逻辑与实践逻辑的深刻统一。浦东承担着社会主义现代化建设引领区的历史使命，肩负着率先为推进城乡融合发展探路先行的责任重担，在推动生产力高度发展和生产关系动态变革的过程中积累了推进城乡融合发展的物质基础和制度优势，并在统筹规划城乡空间格局、强化镇企合作发展特色产业、打造农民合作社自主造血和持续优化乡村治理实践中进行了推进城乡深度融合的有效探索。

关键词：城乡融合；乡村振兴；城乡产业结构

城乡融合发展是新时代的一篇大文章。习近平总书记指出："在现代化进程中，如何处理好工农关系、城乡关系，在一定程度上决定着现代化的成败。"[①]最新召开的党的二十届三中全会，再次强调"城乡融合发展是中国式现代化的必然要求"，[②]明确了城乡融合发展与实现中国式现代化之间的内在关系，指明了实现中国式现代化必然要实现城乡的融合发展和城乡的共同繁荣。推进城乡融合发展既是马克思主义城乡关系理论持续演进的内在要求，也是中国特色社会主义实践发展不断深入的客观需要，是生产力高质量发展与生产关系动态调整以适应生产力发展的必然结果。

---

[*] 作者简介：孙晴娟，中共上海市浦东新区委员会党校助教，研究方向为马克思恩格斯的城市思想。
[①] 中共中央党史和文献研究院编辑：《习近平关于城市工作论述摘编》，人民出版社2023年版，第13页。
[②] 《中国共产党第二十届中央委员会第三次全体会议文件汇编》，人民出版社2024年版，第41页。

一、推进城乡融合发展的理论依据

城乡关系,这个被视为人类文明写照的映射,一直是马克思主义者的研究对象。但与一般城市学家不同,马克思主义经典作家是从人类社会发展的整体来研究城市和城乡关系的。通过局部去了解某个事物,那是科学,从总体上去把握它,就不仅是科学了,而且还是艺术了。马克思主义经典作家以科学与艺术般的技艺,向世人呈现了城乡关系在人类社会发展过程的演变:从"城市和乡村的一种无差别的统一",到"城乡的分离和城乡利益的对立",最后直至"城乡的融合"。在马克思恩格斯看来,发生这样演变的关键在于生产力与生产关系的矛盾运动,即分工和私有制的发展。

(一)社会分工与城乡关系紧密相连

分工是人类社会发展的原动力。作为劳动社会存在形式的分工,包括自然分工和社会分工两种类型。所谓自然分工是指源于生命自然,自发形成的分工形式,如两性分工等;而社会分工在马克思主义经典作家的话语体系中则是一种"真正的分工",是生产的基本形式和劳动的社会性存在方式,是人类社会演变的动力。众所周知,马克思实现了对黑格尔头足倒置的辩证法的颠倒,主张回归到现实世界中去认识一切社会关系。站在现实世界中,"经验的观察在任何情况下……都不应当带有任何神秘和思辨的色彩",[1]马克思深刻地认识到不同历史时代的分工具有不同的社会历史规定性及其差异性,并阐明了分工与所有制的关系:"分工发展的各个不同阶段,同时也就是所有制的各种不同形式。"[2]

当分工还不是"真正的分工",即处在"仅限于家庭中现有的自然形成的分工的进一步扩大"[3]的程度,还很不发达的时候,这时的所有制形式为"部落所有制",马克思在《资本论》中也将这种所有制形式称之为"亚细亚的所有制形

---

[1] [德]马克思、恩格斯:《马克思恩格斯选集》(第一卷),中央编译局译,人民出版社 2012 年版,第 151 页。
[2] [德]马克思、恩格斯:《马克思恩格斯选集》(第一卷),中央编译局译,人民出版社 2012 年版,第 148 页。
[3] [德]马克思、恩格斯:《马克思恩格斯选集》(第一卷),中央编译局译,人民出版社 2012 年版,第 148 页。

式"。这种所有制形式表现为一种原始的共同体,在这里城市和乡村是无差别的统一,城乡之间还未形成分离的状态。随着人类社会第一次大分工的到来,即工商业劳动在农业劳动的基础上发展起来并逐步与农业劳动分离开来,这时的所有制形式就表现为"古代的所有制形式","这种所有制首先是由于几个部落通过契约或征服联合为一个城市,而产生的。"①城乡第一次在空间形式和利益上产生了分离。从此,城乡之间不再表现为一个共同体的两面,而是表现为互相对立的双方。当"分工的进一步发展导致商业劳动同工业劳动的分离"②时,封建的等级的所有制形式便确立起来了,封建所有制的起点和基础在乡村,"随着封建制度的充分发展,也产生了与城市对立的现象。"③城市与乡村的对立提供了封建制度进一步发展、变革的可能。当机器大工业以势不可挡的态势引起分工的巨大进步,当资产阶级从封建社会内部生产出来并成为推翻封建地主阶级的革命力量,以生产为目的的资本主义生产方式便成为人类社会发展的主要推动力,它对城市的偏向和对乡村的忽视进一步加深了城乡之间的对立,造成了城市对乡村的统治,"使农村屈服于城市的统治"。④

(二) 城乡融合的历史必然

资本主义所有制在人类历史发展中有其必要性,马克思和恩格斯虽然批判资本主义生产所有制,但还是客观地评析了资本主义生产方式的历史进步性,不仅"资产阶级在它的不到一百年的阶级统治中所创造的生产力,比过去一切世代创造的全部生产力还要多,还要大",⑤而且它还最鲜活地反映着历史从野蛮向文明的过渡,正像马克思在《德国的革命和反革命》一文中批判泛斯拉夫反历史的运动时所说的:"其目的无非是要使文明的西方屈服于野蛮的东方,城市屈服于乡村。"⑥可见,由资本主义生产方式所带来的城乡之间的分离

---

① [德]马克思、恩格斯:《马克思恩格斯选集》(第一卷),中央编译局译,人民出版社2012年版,第148页。
② [德]马克思、恩格斯:《马克思恩格斯选集》(第一卷),中央编译局译,人民出版社2012年版,第148页。
③ [德]马克思、恩格斯:《马克思恩格斯选集》(第一卷),中央编译局译,人民出版社2012年版,第149页。
④ [德]马克思、恩格斯:《马克思恩格斯选集》(第一卷),中央编译局译,人民出版社2012年版,第405页。
⑤ [德]马克思、恩格斯:《马克思恩格斯选集》(第一卷),中央编译局译,人民出版社2012年版,第405页。
⑥ [德]马克思、恩格斯:《马克思恩格斯选集》(第一卷),中央编译局译,人民出版社2012年版,第610页。

与对立,乡村屈服于城市,在一定程度上是历史发展的必然。但同时,马克思和恩格斯也进一步指明了人类社会的发展方向——资本主义必然灭亡,无产阶级必然胜利。无产阶级将带领人民建立一个每个人自由发展的联合体。作为联合体的首要条件之一,必然要消灭城乡对立,因为"城乡之间的对立只有在私有制的范围内才能存在",[1]故而当无产阶级消灭资本主义所有制之时,城乡对立的条件也不复存在了。

马克思、恩格斯早已认识到,消除城乡对立"单靠意志条件是不能实现的",它"取决于许多物质前提"。[2] 这种物质前提首先表现为生产力的极大发展,即在机器大工业生产的基础上形成新生产力,马克思提到如果没有"利用自然力和许多其他的生产力……"这些条件,"共同的经济本身将不会再成为新生产力",而没有新生产力,共同体只能"建立在纯粹的理论基础上,就是说,将是一种纯粹的怪想。"[3]马克思和恩格斯所说的"新生产力",在一定程度上指的是科学技术、交通通信的发展,在恩格斯致伯恩斯坦的信中可窥一二。恩格斯直言,菲勒克的电工技术革命是一次巨大的革命:电在工业中的利用,使"工业彻底摆脱几乎所有的地方条件的限制……"[4],并进一步断言:"如果说在最初它只是对城市有利,那么到最后它必将成为消除城乡对立的最强有力的杠杆。"[5]恩格斯在这里用的"必将""最强有力"字眼,无疑是他对科技必将引发社会变革深信不疑的说明,也为当前推动城乡融合发展的实践提供了最有力的指引。另外,由于城乡关系与所有制息息相关,所以消除城乡对立,还需要在生产关系上消灭私有制。自私有制出现后的一切历史都是一群人对另一群人剥削和压迫的历史,同时也是城乡之间彼此分离、彼此对立的历史。无产者将要创造一种全新的社会:人与人之间不再归属于特定的阶级,不再受制于任何一种形式的枷锁,每个人的自由发展是一切人自由发展的前提,到那时,私有

---

[1] [德]马克思、恩格斯:《马克思恩格斯选集》(第一卷),中央编译局译,人民出版社 2012 年版,第 184 页。
[2] [德]马克思、恩格斯:《马克思恩格斯选集》(第一卷),中央编译局译,人民出版社 2012 年版,第 185 页。
[3] [德]马克思、恩格斯:《马克思恩格斯选集》(第一卷),中央编译局译,人民出版社 2012 年版,第 197 页。
[4] [德]马克思、恩格斯:《马克思恩格斯选集》(第四卷),中央编译局译,人民出版社 2012 年版,第 556 页。
[5] [德]马克思、恩格斯:《马克思恩格斯选集》(第四卷),中央编译局译,人民出版社 2012 年版,第 556 页。

制将真正成为历史的产物,城乡也将呈现出一种高度的融合状态。

应当指出,马克思和恩格斯所指称的城乡融合状态不是城市对乡村的吞噬,也不是乡村趋向于城市的发展。虽然乡村城市化确实是资本主义时代走向城乡融合的必然路径,但在马克思和恩格斯的语境下,城乡融合应当是"城乡等值"的状态:生产方式上是工业与农业的结合;生活方式上是城市的优点与乡村的优点结合起来;具体形态上是保存乡村的形象而使乡村融入到现代社会。

二、中国式现代化进程中城乡融合发展的实践进路

城乡关系伴随着中国式现代化推进和拓展的过程,并随着中国式现代化的深化逐步走向融合发展。中国式现代化与城乡关系之间表现为前期以城乡非均衡发展驱动中国式现代化发展,后期则以实现城乡融合发展作为中国式现代化的现实指向。以"城乡等值"为标准来看,新中国成立后城乡关系的演进过程可以分为以乡助城、城反哺乡、城乡融合三个阶段。

以乡助城阶段主要是指1949年到1984年推进城市经济体制改革之前这段时间。中国一直以来都是农业大国,中国共产党与农业、农民、农村的关系十分密切,在一定程度上可说中国共产党就是从"山沟里走出来的党"——建立农村革命根据地,走农村包围城市的道路,最终夺取全国政权。在新民主主义革命时期乃至新中国成立后很长的一段时间内,中国实际的经济中心一直在农村。但是被历史裹挟着前进的中国已经在百年的屈辱中深刻认识到,落后的农业国注定是要挨打的,1956年党的八大明确提出党和全国人民当前的主要任务是"把中国尽快地从落后的农业国变为先进的工业国。"[1]资本主义国家如英法、社会主义国家如苏联,它们在走向现代化、实现由弱到强的转变上有一个共同特点,那就是大力发展城市。城市所具有的集聚力量,在资本主义时代表现为其对"蒸汽机、现代化的机器、大规模的殖民、铁路和轮船、世界贸易"力量的集聚,[2]不仅使城市成为乡村的统治者,而且使资本主义国家成为世界的统治者。为了维护新生的国家政权,党中央作出了优先发展重工业的战

---

[1]《毛泽东思想年编:1921~1975》,中央文献出版社2011年版,第813页。
[2][德]马克思、恩格斯:《马克思恩格斯选集》(第四卷),中央编译局译,人民出版社2012年版,第460页。

略选择,并指出"加强党委对城市工作的领导……全心全意依靠工人阶级,恢复和发展生产,改善城市人民生活,在城市建设计划中要贯彻为生产服务、为工人服务。"[1]因此,举全社会之力大力发展重工业,以低成本推动生产要素由乡村向城市流动,就成为这个阶段社会发展的主要特征。尤其在农产品"统购统销"政策确立、人民公社制度大范围应用和人口户籍管理制度实施下,"农民通过农业税、工农产品价格'剪刀差'为国家工业化积累资金",[2]并形成了以乡助城、以农带工的城乡关系局面。直至改革开放前期,党中央变革生产关系仍坚持"先农村,后城市"的策略,农村经济体制改革仍在为城市经济体制改革打基础、蹚新路。因此,从1949年新中国成立到1984年城市经济体制改革前的这一段时间内,都可以归为以乡带城的城乡关系阶段。

第二阶段是城反哺乡的阶段。从客观实际上来看,从1985年到现在都属于以城带乡、以工促农的城乡关系阶段。但结合长期的城乡发展实践,党中央对城乡关系政策的调整有了明显的变化。为了更好地说明这一变化,故将此阶段时间界定为从1985年到2017年。其中,这段时间又可细分为从1985年到2012年和从2013年到2017年两个阶段。1985年到2012年是城市快速发展、城乡收入差距逐渐拉大的阶段。1984年10月,党的十二届三中全会通过的《中共中央关于经济体制改革的决定》明确阐明"将改革的重点由农村转向城市";[3]1992年党的十四大确定建立社会主义市场经济体制;2002年中国正式加入WTO……这一系列重要变革和重要节点,尤其是随之而来的对城市偏向的产业政策、社保制度、医疗教育等政策的支持,"为城市带来了远优于农村的人口、资本和基础设施等发展优势",[4]城市逐步取代农村成为中国经济社会发展的中心和增长极。一个最为显著的特征就是城镇化率从1984年的23.1%上升到2012年的52.57%,这个增速不可不谓之奇迹。同时城镇居民人均可支配收入也从1984年的652.1元上涨到2012年的24564.7元,增加了37倍。若将农村居民人均可收入支配数据纳入进来横向比较,1984年城乡居民收入差值仅为296.8元,城乡收入比为1.84∶1;而到2012年,收入差值

---

[1] 澎湃新闻:《回顾|中国共产党历史上召开的历次城市工作会议》,https://m.thepaper.cn/baijiahao_7759430,2020年6月8日。
[2] 孔祥智:《新中国成立70年来城乡关系的演变》,《教学与研究》2019年第8期。
[3] 新华社:《新中国档案:党的十二届三中全会和经济体制改革的全面展开》,https://www.gov.cn/test/2009-10/19/content_1443077.htm,2009年10月19日。
[4] 黄祖辉、茅锐:《重新认识城乡收入差距》,《中国社会科学评价》2023年第2期。

达到了16 648.1元,收入比扩大为3.1∶1。尤其是从2002年到2012年连续10年间,中国城乡收入差距比超过3(相关数据来源于国家统计局统计年鉴、公开报道等)。由此可见,这一阶段中国城乡差距不断拉大,城乡关系也严重失衡。2013年到2016年则是进一步统筹城乡,推动城乡一体化发展的阶段。由于城乡关系的长期失衡带来了严重的"三农"问题,若不加以解决,必然会引发强烈的社会动荡,威胁到国家的长治久安。党的十六大后,党中央已经注意到"三农"问题的严重性,作出了统筹城乡发展的战略安排,通过取消农业税、出台"四补四贴"政策保障农民权益,同时在农村基本公共服务上也加大了保障力量,对解决"三农"问题,推动农村发展起到了一定作用。党的十八大后,习近平总书记在统筹城乡发展的基础上,又进一步提出了推动城乡一体化的战略安排。一方面强调要健全城乡发展一体化体制机制,破解体制性障碍,推动生产关系符合现代工业化、城镇化、农业现代化发展需要,如在城乡户籍制度改革上进一步取消"农业户口和非农业户口性质区分,统一登记为居民户口";另一方面以发展县域经济为切入点,逐步建立城乡统一的建设用地市场,逐步打通城乡要素平等交换、自由流动的渠道。从2013年开始,中国城市居民收入与农村居民收入比降到3以下,城乡关系取得实质性的改善。

  第三阶段为城乡融合发展的阶段,即从2017年到现在。党的十九大报告正式将中国的城乡关系推进到城乡融合发展阶段。有学者在阐明城乡一体化发展和城乡融合发展的关系时,强调融合发展是一体化发展的延续与拓展,是一体化发展达到比较高的程度,这种解释有一定道理。但如果考虑到"乡村振兴"这一关键词同城乡融合高度绑定,另一种解释就自然而然地出现了:城乡一体化发展更加强调城市对农村的牵引作用,而城乡融合发展则更加强调通过乡村振兴激活农村的内生动力,注重新型城镇化与乡村振兴的良性发展。党的二十届三中全会单列"完善城乡融合发展体制机制"专章,包括新型城镇化1条,乡村全面振兴3条,共4条内容。会议指出:"必须统筹新型工业化、新型城镇化和乡村全面振兴,全面提高城乡规划、建设、治理融合水平,促进城乡要素平等交换、双向流动,缩小城乡差别,促进城乡共同繁荣发展。"[1]习近平总书记格外重视城乡融合发展的道理也在于此,"城乡关系一改变,整个社会也会跟着改变。"[2]我们要实现的中国式现代化必然是城乡共同繁荣发展的现

---

[1] 《中国共产党第二十届中央委员会第三次全体会议文件汇编》,人民出版社2024年版,第41页。
[2] [德]马克思、恩格斯:《马克思恩格斯选集》(第一卷),中央编译局译,人民出版社2012年版,第237页。

代化,不是城市强农村弱,而是城市与农村发展各有侧重,协同共进。即农村就利用好农村的比较优势,开发乡村产业,促进乡村经济发展,城市就利用好城市的各类资源,在产业升级、农业转移人口市民化、有效创新、推动服务等方面展现城市的优势。① 城乡融合发展不是要将城乡变成千篇一律的类似东西,而是实现马克思恩格斯意义上的"从事工业和农业劳动的将是同一批人",②"把城市和农村生活方式的优点结合起来"③。城乡融合发展既是中国式现代化的必然要求,同时也是推进中国式现代化的生动实践。从城乡收入表现来看,截至 2023 年年底,全国居民人均可支配收入 39 218 元,其中城镇居民人均可支配收入 51 821 元,农村居民人均可支配收入 21 691 万,分别较上年增长了 5.1%、7.6%(实际增长),城乡收入都有大幅增长;同时城乡之间收入差距也进一步缩小,降至 2.39∶1(相关数据来源于国家统计局)。

三、浦东推动城乡融合发展的必备条件

根据浦东年鉴数据显示,浦东共有 12 个涉农镇,355 个建制村。截至 2022 年,浦东农业户籍人口数量超过 23 万,占全市农业人口数量的 11%,耕地面积达 23 271 公顷,"大城小农"是浦东的典型特点,也是浦东抓好城乡融合发展的重要抓手。基于马克思和恩格斯的城乡关系理论,实现城乡融合要在生产力高度发展和生产关系动态调整中体现"大城"的优势。

(一)浦东推动城乡融合发展的物质条件

从生产力维度来看,推动浦东城乡高质量融合,直观体现于浦东经济社会发展情况,深深植根于浦东产业结构的深刻变革,依赖于新质生产力的蓄势增能。

第一,浦东经济社会发展有实力。在践行国家战略部署下,浦东坚持立改革开放之潮头,担历史发展之重任,在 34 年坚持改革、深化发展的进程中,取得了经济社会发展的巨大成就,充分展现了中国"更高水平改革开放的开路先

---

① 杨爱君、杨昇:《构建中国特色的原创性城乡融合发展理论》,《河南社会科学》2021 年第 1 期。
② [德]马克思、恩格斯:《马克思恩格斯选集》(第一卷),中央编译局译,人民出版社 2012 年版,第 308 页。
③ [德]马克思、恩格斯:《马克思恩格斯选集》(第一卷),中央编译局译,人民出版社 2012 年版,第 305 页。

锋、全面建设社会主义现代化国家的排头兵、彰显'四个自信'的实践范例"[①]的面貌。浦东坚持以开放促改革，以改革谋发展，不断与世界接轨，向高质量发展迈进，经济、贸易、金融、人才、数据、文化等各领域充分彰显实力。2023年浦东地区生产总值达16 715.15亿元，以全国1/8 000的面积创造了1/74的GDP[②]。规模以上工业总产值达13 660.81亿元，金融业增加值5 000.39亿元，货物进出口总额25 759.04亿元，集装箱吞吐量4 444.73万标准箱，支撑上海港集装箱吞吐量连续十四年排名世界第一。

第二，浦东市场要素有活力。有报道将浦东誉为"与时偕行"的城市[③]，是一座充满朝气的活力之城。浦东经济社会发展的活力生动地表现在它特殊的吸引力上：对人才可谓是"栽得梧桐树，引来凤凰栖"，浦东"1+1+N"的人才政策体系和国际人才港建设有效推进使得浦东在2023年引进国内人才直接落户17 737人、留学人员11 937人，人才资源总量已达170万人；针对各类企业主体打造远近悦来的营商环境，在更加市场化、法治化和国际化方面与世界接轨，2023年浦东新设市场经营主体53 014户，新设个体工商户13 875户，新设农民专业合作社47户，共有各类市场经营主体46.34万户。[④] 浦东经济社会发展的活力离不开合理的产业结构，浦东已形成以"三大先导""六大硬核"产业为引领的现代化产业体系，三、二、一产业占比协调、产业融合有序、基本配套完善，形成三产引领、二产支撑、一产保障的合理架构。

第三，浦东科技创新有潜力。因地制宜发展新质生产力，浦东具有比较优势。创新是浦东的底色，以"高技术、高效能、高质量"为特征的新质生产力考验的是浦东的创新能力。十年科创路，浦东推进基础研究取得显著成效，国家自然科学基金立项超2 600项，建设国家实验室(基地)3个、大科学设施14个，每万人高价值发明专利拥有量高达75件，"墨子号"成功发射，李政道研究所JUST望远镜等顺利布局；除此之外，C919首飞，"爱达·魔都号"启航，5纳米等离子体刻蚀机自主研制成功，浦东在推动国家重大工程上也积极贡献了力

---

① 新华社：《浦东开发开放30周年庆祝大会隆重举行习近平发表重要讲话》，http://www.qstheory.cn/yaowen/2020-11/13/c_1126733495.htm，2020年11月12日。
② 中国(上海)自由贸易试验区管理委员会：《中国(上海)自由贸易试验区建设10周年白皮书》，2023年版，第2页。
③ 澎湃新闻：《在浦东，共未来：一座与时偕行的城市》，https://m.thepaper.cn/detail/24665967，2023年9月20日。
④ 上海市浦东新区统计局：《2023年上海市浦东新区国民经济和社会发展统计公报》，https://www.pudong.gov.cn/zwgk/tjj_gkml_ywl_tjsj_gb/2024/106/325948.html，2024年4月15日。

量。浦东已充分展现了科技创新的策源能力、硬核科技成果转化能力和未来产业项目孵化能力,必将有力推进城乡融合的进一步发展。

(二) 浦东推动城乡融合发展的制度变革

从生产关系维度来看,浦东前期进行的一系列制度性改革,对推动城乡融合发展、破除融合发展的体制机制藩篱具有探索性、基础性意义。研究表明,城乡难以融合主要存在三大困境:要素单向流动、公共资源配置偏向、基本公共服务失衡。为解决这些问题,浦东在具体的体制机制上进行了改革。首先是从户籍制度上进行改革,困境的源头是城乡二元分治的户籍制度。因此,自浦东第一轮综合配套改革开始,突破户籍制度的限制就成为改革的重点内容。2008 年第一轮综合配套改革新三年行动方案中,为引进优秀人才松动了严格的户籍制度,随后又取消了农业户口和非农业户口的区分,建立城乡统一户口登记制度;2024 年 1 月的《浦东新区综合改革试点实施方案》对深化户籍制度改革进行了详细部署,指出要"调整完善积分落户制度""完善居住证制度""加强人才住房保障"等。其次,在推动要素自由流动上,浦东大力推进农村土地改革、农村集体产权制度改革、规范农村土地经营权流转、推进农地股份化试点,以盘活土地资源吸引资本、人口下乡,不断扭转生产要素从乡村单向流入城市的不合理局面。另外在合理配置公共资源和统筹推进城乡基本公共服务普惠共享方面,浦东也进行了卓有成效的制度性改革。隐藏在城乡二元分治管理之后的,是城乡资源和基本公共服务的不合理配置,具体表现为教育、医疗、文化、社会保障等资源的城市偏向。2003 年浦东率先进行了城乡教育管理体制改革,2006 年医疗卫生管理体制也实现了城乡二元并轨,2016 年开始探索 15 分钟社区生活圈建设,并于 2023 年为城乡社区生活服务圈出台了《"15 分钟社区生活圈"建设指南》标准化指导性技术文件。总之,浦东生产力的高度发展和生产关系的动态调整,支撑了浦东在城乡融合发展方面的探索与推进。

四、美丽乡村下浦东推进城乡深度融合的探索路径

以"三个圈层"为抓手建设现代化城区是浦东 2035 规划的重要目标。如何践行马克思和恩格斯的城乡关系理论,使浦东"小农"成为"农耕文化、乡村经济、生态资源相互作用下构成的具有重要农产品提供、乡村产业发展、民俗文化传承等功能"①的空间形态,成为保障城乡人民生活的"米袋子""菜篮子"和"肉盘子"?浦东抓好"小农"特色,从一体推进现代农业、特色产业与和美家园建设三个方面进行了探索实践。

(一) 城乡规划一体统筹

浦东在过去的34年里之所以能够取得巨大成就,一个很重要的原因是浦东一直坚持"规划先行",坚持一张蓝图干到底。1992年《浦东新区规划方案》编制完成,明确了四大功能开发区建设底图,此后浦东便以功能区建设为基础,构筑起了日益庞大和精密的城乡系统。2019年最新版《上海市浦东新区国土空间总体规划》经上海市人民政府批复后正式启用,对浦东八大功能板块进行总体部署,城乡纳入一体规划,形成"主城区—新城—新市镇—乡村"四级城乡体系。另外在2050年建成现代化城区目标的引领下,以"精品城区、现代城镇、美丽乡村"三个圈层为抓手,一体统筹、差异布局,着力推进浦东城乡在面貌上更加靓丽,在基础设施、公共服务供给上更加均衡,在生态环境上更加宜人。

(二) 镇企融合发展特色产业

要使工业与农业结合起来,必须发展乡村产业。为了破题乡村产业不强的现状,浦东积极拓展区属国有企业价值发挥渠道,推进国企全面参与乡村振兴建设发展。立足大米、蔬菜、瓜果、种源、文旅等浦东乡村特有优势和特色产业,国企结对镇村创建乡村振兴市级示范村,全面参与创建方案和村庄设计编制,梳理镇村需求清单、资源清单,形成项目清单,特别是梳理各村产业发展的重点项目。目前已精心打造了100个产业特色村,形成了"百村百品"的乡村特色产业矩阵。大团镇同陆家嘴集团的镇企合作是这一项目的典型。充分发挥大团镇在土地空间、生态空间等空间资源上的禀赋和陆家嘴集团整体规划、综合开发和资本集中的优势,双方共同完成了浦东首个镇级乡村示范村连片发展研究策划,在重塑乡村风貌、助推农产品入城、业态下乡和招商协作等方面进行探索变革。比如在招商协作方面,陆家嘴集团与大团镇共建镇企招商协作机制,通过大团镇组织招商推介会,由陆家嘴集团牵线搭桥将外企、民企不断导入大团镇,共建优质项目。

---

① 杨爱君、杨异:《构建中国特色的原创性城乡融合发展理论》,《河南社会科学》2021年第1期。

(三) 农民合作社示范社自主造血

城乡融合如何保存乡村的面貌不致于使乡村消失？马克思在《给维·伊·查苏利奇的复信》的初稿中提出了"通过'农村公社'的进一步发展保存它"①的可能。为了更好地助推乡村全面振兴，浦东在"十四五"期间出台了《浦东新区乡村振兴"十四五"规划》，明确提出在村域产业发展中探索构建"一村一企一联合体"产业发展模式，打造"一村一品"产业兴旺特色产业体系，促进发挥以农民专业合作社为主的农业新型经营主体在盘活用好农村集体建设用地、夯实集体经济发展中的动力作用，切实带动农民增收和农村富裕。2023年年底，纳入统计范围的农民合作社示范社78家，其中国家级农民合作社示范社17家，市级农民合作社示范社22家；各类农业产业化重点龙头企业52家，其中国家级龙头企业6家，市级龙头企业17家；经农业农村部门认定的家庭农场546家，其中市级示范家庭农场12家。全年实现农业总产值43.67亿元。

(四) 乡村治理持续发力

将农村的优点与城市的优点结合起来，不致于使二者产生偏颇，不仅要提升乡村的物质基础，而且还要在乡村的生活方式上予以变革以适应不断发展的城乡融合的需要。以往对乡村普遍存在安全隐患多、环境脏乱、基础设施少的刻板印象，经过几年的美丽乡村建设，常态化推进环境整治等具体改革，浦东乡村面貌已经有所改善。但终归来说乡村要实现留得住人的目标，必须要在保障乡村的生活质量方面提供专业化的支撑。2023年以来，浦东着力推进农村物业管理服务试点，打通乡村治理的"神经末梢"。物业管理进村试点以来，以高桥镇为例，形成了乡村购买物业服务模式和乡村社区化物业管理模式相结合的服务模式，着力在乡村保安、保洁、保绿、保修"四保"上提供物业服务，从而在降低乡村报警率、提升环境绿化率和提升村民幸福指数上取得突破。不仅如此，物业进村后也在村集体建设用地上创新使用途径，将所得收益用于服务居民生活。今年以来，物业管理进村在全区普遍开展，必将助推乡村生活质量全面提升，进一步增强浦东在全市、全国乡村治理领域的影响力。

---

① ［德］马克思、恩格斯：《马克思恩格斯选集》（第三卷），中央编译局译，第826页。

推进浦东新区文化产业
高质量发展研究

王雅妮[*]

摘　要：物质富足、精神富有是社会主义现代化的根本要求。推进浦东新区文化产业高质量发展，是社会主义文化强国战略赋予文化产业发展的重要使命，也是浦东引领区建设的目标要求。近年来，浦东新区持续培育壮大文化产业，产业门类齐全，布局区域特色显著，重点特色领域发展亮点频出，多项首创性政策制度促发展。不过，随着生成式人工智能等新兴科技发展带来的影响，新区文化产业逐渐呈现出线上数字文化产业发展后劲不足、线下传统文化产业需转型升级、文化产业发展增长疲软乏力等问题。未来，浦东新区需进一步在强化产业发展指引、重视产业主体培育、培育产业新兴业态、完善产业人才政策等方面扩优提级，努力在上海建设习近平文化思想最佳实践地中始终走在前列、引领示范。

关键词：人文经济；文化产业；中国式现代化

习近平总书记在党的二十大报告中指出："中国式现代化是物质文明和精神文明相协调的现代化。"[①]党的十八大以来，以习近平同志为核心的党中央将文化建设纳入"五位一体"总体布局，系统谋划和部署新时代社会主义文化建设及文化产业发展，为中国式现代化提供更为主动的精神力量。文化产业的高质量发展为高质量的文化供给提供产业支撑，浦东新区以习近平文化思想为指引，深入贯彻习近平总书记考察上海重要讲话精神，全面贯彻落实《中共中央　国务院关于支持浦东新区高水平改革开放　打造社会主义现代化建设

---

[*] 作者简介：王雅妮，中共上海市浦东新区委员会党校助教，研究方向为党的建设与思想政治教育。
① 习近平：《高举中国特色社会主义伟大旗帜为全面建设社会主义现代化国家而团结奋斗——在中国共产党第二十次全国代表大会上的报告》，人民出版社2022年版。

引领区的意见》，推动文化产业繁荣发展，不断增强城市软实力，为浦东着力建设上海国际文化大都市核心承载区奠定良好基础，努力在上海建设习近平文化思想最佳实践地中始终走在前列、引领示范。

一、推进浦东新区文化产业高质量发展的缘起背景

2023年10月，全国宣传思想文化工作会议在北京召开，习近平总书记在会上提出"七个着力"的要求，其中之一为"着力推动文化事业和文化产业繁荣发展"。[①] 浦东新区把握文化发展与经济建设共生共荣的关系，推进引领区现代文化产业高质量发展，推进文化产业IP影响力拓展机制的构建，将人文要素转化为经济转型发展的强动力，努力打造彰显文化自信的"浦东范例"。

（一）推进文化产业高质量发展对文化强国建设具有重要意义

社会主义文化强国战略赋予文化产业发展重要使命。文化产业承担着优化经济结构、满足人民多样化精神文化需求的双重功能，既契合人们对美好生活向往的需要，又有利于激发文化创新活力。党的十八大以来，以习近平同志为核心的党中央把文化建设摆在治国理政的突出位置，不断深化对文化建设的规律性认识。在世界百年未有之大变局加速演变与新一轮科技革命和产业变革孕育兴起的当下，继续推动文化繁荣、建设文化强国、建设中华民族现代文明成为新的文化使命。因而，我们能够看到为了与发展现代产业体系相适应，2011年中央文件中开始提出"现代文化产业体系"这个概念，并沿用至今。2022年，党的二十大报告明确提出："要健全现代文化产业体系和市场体系"。[②] 2022年中央经济工作会议指出，"加快建设现代化产业体系"。面对外部环境快速变化、内部产业结构调整形势，现代文化产业发展面临新任务、新要求。

（二）推进文化产业高质量发展是浦东引领区建设的目标要求

2021年中共中央、国务院发布《关于支持浦东新区高水平改革开放打造社

[①] 习近平：《坚定文化自信秉持开放包容坚持守正创新 为全面建设社会主义现代化国家 全面推进中华民族伟大复兴提供坚强思想保证强大精神力量有利文化条件》，《人民日报》2023年10月9日第1版。

[②] 习近平：《高举中国特色社会主义伟大旗帜 为全面建设社会主义现代化国家而团结奋斗——在中国共产党第二十次全国代表大会上的报告》，人民出版社2022年版，第45页。

会主义现代化建设引领区的意见》,要求浦东实现全方位引领,这意味着对发挥引领作用的要求更高、期望更高、内涵更丰富。"越是深化改革、扩大开放,越要加强精神文明建设。"①浦东作为中国改革开放的窗口和上海现代化建设的缩影,作为引领区的使命任务,必然同步推进硬实力和软实力共同提升。同时文化产业具有高附加值、低能耗、低污染的特点,体现出创新性强、融合性强、可塑性强的优势,是典型的绿色经济、低碳经济,是推动浦东经济高质量发展的重要支撑。"十三五"以来,新区文化创意产业进入快速发展阶段,连年保持两位数高速增长,产业规模不断扩大,数字内容产业优势明显,产业新增长点持续发力。因此,必须深刻把握新时代文化产业发展面临的机遇和挑战,多措并举,协同推进。

二、浦东新区文化产业发展基本情况分析

浦东新区高水平改革开放打造社会主义现代化建设引领区对宣传思想文化工作赋予更重使命。聚焦提升文化软实力,浦东不断展现出社会主义国际文化大都市核心承载区的独特魅力,培育壮大文化产业。

(一)浦东新区文化产业的基本情况

浦东新区认真贯彻落实党中央、国务院决策部署,加快健全现代文化产业体系和市场体系,总体情况如下。

1. 文化产业门类齐全

文化产业核心层支撑作用显著。浦东新区积极推进文化企业发展,核心层文化及相关产业营收和企业数量仍然具备绝对优势。2023年,新区641家规模以上文化及相关产业企业实现营业收入1674.47亿元,比上年增长11%。其中分领域看,文化及相关领域核心层企业总计462家,总体占比高达73.0%;核心领域实现营业收入1222.55亿元,比上年增长15.9%。由此可见,文化产业核心层支撑作用与引领优势显著。

文化产业外围层发展潜力大。浦东新区在文化产业外围层企业共有179家,实现营收451.92亿,同比下降0.5个百分点。外围层共3大细分领域,从

---

① 中共中央党史和文献研究院编:《习近平关于社会主义精神文明建设论述摘编》,中央文献出版社2022年版。

细分领域的体量上看,以文化消费终端生产为主,其次是文化辅助生产和中介服务。前者2023年实现营业收入292.46亿元,从业人数4368人,后者实现营业收入114.73亿,吸纳就业人口7902人。由此可见,外围层仍在回温过程中,文化消费终端生产保持领先地位不动摇。

2. 文化产业布局区域特色显著

浦东新区的文化企业主要集中分布在张江、陆家嘴、金桥等开发区。截至2023年年末,开发区内的企业数量达527家,占浦东新区总体的82.2%,从业人数67743人,营业收入1570.23亿元,分别占新区总体的90.4%和93.8%。陆家嘴金融贸易区创意设计服务集聚,张江科学城开启数字文化经济新纪元,金桥大视讯移动产业不断发展,外高桥文化保税区在艺术品交易方面先行先试,世博开发区文化打造"最美世界会客厅",上海国际旅游度假区数字影视汇聚。各开发区及相关街镇全面开花、各具特色。

(二) 浦东新区文化产业的主要情况

浦东新区在推动文化产业门类齐全、产业链条完整的同时,聚焦做强做大优势行业,线上、线下全方位发展,在电竞、电影、演艺、文旅等领域不断发力,亮点频出,增强竞争力,打响浦东文化产业品牌。

1. 文化领域新业态产业占据半壁江山

随着互联网的发展,以"互联网+"为依托的文化新业态不断涌现并发展迅猛,日益成为文化产业新的增长点。数年来,浦东新区文化新业态特征较为明显的16个行业小类一直保持增长状态,表现亮眼,成为推动文化产业转型升级、实现提质增效的关键动能。2023年,这16个行业小类实现营业收入855.14亿元,占全区文化产业营业收入的51.07%,比上年增长6.5%,文化新业态行业对全部规模以上文化企业营业收入增长的贡献率为31.5%。创意这一文化产业的核心要素被充分整合到了生产过程中。

2. 数字文化产业成为重要支柱

数字技术的发展激活了浦东新区文化产业新的生命力。浦东新区通过融合发展,充分利用数字技术最新成果,推动文化产业高质量发展。2023年以5G、人工智能、大数据、工业互联网为代表的数字技术突飞猛进,成为引领新一轮科技革命和产业变革的关键力量,不断催生新业态新模式新产业,数字文化产业迎来全新的发展机遇。2023年,浦东新区641家规模以上文化及相关产业企业中,属于数字文化产业的有190家,营收815.97亿元,同比增长6.1%。

仅以29.6%的企业占比创造了近50%的营收。

3. 传统文化产业迸发新增长点

从线下看,浦东新区传统文化产业发展稳中有进。线下演艺市场强劲复苏。2023年是演出井喷的一年,浦东新区更是领全市之先,重大活动品牌亮点频出,首秀、首展、首店、首演"四首"经济新业态汇聚。文旅消费市场"井喷式"增长。全市5A级景区皆在浦东新区,尤其是上海国际旅游度假区开放运营,旅游人次与收入节节攀升。近年来,度假区抢抓机遇,全年累计接待游客2562.7万人次,同比增长151.4%,比2019年增长44.0%;旅游产业总收入185.11亿元,同比增长161.5%,比2019年增长84.2%,双双创历史新高。

4. 多项政策制度首创促发展

浦东新区在促进文化产业发展方面,通过多项政策制度的首创,展现出创新引领和高质量发展的决心与成效。一是文化领域首部浦东新区法规的推出,注重加强法治保障和知识产权保护工作,为文化产业的发展提供了良好的法治环境。此外,制定浦东新区促进文物艺术品产业发展的地方性法规,推进文物艺术品交易立法工作。二是文化领域审批制度改革的率先尝试。通过简化审批流程、提高审批效率,为文化产业的发展提供更加便捷、高效的服务环境。大幅提升审批效率,降低企业成本,激发市场活力。

三、浦东新区文化产业发展存在的主要问题

生成式人工智能等新兴科技引发了一场深刻的文化产业革命,亦给浦东新区文化产业发展带来了挑战。逐渐出现线上数字文化产业发展后劲不足、线下传统文化产业需要转型升级,以及文化产业发展增长疲软乏力等现象。

(一) 文化产业在新一轮数字技术竞争中优势不够突出

浦东新区文化产业增长疲软乏力,部分企业增长率维持在个位数增长,部分企业出现下降态势,新产业翻倍爆发式增长并未如预期般出现,在创意设计、研发创新等价值链中高附加值环节突出优势尚未培育,而未来新的发展方向却未见端倪。这意味着新区文化企业在新一轮数字技术竞争中优势不够突出。比如,张江高科技园区文化产业营收存在整体下滑的情况,2018年为1935.627亿元,2019年为859.49亿元,到2022年为464.21亿元,2023年回温到490.11亿元。

(二) 文化产业做平台不生产内容

浦东新区互联网企业以做平台居多，通过构建平台整合各方做内容的资源。2023年，新区内容创作生产总营收306.95亿，同比下降3.4%，代表企业如咪咕视讯、蜜柚网络、咕果信息、蓝沙信息等服务媒体创作和网络游戏的数字平台类企业。2023年，网之易因与暴雪的风波导致营收断崖式下滑，但2024年网之易与暴雪有望重启合作，若重启成功，新区内容创作生产将逐步恢复正轨。

(三) 文化企业存量失守、增量不足

浦东新区大型知名企业数量不足，多为小微企业，抗风险能力较弱，缺乏文化产业头部企业。文化企业仍在继续流失，随着市场竞争的加剧以及外部环境的变化，部分文化企业因经营不善、资金链断裂等原因被迫退出市场，导致文化企业的总体数量呈现下降趋势。与此同时，小微企业培育不足，虽积极招商但效果有待提升，因此文化企业培育存量已显不足。浦东新区2022年文化及相关产业企业数达650家，到2023年则为641家。

(四) 文化产业存在"受益在外"现象

由于浦东新区文化产业发展过程出现了做平台不生产内容的问题，进而带来了内容开发运用不足等连锁反应。

文化产业内容开发链存在缺口。原始的IP内容（如小说、漫画、游戏等）生产后都需要通过不同媒介形式（如影视、动画、游戏、衍生品等）进行改编、创作和运营，以实现IP价值最大化，即"IP—生产—产品—运营"开发链，但实际来看目前浦东文化企业中存在着内容生产后续转化渠道不畅。例如，虽有龙头企业阅文集团进行内容IP的生产，但后续"打造""转化"则多由外部企业承接，接续产生的更大效益不在浦东。

文体旅长效作用未显。2023年浦东新区人流量高达80亿，接待客流量大，但长尾效应不足，存在游客并未在浦东长线游玩的情况；演艺行业也是如此，浦东新区热门场馆精彩文化演艺活动好戏连台，截止到2023年11月，新区累计受理营业性演出活动许可1 031件（14 529场次），千人以上剧场演出289件（2 381场），万人以上剧场及户外大型演出37件（83场），但却存在只提供场馆服务这一项"微薄收益"，票务售卖、后续旅游却并不一定在浦东。

四、浦东新区文化产业发展存在问题的原因分析

浦东新区文化产业发展问题的出现正是人民日益增长的美好生活需要和不平衡不充分的发展之间的矛盾在文化上的体现。既有客观条件的限制，也有发展不充分的原因，对其综合分析有助于为深刻理解和把握高质量发展思路奠定基础。

（一）文化产业新业态出现带来的统计标准调整

《文化及相关产业分类（2018）》中将文化产业定义为："本分类规定的文化及相关产业是指为社会公众提供文化产品和文化相关产品的生产活动的集合。"文件明确界定文化产业的关键在于内容生产是否为文化服务。文化产业的核心是内容生产，其生产的过程实质是文化资源不断转化为文化产品和服务的价值实现过程。[1] 浦东新区 2019 年文化产业营收下滑的主要原因在于 2018 年国家统计局对文化产业中新业态统计口径的调整。此外，浦东新区以做平台居多，而根据当前以文化产业以"内容生产"为关键界定标准而言，许多内容便无法纳入文化产业，从而出现"有产业无文化"的现象。文化企业选择做平台而非直接做内容，本质上也是基于对市场趋势、风险控制、业务扩展性、创新促进以及盈利模式等多方面的综合考虑。平台型文化企业更擅长整合各类文化资源，浦东新区的科创优势明显所以有做平台的先发优势，而且做平台能降低直接创作内容面临的市场接受度、版权纠纷、内容质量等多重风险，同时还享受内容多样性带来的流量和收益。

（二）文化产业集聚效应不明显

一是文化产业链缺少主业突出、核心竞争力强的龙头企业。目前新区文化产业中头部企业缺失，现有产业链主企业数量不够，带动和辐射能力不足，无法引领产业链上下游企业集聚以及在技术创新、市场开拓等方面向更高层次提升。而纵观文化产业发展较好的北京、广州、杭州、深圳、成都等地，它们都将培育龙头企业作为推动文化产业发展和转型升级的重要方向。据国家统

---

[1] 张振鹏：《中国文化产业新质生产力的核心要素及其结构形态》，《深圳大学学报（人文社会科学版）》2024 年第 4 期。

计局的数据，2022年中国文化产业规模以上企业数量6.9万家，占全部文化企业数量的3.5%左右，创造的收入占比却高达73.52%。文化产业发展的规律表明，要想产业强必须龙头强。

二是链上文化企业多处于"单打独斗"状态。区内文化资源没有打通，不同行业企业分散，加之新区缺少专门的文化产业集团，大中小企业之间的融通率又不高，进而出现资源分散甚至不互通，文化资源整合难度大，本区内部文化产业发展呈现出各自为战的趋势。这种区内企业之间相互竞争而非合作的局面，使得文化产业之间并未很好形成"抱团发展、集群作战"的合力。

三是在产业集聚上没有明确政策的因势利导。浦东新区文化产业的发展缺少明确的方向和目标，难以吸引上、下游企业吸引难。加之国内其他地区与市内各区的文化产业快速发展，竞争压力大。近年来，全国各地重视文化产业的发展，出现一批文化产业发达的城市，如北京、上海、深圳、杭州、广州、成都等城市。北京2023年规上企业营收为20140.1亿元，是首个营收超过2万亿元的城市，上海、深圳、杭州则均超过万亿元。与此同时，上海市各区文化产业快速发展，2018年以来浦东新区文化产业营收出现从原先稳居第一到偶有下滑的态势，徐汇区、黄浦区等强势崛起。

（三）文化产业相关政策与体制机制不健全

一是文化产业与文化事业的管理职能没有完全分离。由于文化产业是以市场为导向，以盈利为目的，而文化事业则更多地强调公益性、服务性和社会效益，则出现政府与市场定位不清、过度分离现象。这导致本应由政府承担的场馆维护压力却转嫁至企业身上，本应由企业与社会组织运作的活动却因为事业单位的诸多考量与激励机制不足而干脆放弃。

二是文化类企业政策挂靠科创类"搭便车"。相对而言，政府对科创型企业的税收优惠及奖励力度明显超出文创类企业。在大企业招商方面，文化类企业的体量规模难以对标科创类大企业，因此这种"搭便车"现象也导致文化类大企业难以真正享受到优惠政策。在小企业支持方面，当前政策体系缺乏针对文化企业的专门导向与孵化空间，进一步加剧了文化企业在初创期的生存压力，限制了其长期发展潜力。由于文化企业的培育和成长周期较长，且回报周期具有不确定性，投资者对文化企业的收益预期往往不稳定，导致其在初期成长阶段难以获得足够的资金支持和资源倾斜。

三是文化人才财政补贴政策较少。中国人才财政补贴政策主要包括工资、住房和医疗等方面。浦东新区在人才工作方面建立了较为完善的政策体系,如"1+1+N"人才政策体系。但该政策的补贴对象主要是高校和科研机构等创新研究人员,缺少专门针对各类文化人才的评定标准与吸引政策,文创人才标准定位模糊,对文化产业所需的策划、营销、管理人才的奖补政策存在一定程度的缺位。在激烈的人才竞争中,众多青年文创人员因为留在本市个人经济收入无法提高,甚至得不到保障,所以飞至深圳、杭州或北京。人才储备的流失是文创产业再创辉煌的巨大软肋。

(四) 文化产业发展所需的文化氛围不够浓厚

文化企业对于企业环境有着较高的要求,文化企业往往聚集了大量高素质、高技能的人才,这些人才对工作环境和生活环境也有较高的要求。同时,文化企业的核心业务往往与创意相关,良好的工作环境和氛围有助于激发员工的创造力和灵感。高端的工作环境也是文化企业展示自身品牌形象和实力的一种方式,有助于吸引客户和合作伙伴。然而,浦东新区在文化建设上相对滞后,导致文化氛围不够浓厚。虽然已经建设了一批文化设施,但仍存在资源分布不均的问题,部分产业园区文化主题与氛围不凸显,发展前沿的核心区域则存在引入后出现经营成本与回报率不成正比的顾虑。

五、浦东新区文化产业高质量发展的对策建议

文化产业汇聚知识、技术、产业和消费等多个链条,凭借其丰富的资源优势和巨大的需求潜力,已成为推动高质量发展和实现中国式现代化的重要支柱产业。[1] 文化产业是展现新质生产力特征及其效用的重要领域之一,必须聚焦问题破解,进一步推进浦东新区文化产业高质量发展。

(一) 强化产业发展指引,更好发挥政府作用

1. 鼓励企业既做平台也做内容,走融合发展策略

做平台是构建文化产业发展的坚实基石,做内容则是提升文化产业核心竞争力的关键。文化产业是内容产业,内容是文化产品的核心,在政策指引上

---

[1] 余煌、杨子璇、张景秋:《文化产业集聚对中国城市经济转型影响的空间效应与作用机制研究》,《地理研究》2024年第6期。

可以鼓励企业走融合策略，推动平台与内容相互促进。一是以平台支撑内容创作，做平台有信息技术支撑和优化资源配置的作用，发挥平台优势，利用大数据、云计算等现代信息技术手段，对文化产业的资源进行精准分析和高效配置。二是内容丰富平台生态，优质的文化内容能够吸引更多用户关注和使用平台，进而促进平台生态的繁荣和发展。同时，平台也可以通过推广和展示优质文化内容，提升平台的品牌形象和影响力。三是释放优质内容效益，优质内容具有较高的"长尾效应"，还能以创新二次释放内容价值。例如迪士尼＋能够在市场引发重大反响，其积累的优质内容IP至关重要，这是吸纳、增强用户黏性的第一要义，独家内容也提升了平台的吸引力。

2. 打通区内文化企业资源流通，成立文化产业集团

文化产业是以文化产品的产业链经营为特点的产业集群。因此，集团化、规模化是其发展的必然趋势。从区层面成立文化产业集团能有效整合、互补和提高文化资源；还能形成产业价值链从横向到纵向不断延伸和提升，从而达到规模效益和价值效益，形成互补优势，避免同质化竞争。例如文体旅火热发展的西安，2002年以来，西安曲江明确了其发展的核心品牌为盛唐文化，此后以资源整合为手段，依托大策划、大项目开发建设了一系列文化项目，成功塑造曲江新区的整体风貌，并于2007年正式被文化部批准为国家级文化产业示范区。这便是以曲江文化产业集团为核心，以资源整合形成重大文化旅游项目龙头，形成了包括旅游、会展、影视、演艺、出版、传媒等多门类的文化产业集群框架。

因此，从浦东新区层面成立文化产业集团，能够更好推动文化产业平衡社会效益与经济效益，也更有利于指引新区文化产业发展。一方面，深入挖掘提升内含于浦东新区开发开放过程中形成的改革开放精神，以文化为推动力，以城市经营为手段，达成文化、商业、旅游的融合。另一方面，采用大融资、大投入、大策划的运作模式，超前规划中国改革开放博物馆、浦东改革开放演艺节目，旨在探索推进新区"文旅融合"IP工程，用原创IP讲好浦东故事，打造具有丰富文化内涵的浦东品牌。

（二）调整和优化产业政策，扩大政策惠及面

文化产业的核心在于创意和创新，但创意和创新本身具有高度的不确定性和风险性。因此，推动文化产业的发展需要把进一步发挥市场在文化资源配置中的积极作用与更好发挥政府作用结合起来。根据文化企业成长的不同

阶段制定不同的产业专项政策，保证文化企业初创时期站稳脚跟、成长时期发展迅速、成熟时期反哺，推动文化产业高质量长效发展。

1. 推出文化企业级别界定标准

文化产业企业的级别标准通常不是由单一因素决定的，因此建议综合多个方面的考量，推出专项界定标准。借鉴2020年中国证监会发布的《科创属性评价指引（试行）》，其对于科创板企业3项常规指标分别是"研发投入金额或研发投入占营业收入比例""发明专利"和"营业收入或营业收入复合增长率"，并将发明专利作为准确评价与衡量申报企业"硬科技"特征的重要标准。文化产业企业级别界定可以从以下几个方面展开：一是企业规模，一般来说，企业规模越大，其市场影响力、资金实力、技术创新能力等方面往往也越强。二是文化产业投入，例如最近三年研发投入占营业收入比例，或最近三年研发投入金额累计。三是经营能力，包括企业的盈利能力、市场占有率、品牌影响力等方面。四是创新能力，以"版权"作为准确评价与衡量文化企业实力的重要标准。

2. 推出文化产业孵化器政策

针对文化企业初创时期成本费用大，此阶段应给予企业适应和过渡的空间，帮助其站稳脚跟。一是给予财政支持，包括基础设施建设、运营补贴等；二是给予税收优惠，可采用税额式减免政策；三是合理规划创新企业孵化器的空间布局，以政府协调方式，在张江文化产业园开辟单独孵化空间供微小企业初期使用；以市场化方式，目前曹路镇群乐村引进以企业出资建设文化产业孵化空间；四是人才团队建设，支持孵化器建立导师辅导、项目评估等服务体系，为初创企业提供专业的指导和帮助；五是资金支持机制，设立创新创业基金，为初创企业提供种子轮、天使轮融资支持。此外，还可以推动各类金融机构与孵化器合作，为科创企业提供多样化的融资渠道。

3. 抓好和扶持文化产业龙头企业

党的二十大报告首次提出实施"重大文化产业项目带动战略"，旨在充分发挥文化产业的集聚优势、溢出效应和引领作用。既要健全文化企业孵化政策，也要扶持和抓好文化龙头企业，培育文化企业集群。一方面明确文化产业园区定位，释放滨江沿岸楼宇空间，吸引大企业入驻浦东；举办多元招商活动，把文化资源和项目结合起来，把公益性和企业利益结合起来。另一方面，制定并落实一系列优惠政策留住企业。如当企业步入成长期后文化产品更新换代频繁，可侧重于税基式减免政策；对已经成熟的文化企业可分成营利型和非营利型企业两类,分别给予不同的税收优惠政策。此外,对营利型文化企业除已实行的研发费用给予比例扣除、固定资产加速折旧、无形资产加速摊销等税收优惠外,还可根据其生产文化产品的数量给予相应的企业所得税优惠;对非营利性文化组织应免征各项税收,鼓励企业将更多的资金投入产品创新中。

(三) 培育文化产业新兴业态,打造高端化产业体系

推动浦东新区现代文化产业发展高质量发展还应着眼文化产业发展的未来。随着科技发展,数字文化、网络文化、元宇宙书店等新兴文化领域不断涌现,文化产业展现出更加广阔的市场前景和发展潜力。

推动文化和技术的深入融合,加快发展新型文化业态,改造提升传统文化业态。以数字文化产业为引领,培育新型文化业态,形成高端化文化产业体系。文化基础科技属于高科技制造行业,张江在发展三大先导产业时带动了一系列科学技术大发展,这便有了技术赋能文化产业发展的先天优势,可以通过跨界合作、产业协同等方式,推动文化产业与其他产业深度融合。例如,一是文化产业与旅游业深度融合,构建出文创产品、研学旅游、文博旅游、非遗旅游等多元共生的文旅融合新业态。二是AI助力文化产业内容创作,让文化产业成为巨大的技术应用市场。以AI底层算法助力人工筛选内容创作的方向与主题,通过提供市场趋势和消费者需求信息,帮助精准定位创作方向,提高内容创作的针对性和有效性,减少创作流程。三是"大模型+IP"玩出文化产业新花样。AI大模型深度赋能文化产业创新发展,为内容生产提供新工具和路径。例如当前由腾讯旗下混元大模型应用腾讯元宝与腾讯视频联合推出AI"追剧搭子"便是"AI大模型+大剧IP"的新玩法,这给文化生产带来新产品形态,推动不同文化消费形式交互融合。

(四) 完善文化产业人才政策,建强人才队伍

高素质人才队伍是文化产业高质量发展的第一资源,尤其是在数字化、智能化浪潮下,给文化产业方面的人才带来了巨大的替代压力。因此要注重人才引进与培育,打造更有创新力的文创人才集聚地。

一是优化人才引进政策。出台文创人才专项引进政策,加大数字人才的引进力度,实现内容创作、创意设计等文化领域人才的精准招引,建立多元化的引进体系。加大海外高层次人才引进力度,通过设立专项基金、提供优厚待遇、简化签证及居留手续等措施,吸引具有国际视野和创新能力的文化人才。

实施"柔性引才"策略,鼓励采用项目合作、兼职顾问、远程工作等灵活方式,吸引更多优秀人才参与文化产业项目。

二是加强人才培养与培训。建立产学研用合作机制,推动高校、科研机构、文化企业之间的深度合作,共同培养符合市场需求的文化产业人才。开展多层次培训体系,针对不同层次、不同岗位的人才需求,设计并实施多样化的培训课程,包括专业技能培训、管理能力提升、创新思维培养等。强化实践锻炼,鼓励文化企业为新员工和青年人才提供更多实践机会,通过项目参与、岗位轮换等方式,加速其成长成才。

三是完善人才激励机制。建立科学合理的薪酬体系,根据人才的市场价值、工作贡献等因素制定具有竞争力的薪酬标准,并对原创作者的优秀作品按照作品获奖等级给予相应的奖励,确保优秀人才得到应有的回报。对于核心人才和关键岗位,激励文化企业采用股权、期权激励等方式吸引高质量的文创人才就职,对符合国家财政补贴条件的文化从业者给予必要的生活、房租等补贴,与其他产业的创新研究人员享受同等补贴政策。

提升社会主义现代化国际大都市核心承载区文化软实力路径研究

张雯琪[*]

摘　要:随着全球化的深入推进,文化在国际竞争中的地位日益凸显。建设具有世界影响力的社会主义国际文化大都市核心承载区,不仅是对外展示国家文化软实力的重要窗口,也是推动高质量发展、增强文化自信的关键举措。本文深入分析浦东新区的文化背景、资源优势及其在新时代的文化发展战略,提出通过强化思想引领、弘扬核心价值观、完善文化服务、增强舆论传播力、促进文化繁荣、深化文旅融合、保护历史文化及加强国际传播等路径,全面提升浦东新区的文化软实力,加速建设具有世界影响力的国际大都市核心区,为加快建设具有世界影响力的社会主义现代化国际大都市核心区提供不竭力量源泉。

关键词:浦东;文化软实力;国际文化大都市核心区;实践路径

文化自信是一个国家、一个民族对自身文化价值的充分肯定,是民族精神的重要支撑。浦东新区作为上海乃至全国的经济增长极,其文化发展同样具有重要意义。随着全球化的深入推进,文化软实力在国家竞争中的地位日益凸显。在全球化浪潮下,城市不仅是经济发展的高地,更是文化交流与传播的重要平台。因此,推进浦东国际文化大都市建设,不仅是提升城市综合竞争力的关键举措,也是增强国家文化软实力的重要途径。

一、提升城市软实力的重大意义

文化是城市的生命和灵魂,也是城市的软实力象征,承载着城市灵魂和人

---

[*] 作者简介:张雯琪,中共上海市浦东新区委员会党校讲师,研究方向为社会发展理论。

民精神家园,是一座城市的气质所在,构成文化软实力的核心要素。而文化软实力是一个国家文化的具体体现,它表现在对内的向心力、凝聚力以及对外的亲和力、吸引力等方面,是提升凝聚力和竞争力的必要保障,是一座城市得以长远发展的内生动力。文化软实力反映的是城市内涵、品质和竞争力的核心资源。先进的文化能够凝聚城市现代化建设各方面力量,形成强大的竞争优势和动力。

提升城市文化软实力,对城市经济社会的健康持续发展意义重大。文化作为软实力的重要组成部分,在城市发展中发挥着举足轻重的作用。首先,一个城市的文化底蕴和文化特色能够塑造其独特的城市形象,这种形象有助于吸引外部资源和人才,从而促进城市的经济发展和社会进步。其次,城市文化是促进市民提高自身素质,建设文明城市的内生动力。城市文化能够提升市民的归属感和认同感,增强城市的凝聚力和向心力。最后,通过文化的交流和传播,城市能够扩大其影响力和知名度,进一步提升其在全球范围内的竞争力。

党的十八大以来,以习近平同志为核心的党中央把文化建设提升到一个新的历史高度,强调"文化是一个国家、一个民族的灵魂,文化关乎国本、国运,文化兴则国运兴,文化强则民族强。"[1]建设社会主义国际文化大都市,是习近平总书记亲自为上海提出的发展目标。当前,上海正在推进"五个中心"建设,浦东作为上海"五个中心"的核心区,肩负着打造社会主义现代化建设引领区的重任,提升其文化软实力,也是浦东全面提升在全球城市体系中影响力和竞争力的关键所在。

二、浦东的文化资源背景和优势

浦东新区拥有丰富的历史文化底蕴和现代文化资源,从历史建筑、民间艺术到现代文化设施、文化活动。红色文化、海派文化、江南文化共生共荣,构建起"上海文化"的内涵基因和独特品质,这些资源为打造文化自信自强浦东样本提供了坚实的基础。

浦东新区不仅拥有现代化的城市风貌,还承载着深厚的历史文化底蕴。从传统的水乡文化、渔村风情到近现代工业遗址,都体现了浦东的历史变迁。

---

[1] 习近平:《习近平谈治国理政》(第四卷),外文出版社,2022年版,第309—310页。

浦东拥有丰富的历史文化资源,如川沙古城墙、高桥古镇等。高桥古镇保留了大量的历史建筑和传统手工艺,是了解和体验浦东传统文化的重要窗口。通过对这些历史文化遗产的保护和继承,不仅能够传承历史文化,还能增强民众的文化认同感和归属感。作为上海的重要区域,浦东新区汇聚了大量的现代文化资源。这里不仅有世界级的文化设施,如上海科技馆、上海儿童艺术中心等,还经常举办各类文化活动和艺术展览。此外,浦东新区的多所高校和研究机构也为区域文化的繁荣提供了源源不断的创新动力。位居上海市前列的经济总量、较高的国际化程度、公平透明的营商环境,为社会主义国际文化大都市核心承载区建设迈向新阶段提供了优势条件。对照加快打造社会主义现代化建设引领区的各项工作要求和中央关于推进社会主义文化强国建设的部署要求,对标国际一流文化大都市的发展水平,对应市民群众对更高品质美好生活的文化需求,浦东仍需进一步提升整体文化能级,提高文化影响力、引领力和标识度。

三、提升文化软实力实践路径和对策

文化是城市的生命和灵魂,也是城市软实力的象征。浦东作为国家战略的集中承载地,要把引领区建设的蓝图变为现实,就必须从提供坚强思想保证和强大精神力量做起,担负起新的文化使命。

(一)加强思想引领和理论武装,筑牢弘扬社会主义先进文化的引领示范高地

在全球化日益深入的今天,文化软实力已经成为衡量一个国家综合实力的重要指标。作为中国文化的重要窗口和国际交往的重要平台,打造国际文化大都市不仅是对城市自身发展的追求,更是对中国文化自信的一种彰显。古人云:"万物得其本者生,百事得其道者成。"建设国际文化大都市,最重要的就是高举旗帜,用习近平新时代中国特色社会主义思想凝心铸魂,全力奏响党的创新理论传播与实践展示交相辉映的最强音,持续推动党的创新理论在引领区大地上开花结果。

一是推动党的创新理论落地生根。加强党的创新理论武装,落下去的关键在领导干部,深下去的关键在专家学者,传下去的关键在青年一代。通过深入开展主题教育,推动全体人民深入学习习近平新时代中国特色社会主义思

想,理解和掌握其精神实质和实践要求。要结合深入开展学习贯彻习近平新时代中国特色社会主义思想主题教育,坚持内宣外宣、线上线下、大屏小屏一起发力,一体推进理论学习、理论研究和理论普及,做足内化、深化和转化的文章。二是确保各类阵地可观可控。做好理论骨干、外籍人士、行业先进、典型人物、社区能人等理论宣传群体遴选,从不同视角不同维度宣传新思想、新理论,讲好中国故事。积极开展宣讲党的创新理论配送活动,将思想文化大餐配送到"金融城会堂""科学城讲堂""青少年学堂""社区邻里厅堂""乡村特色课堂",做到形式多样,生动活泼,深入人心。

二是强化理论学习,提高全民族文明素养。打造国际文化大都市,需要有一支高素质的文化工作队伍。因此,我们必须重视理论学习,不断提高全民族的文化素养和文明程度。同时,还要注重培养人们的审美情趣和文化修养,提高他们的文化鉴赏力和创造力。通过各种文化活动和教育手段,引导人们树立正确的文化观念和价值观,增强人们的文化自信和自豪感,提高全民族文明素养。

此外,还要突出文化主体性,继续深入学习贯彻习近平文化思想,落实好习近平总书记考察上海重要讲话精神。以习近平新时代中国特色社会主义思想为引领,坚定文化自觉与文化自信,把文化文脉作为强大精神支柱,深入推进国际文化大都市建设。传承红色基因,弘扬红色文化,继承和创新海派文化和江南文化,不断增强浦东文化影响力和吸引力,为建设习近平文化思想最佳实践地贡献智慧。

(二) 着力弘扬社会主义核心价值观,铸牢城市软实力的精神内核

核心价值观是文化软实力的灵魂,"是一个民族赖以维系的精神纽带,是一个国家共同的思想道德基础"[①]。在建设具有世界影响力的社会主义国际文化大都市核心承载区的征程中,我们需充分发挥社会主义核心价值观的凝心聚力、稳固根基的关键作用。

培育和践行社会主义核心价值观,需如细雨润物般潜移默化,更需有持之以恒、久久为功的坚韧毅力。浦东,这片改革的热土,正肩负着打造社会主义引领区的崭新使命。我们要将培育和践行社会主义核心价值观与城市精神

---

① 中共中央党史和文献研究院编:《习近平新时代中国特色社会主义思想专题摘编》,中央文献出版社,2023年4月,第315页。

的弘扬紧密结合,与增强城市软实力的目标紧密相连,大力传承上海"海纳百川、追求卓越、开明睿智、大气谦和"的城市精神,以及"开放、创新、包容"的城市品格,并将浦东开发开放初期所展现的"三股气"精神融入其中,不断把这项工作抓深抓实,使之真正内化于心、外化于行,成为激励浦东前行的强大精神力量。

一是要突出重点人群。结合城市精神品格,树立"感动上海年度人物""新时代好少年"等凸显时代特征、上海特点的先进典型人物和团队,聚焦领导干部、公众人物、青少年、先进模范四类人群,因地、因人、因事、因时制宜开展工作,更好地发挥他们对全社会的影响和带动作用。深入开展市民修身行动,让社会主义核心价值观凝神聚气、城市精神品格成风化人,真正把城市精神品格化为每个市民精神成长的丰厚滋养,化为城市发展进步的不竭动力。

二是丰富实践载体。践行社会主义核心价值观,要实现日常化、具体化、形象化、生活化,落到可感知的载体上,特别是群众性文明创建活动,要不断创新精神文明建设的方法、理念、载体、渠道。积极拓展新时代文明实践中心的覆盖面和影响力,结合浦东特色,因地制宜打造世界级东岸滨江文明实践带、自贸试验区文明实践阵地联盟和文明实践街区、空间等特色阵地,新时代文明实践和志愿服务特色阵地。深入推进"四馆一园"新时代文明实践核心圈,打造东岸滨江新时代文明实践带。文明的养成,价值观的践行,就在这些点点滴滴的悄然中形成。培育和践行核心价值观重在落细、落小、落实,内化于心、外化于行。

三是强化榜样引领。要充分运用新闻报道、文艺作品、基层宣讲,广泛宣传道德规范、最美人物等新时代先进人物,宣传各行各业专业求助求索、敬业、奉献的典型人物,宣传平民英雄、公益达人等身边好人好事,广泛宣传新时代先进人物、各行各业典型代表和身边好人好事,激发见贤思齐、比学赶超的良好氛围。

总之,城市文明程度是衡量一个社会发展的重要标尺。我们要不断推进文明风尚培育、丰富文明实践活动,持续推动精神文明形成示范效应,让文明之花竞相开放。正如习近平总书记所指出的:"越是深化改革、扩大开放,越要加强精神文明建设。"新征程上,我们要始终坚持用社会主义核心价值观铸魂育人,统筹推动文明培育、文明实践、文明创建,通过身边好人好事、榜样力量促进核心价值观的认知认同,真正把社会主义核心价值观的要求内化为精神支柱、外化为自觉行动,为社会文明进步凝聚起向上向善的磅礴力量。

(三)健全公共文化服务体系,更好满足人民精神文化生活新期待

如果说文化是一座城市的灵魂和根脉,公共文化设施便是城市"灵魂"的聚集地和城市根脉延续的沃土。公共文化服务是实现人民群众精神文化需求的重要保障,也是实现精神文化生活共同富裕的核心领域。一直走在改革创新最前沿的浦东,近年来,在公共文化服务方面,打出了多项首创品牌,既有公共文化空间大赛助推引领全国公共文化新空间建设的王牌,也有深耕不停步的公共文化延时服务遍地成林。2024年8月14日上海书展的主会场中,阅文、七猫、喜马拉雅等一批总部位于浦东的文创类互联网平台集中亮相,助力上海书展"跨界""破圈",一个个文化品牌构筑起浦东公共文化服务发展的澎湃动力,推动浦东文化软实力进一步提升。浦东发展到今天,在公共文化服务方面需要有更高的国际化追求和建设水准。进一步对标国际一流地区,浦东还应在以下方面做出努力。

一是夯实文化设施建设,优化文化设施布局。城市文化设施是公共文化服务的载体,它既能满足本地居民的公共文化需求,还会吸引大量的外来游客参观游览。按照上海市和浦东文化设施发展总体规划,要不断优化标志性文化设施及各类文化空间布局,积极推动体育和文化空间加快融合,提升服务辐射能力。尽管浦东在近年来大力发展公共文化设施,但仍存在一些偏远地区或人口稀少区域的设施覆盖不足问题。针对浦东文化设施供给分配不均,应进一步完善公共文化服务和管理机制,规划构建"区镇级-街道级-社区级"的多级文化设施体系,推动公共文化服务标准化、均等化,提升公共服务均衡化、优质化水平。

二是大力促进文化为城市空间赋能。推进滨江沿岸阅读带建设,拓展"望江驿""融书房"等新兴文化空间效能,打造世界会客厅。支持建设特色书店、功能性主题馆、文化艺术空间,建设文化创意和休闲消费场所,把"工业锈带"变成"生活秀带",促进公共文化产品更丰富、配送更精准,致力提升文化惠民供给水平。

三是着力提质增效,树立公共服务高品质供给标杆。推进公共文化体育设施网络体系建设,营造多元共建格局,打造一批高起点规划、高标准建设、高品质配套、高水平运营的文化地标,提升浦东的文化品位和国际影响力。同时,还要创新公共文化服务供给模式,引入市场机制和社会力量参与公共文化服务供给,提升公共文化服务的效能。例如,可以通过政府购买服务、社会力量参与运营等方式,推动公共文化服务设施向社会开放和共享。

(四)着力提升新闻舆论传播力、引导力、影响力、公信力,构筑强大主流舆论场

"宣传思想工作是做人的工作的,人在哪儿重点就应该在哪儿。"[①]建设国际文化大都市,就是要做大做强主流思想舆论。全力推进新型主流媒体建设,加强融媒体内容生产,推动媒体融合技术创新,加快构建全媒体传播体系,培育同"五个中心"建设相匹配、具有较大影响力的民生、财经、科技、外宣全媒体矩阵。

一是要加强和提升正面宣传的质量和水平。紧扣深化"五个中心"建设、强化"四大功能"等重大战略和中心任务,紧扣人民城市建设的火热实践,推出权威报道、深层次报道,全面体现对经济社会发展的信心。聚焦引领区建设、综合改革试点、社会民生等主题,精心策划新闻宣传,打造优秀内宣外宣作品,让正能量成为大流量;紧扣深化高水平改革开放、推动高质量发展等重大战略和中心任务,展示浦东国际一流的营商环境、活力四射的创新氛围、宜居乐居的美好生活。围绕引领区建设的新进展、新成就,立足全球视野,讲好浦东故事,传播中国声音,讲好浦东开发开放的故事,讲好引领区建设的故事,如自由贸易试验区十周年改革建设成就展,同时要坚决杜绝低级红和高级黑。

二是强化舆论引导科学性和精准性。主流媒体要发挥公信力优势,在关键时刻和重大问题上真正成为"定音鼓""风向标"。加强分析研判,精准定位受众,创新表达方式,借助新载体、新技术,提供优质信息内容和鲜明思想观点,占据舆论引领、思想引领、文化传承、服务人民的主流舆论阵地。

三是持续增强舆论引导力和传播力。坚持用正确舆论引导人,守住主阵地、唱响主旋律、传递正能量,进一步完善现代舆论传播体系和网络媒体综合治理体系。把好舆论导向和价值取向。借助新载体、新技术,强化内容建设,采用分众化、差异化传播方式,巩固壮大主流舆论,提高舆论引导力和传播力。推动媒体深度融合发展。培育同"五个中心"建设相匹配、具有强大影响力的民生、财经、科技、外宣全媒体矩阵。提升"浦东发布""浦东观察"服务功能,打造资源集约协同高效的全媒体传播体系。建立健全浦东政务新媒体矩阵,推

[①] 中央纪委国家监委网站:《关于宣传思想工作习近平总书记这样说》,https://www.ccdi.gov.cn/toutiao/201808/t20180820_178152.html,2018年8月21日。

动浦东融媒体中心功能提升,增强政策解读和便民服务能力。

(五) 推动文化事业和文化产业繁荣发展,打造独具魅力的人文之城

繁荣发展文化事业和文化产业,有助于发展社会主义先进文化,更好满足人民群众对精神文化的需求,提升国家文化软实力和中华文化影响力。建设国际文化大都市核心承载区,以及打造社会主义现代化建设引领区,就是要着力推动文化事业和文化产业繁荣发展,打造文化事业和文化产业双高地,更好满足人民群众精神文化生活新期待。

1. 要致力于文化事业的全面繁荣发展

尽管浦东公共文化服务体系规模宏大,但在公共文化设施的布局上,均衡性和精准度仍有待提升,存在不均衡的现象。因此,必须加大文化资源布局的力度,加速推进诸如浦东大歌剧院等重大文化设施的建设进程。同时,要着重弥补郊区农村文化设施的不足,精心策划并举办各类高品质的文化活动。此外,还应扩大重要节展的规模和频次,以更好地汇聚人气,发挥其在经济带动和形象展示方面的积极作用。

2. 大力发展文化创意产业

浦东要打造国际文化大都市核心区,必须依托新区的现代文化资源,大力发展文化创意产业。通过政策扶持、资金支持等措施,鼓励企业创新,推动文化产业与科技、旅游等产业的深度融合,形成产业链完善、竞争力强的文化创意产业集群。浦东现有文创类互联网平台企业约200家,聚集了一批互联网头部企业,如腾讯、哔哩哔哩、阅文、喜马拉雅等,约占全市1/4。依托数字技术发达和文化创意资源集聚的优势,浦东培育了一批数字创意领军企业,催生了一些新兴文化企业,初步形成了较为完整的产业链条。当前,浦东文化产业更是发展到了新阶段,面临着新机遇,在构建新发展格局的过程中,文化需求空前旺盛。推动浦东文化产业高质量发展,是一个重要的方向。借此,浦东要大力发展数字文化产业和创意文化产业,做强文创产业,充分彰显国际文化大都市核心承载区的产业领军地位。

一是要深耕文化创意产业,集聚文化发展要素。优化文化创意激励和扶持政策,引导和推动文化创意产业发展,发挥市场的决定性作用和政府的保障功能。积极培养和引入艺术家、文化经纪人、创意人才,打造富有城市地域特色、民族特色和时代特色的文化创意产业;建立产学研相结合的培养机制,推出创意人才培训项目和孵化项目,通过培养人才的创新意识持续激发城市文化发展活力。

二是加快文创产业数字化转型。全面提升文创产业数字化、网络化、智能化发展水平。推动文学、艺术、影视、传媒、演艺、出版等传统行业与高科技、互联网深度融合,推动文化资源数字化转化,加快生产流程数字化再造,提升数字内容产品创作生产能力。保持网络文化产业强势发展势头,加快游戏、动漫、电竞、网络视听、网络文学、网络直播等新兴业态集群发展,积极培育平台经济、云业态。

三是着力提升文化产业核心竞争力。精准聚焦具有发展优势的文化产业门类,充分彰显区域文化特色,推动文化产业实现规模化、高质量发展。一方面,积极搭建文化产业发展平台。精心构筑以张江为核心的电竞游戏产业集聚高地,推动电竞游戏产业资源集中、要素集聚,提升产业的整体实力和国际影响力;高标准建设以国际旅游度假区为核心的影视产业基地,完善影视产业链条,吸引优质影视项目落地;全力打造以陆家嘴为核心的高端文化消费引领区,发挥陆家嘴金融和商业优势,引领高端文化消费潮流。另一方面,深度挖掘高端文化消费潜力。依托上海作为国际金融中心的独特优势,大力发展以艺术品拍卖、时尚演艺、潮流走秀、个性定制、高端珠宝、奢侈品牌为核心的高端文化消费业态。通过优化消费环境、丰富消费场景,不断提高文化消费供给的质量和水平,满足消费者日益多样化、个性化的文化消费需求。

此外,持续强化产业主体培育。积极吸引国内外文化领域头部企业入驻,充分发挥其引领带动作用。同时,加大对创新型文创企业的扶持力度,培育一批具有较强竞争力和创新活力的文创领军企业。通过完善产业政策、加强知识产权保护、搭建创新创业服务平台等举措,营造充满活力的产业创新发展生态,推动重点文创产业领域实现倍数级增长,为文化产业发展注入强大动力。

(六) 深化文旅融合发展,为浦东高质量发展注入强劲动力

推动文化事业和文化产业与旅游业融合发展,是以习近平同志为核心的党中央立足党和国家事业全局作出的重要战略决策,重塑了文化和旅游工作的新格局。近年来,浦东始终以高度的文化自觉、强烈的文化担当,扎实推动文体旅深度融合发展,不断擦亮城市名片,为城市高质量发展注入强劲动力。浦东培育壮大文化产业的着力点是要进一步促进文体旅商融合发展,进一步培育龙头企业和特色产业园区,进一步发挥改革创新优势,"坚持以文塑旅、以旅彰文,推动文化和旅游融合发展"。

一是加强前瞻布局,构建文体旅融合发展空间。以打造社会主义现代化建设引领区、做强"五个中心"核心区功能为目标,立足国际文化大都市核心功能打造,集聚文体旅资源,积极营造生活、生态、生产互融的文化氛围,激发城市文化创新活力,形成"一核一轴两带多圈"的发展新格局。

二是促进文体旅深度融合发展。深入实施"文化+"战略,推动文化与体育、旅游、生态、商业等行业深度融合,加快文化与金融、科技、旅游等生产要素融合发展,激发文化发展新动能,促进文化高质量发展。深化世界著名旅游城市建设,推进文化和旅游空间、业态、服务融合,打造红色文化、文化遗产、主题娱乐、演艺文化、文化创意等特色文化旅游集群。深入挖掘体育设施的历史文化内涵,打造地标性体育文化设施,推进全球著名体育城市建设,打造更具全球影响的体育文化中心。今后,浦东将不断增强文化创造力,在更广领域激发文化创新活力,大力提升浦东文化软实力。

(七)完善历史文化保护传承体系,塑造城市软实力的神韵魅力

文化遗产是一个城市和民族的历史记忆及精神财富。在打造国际文化大都市的过程中,我们必须注重文化遗产的保护和传承,坚定对中华优秀传统文化的自信和自觉,同时积极吸收借鉴其他国家和民族的文化精华,推动中华文化的创造性转化和创新性发展。只有这样,我们才能在国际舞台上发出更加响亮的声音,展现中华文化的独特魅力。历史文脉是一座城市在人文精神上最具生命力和影响力的文化基因,构成一个城市最厚重、最本质、最深刻的人文基础,体现着共同恪守的精神追求、精神特质。了解一个城市就要先读懂它的历史文化,而读懂一个城市的历史文化又必须深刻认识和把握贯穿其中的文脉传承。对历史文脉的保护与传承既是对城市历史文化的尊重,也是对城市发展规律的尊重。

浦东具有独特而丰富的文化资源,拥有一大批近代代表性历史建筑,如外滩建筑群,还拥有众多具有海洋和水乡特色的人文遗存,以及与之相关的古石桥、古驳岸、古船、古镇等。此外,浦东还拥有一批历史名人的故居,如张闻天故居、曾担任国家名誉主席的宋庆龄的故居,成为浦东历史文化的重要代表。

1. 加大文化资源保护和传承力度

对于浦东新区的历史文化资源,首先应加大文化资源保护和传承力度,统筹文化遗产保护传承资源。系统梳理文化遗产资源,构建精准、开放、共享的浦东文化遗产资源数据库。深化浦东地域历史文化研究,加强挖掘、整理和阐释研究,传承发展戏曲曲艺、民间艺术、手工技艺等非物质文化遗产,以敬畏之心守护好城市历史文脉。加大文化遗产传承宣传教育普及力度,做强"人文浦东"品牌,办好非遗系列节庆活动,强化主流文化的共识,通过文化品牌推动主流文化的接受和认同。建立非遗项目国际化交流平台,创新开发运营模式,鼓励社会力量对上海绒绣、三林刺绣、三林瓷刻、浦东派琵琶艺术、江南丝竹等具有一定文化功能和商业开发价值的项目进行策划运营,开发系列非遗文创产品。通过多样的保护和传承方式,厚植现代主流文化的根脉,发掘历史文化的现代价值,让优秀传统文化"活"起来、"火"起来。

2. 创新利用方式,科技创新赋能文物保护。

除了保护工作外,浦东还应积极探索历史文化的创新利用方式,用好用活文化资源。例如,通过建立博物馆、纪念馆等场馆来展示和传播浦东的历史文化;通过开展各种文化活动推广浦东的历史文化。积极培育历史文化遗产数字化新业态,加快不可移动文物的数字化创新保护,逐步实现可读、可听、可视、可感。借助5G、VR、AR等技术,通过文化创意将文化遗产元素融入现代产品中,让文物"火起来"、技艺"活起来",唤醒历史遗迹和非物质文化遗产,让更多人成为传统文化的热爱者、认同者和传播者。通过创新利用历史文化遗产,不仅有助于传承历史文化,还能为浦东的文化产业发展注入新的活力。

(八) 加强国际传播能力建设,打造具有广泛国际影响的城市形象名片

习近平总书记强调,要"下大气力加强国际传播能力建设,形成同中国综合国力和国际地位相匹配的国际话语权"[1],建设国际文化大都市核心区,就是要更好地向世界传播中国声音、讲述上海故事。

1. 增强浦东文化传播力影响力

习近平总书记强调:"着力提高国际传播影响力、中华文化感召力、中国形象亲和力、中国话语说服力、国际舆论引导力。"[2]要实现这样的目标,必须不断增强中华文明传播力影响力,这是国际传播工作的重要使命。

一是要建好传播交流平台。通过举办各种文化节庆活动、艺术展览、学术交流会议等,展示城市的独特魅力和文化底蕴,吸引更多的外来文化和游客。

---

[1] 习近平:《讲好中国故事,传播好中国声音》,求是网,http://www.qstheory.cn/zhuanqu/2021-06/02/c_1127522386.htm,2021年6月2日。

[2] 中央广播电视总台党组、编务会议:《奋力提升国际舆论引领力、传播力、影响力》,《求是》2022年第15期。

借助进博会等国际性节展赛事,用好"老外讲故事俱乐部"等抓手,讲好城市故事、展现中国风采。同时,我们还要积极参与国际文化市场竞争,拓展对外文化贸易渠道,推动中华文化走向世界。通过与世界各国人民的友好往来和文化交流,增进相互理解和友谊,为构建人类命运共同体贡献力量。

二是要发挥外宣资源的优势。可以用好浦东外宣资源密集的优势,这既需要我们认真修炼内功,打造具有较强国际影响的外宣旗舰媒体,又需要我们广交朋友、重视发挥港澳台同胞和海外华侨华人、海外中资企业、国际友人等的作用,善用"老外"视角,把"自己讲"和"别人讲"结合起来,使故事更多为国际社会和海外受众所认同。外宣工作要形成品牌声势,关键要善于统筹资源,整合力量,即以我为主精心策划选题,也善用外脑、外嘴、外笔提升说服力。

三是用好数字化传播方式。第一,深化全媒体矩阵建设。着力打造"中国浦东"外宣旗舰账号,主动对接中央及上海市国际传播项目,整合抖音、B站、携程等国内平台与Facebook、Twitter等国际社交媒体资源,构建分众化、精准化、智能化的立体传播网络。第二,创新内容生产机制。依托浦东开发开放实践,建立可视化外宣素材数据库,重点培育具有国际传播价值的"浦东故事"IP,通过微纪录片、互动直播等数字形态,展现中国式现代化的浦东实践。第三,打造多维传播场景。发挥浦东国际文化演艺、顶级体育赛事、旅游推广活动及全球高峰论坛等平台优势,联合跨国企业构建城市形象传播共同体。特别要运用XR技术打造云端浦东体验馆,开发多语种数字导览系统,实现虚实融合的全球化传播。第四,强化传播效能评估。建立基于大数据的传播效果监测体系,动态优化多语种内容生产策略,重点提升在"Z世代"群体中的传播到达率,形成可量化的国际传播力指数评估模型。以"技术赋能＋内容创新"双轮驱动,构建具有浦东特色的国际传播话语体系,在讲好中国故事中彰显浦东担当。

2. 加强多层次文明对话,增进国际社会对浦东的了解和认同

加强与国际文化组织和机构的交流合作,推动浦东新区文化走向世界,提升国际影响力。文明的交流互鉴是城市文化软实力的重要活力来源。建设城市文化不仅要突出地方特色,更要与世界同频共振,在与世界城市文明体的竞争合作中确立文明地位。建设中华民族现代文明的文化使命的内在要求,就是"着力加强国际传播能力建设、促进文明交流互鉴"。上海是近代以来各种思想文化交流和传播的"码头",开放包容的文化胸襟赋予其对外开放的国际形象。多元文化的交融碰撞不仅丰富了浦东的文化内涵,也为这座城市注入

了新的活力。浦东在建设习近平文化思想最佳实践地的过程中,要增强全球叙事能力,充分展示"世界观察中国的一个重要窗口"的地位,更好地成为展示中华文化的重要窗口。

展望未来,随着全球化进程的深入发展和科技的不断进步,浦东国际文化大都市核心承载区建设将迎来更加广阔的发展空间和机遇,浦东应紧抓时代机遇,不断创新发展理念和发展模式,坚定文化自信,秉持开放包容,坚持守正创新,讲好中国故事,演绎上海精彩,打造文化自信自强的"浦东样本",努力打造具有全球影响力世界竞争力的国际文化大都市典范。

党建引领编

抓好国有企业领导人员队伍建设
以党建引领助推新一轮国企改革

李宇莹[*]

摘　要：党的十八大以来，以习近平同志为核心的党中央亲自谋划部署国企改革大局，为国企改革提供了根本遵循，推动国企改革取得了重大进展。党的二十大赋予了国资国企新的使命责任，党的二十届三中全会对深化国资国企改革进一步作出重大部署，强调要以提升核心竞争力和增强核心功能为重点，做强做优做大国有资本和国有企业。深化国资国企改革，是更好履行国企使命的必然要求，是有力提升国企效率的关键之举，更是加快推动国企发展的现实需要。

新时代以来，浦东新区国资国企始终坚持深入学习贯彻习近平总书记关于国企改革发展的相关重要论述，持续深化国资国企改革，全力服务浦东引领区建设，始终坚持党管干部原则，为浦东国企改革提供了坚强的组织保证，走出了一条具有浦东特色的国企改革之路。新征程上，浦东国资国企必将继续深入学习习近平总书记重要讲话精神，贯彻落实党的二十届三中全会重大部署，始终坚持党对国有企业的全面领导，加强国企领导班子和干部人才队伍建设，争当"中坚力量"，争做"王牌队伍"，打造"国资铁军"，以高质量党建引领助推新一轮国企改革。

关键词：国企改革；国企领导人员；队伍建设；党建引领

国资国企系统既是党领导的国家治理体系的重要组成部分，也是推进国家现代化的重要力量，更是保障人民群众共同利益的坚强支撑。新中国成立以来，无论是探月工程、商用飞机、高速铁路，还是京津冀、长三角、粤港澳等国

---

[*] 作者简介：李宇莹，中共上海市浦东新区委员会党校助教，研究方向为习近平生态文明思想、基层党建。

家区域发展战略的推进，都离不开国有企业的支持。国有企业作为"中国特色社会主义的重要物质基础和政治基础"，在推动中国经济高质量发展、改善保障民生等方面均发挥了重要作用，极大地巩固了党的执政地位。数十年的改革开放历程推动国有企业改革取得了卓越成效，有效增强了价值创造能力，加快提升了科技创新能力，深入推进了布局结构优化调整，充分发挥了服务国计民生的职能作用，已经成为中国经济稳定增长的"压舱石"、引领现代化产业体系发展的"排头兵"、推动高水平科技自主自强的"国家队"和支撑保障关键领域的"稳定器"，在全面推进中国式现代化进程中发挥着不可替代的重要作用。

一、新时代国有企业改革稳步推进

企业兴则国家兴，企业强则国家强。国有企业改革既是提升国有企业竞争力的必然选择，也是实现国有资产保值增值的题中之义，更是完善中国市场经济体制的重要举措。作为中国经济体制改革的中心环节，国企改革在诸多重要领域和关键环节均实现重大突破，有力解决了一批尚未解决的问题，有效破解了一批体制机制障碍，推动中国特色现代企业制度在改革中逐步走向成熟。

（一）党的十八大以来国有企业改革历程

党的十八大以来，国企改革顶层设计不断完善，改革成效逐步显现，全国国资系统监管企业资产总额从2012年的71.4万亿元增长到2023年的317.1万亿元，利润总额从2012年的2.0万亿元增长到2023年的4.5万亿元，规模和效益显著提升。从形成"1＋N"政策体系、构建新时期国企改革"四梁八柱"，到国企改革三年行动圆满收官、重要领域和关键环节取得新进展新成效，再到新一轮深化国企改革提升行动的推进实施，国企改革始终坚持以创新为核心引擎，持续推动市场化机制改革向纵深发展，一些深层次体制机制障碍得到有力破除，持续推动国企改革提速增效。

2013年11月发布的《中共中央关于全面深化改革若干重大问题的决定》（以下简称《决定》）为国有企业改革定下了基调，发挥了夯实基础、立柱架梁的重要作用，此后的国企改革基本是沿着《决定》提出的方向不断向前推进。

2015年8月发布了《关于深化国有企业改革的指导意见》，作为国企改革的顶层设计，该文件全面提出了新时期国企改革的目标任务和重大举措，在边试边行中积厚成势,与此后陆续发布的数十个国企改革文件共同构成了"1+N"国企改革政策体系。

2020年6月通过的《国企改革三年行动方案(2020—2022)》,则是践行"1+N"政策体系和顶层设计,扎实推进各项改革任务落地,以及为新一轮深化国企改革夯实基础的具体施工图。

截至2022年年底,国有企业改革三年行动实现了高质量圆满收官,顺利完成了改革规划的主要目标任务,国有企业改革发展成效进一步巩固,改革乘数效应不断放大,有力地促进了国有企业的高质量发展,为提升国有企业的市场竞争力和发展实力打下了坚实的基础,确保了在社会主义市场经济改革进程中,国有企业能够发挥更大作用。

2022年12月15日,习近平总书记在中央经济工作会议上发表重要讲话,强调"国企改革三年行动已见成效,要根据形势变化,以提高核心竞争力和增强核心功能为重点,谋划新一轮深化国有企业改革行动方案"[①]。

2023年6月,《国有企业改革深化提升行动方案(2023—2025年)》顺利出台,描绘新未来、赋予新使命,明确要扎实推进新一轮国有企业改革深化升级行动,坚定不移做强做优做大国有企业。

(二)进一步深化国企改革的重大意义

新一轮国企深化提升行动,是继部署实施国企改革三年行动之后,以习近平同志为核心的党中央针对进一步优化国资国企作出的重大战略部署,也为接下来三年国资国企如何进一步深化改革提供了具体指导方案。面对纷繁复杂的国内外形势,国企肩负的政治责任、经济责任和社会责任更加艰巨,进一步深化国企改革意义重大。

从中国式现代化建设的全局来看,中国特色社会主义是自改革开放以来中国共产党全部理论和实践的主题,而中国特色社会主义制度的重要组成部分之一就是中国的基本经济制度,即公有制为主体、多种所有制经济共同发展。2024年4月22日至24日,习近平总书记在重庆考察时强调,要"坚持和落实'两个毫不动摇',一手抓深化国企改革、培育一批核心竞争力强的国有企业,一手抓促进民营经济发展壮大、激发各类经营主体活力"。党的二十届三中全会对进一步全面深化改革、推进中国式现代化作出系统部署,明确指出要

[①] 习近平:《当前经济工作的几个重大问题》,《奋斗》2023年第4期。

以经济体制改革为牵引,加快构建高水平社会主义市场经济体制。国有企业在推进中国式现代化进程中具有不可替代的重要作用,必须深刻领会实施新一轮国企改革深化升级行动的重要性,紧紧围绕中心任务,不断做强做优,更好地保障公有制主体地位,更好地发挥国有经济的主导作用和战略支撑作用,筑牢社会主义基本经济制度的堤岸,巩固中国共产党的执政基础和执政地位。

从应对百年未有之大变局的角度看,国有企业关系国家安全和国民经济命脉,在化解外部风险挑战、实现国家战略意图、解决中国发展不平衡、不充分问题等方面发挥着重要作用。因此,国有企业必须聚焦战略安全、产业引领、国计民生、公共服务等方面,大力实施创新驱动发展战略,通过不断深化改革,加大开放合作力度,加快培育具有全球竞争力的世界一流企业和国际化经营人才,努力在国际市场竞争中占据有利地位,通过自身的高质量发展来更好应对外部环境的不确定性。

从开创国有企业改革发展新局面的角度看,尽管目前国企改革成效显著,但必须清醒认识到,一些影响国有企业发展活力的体制机制弊端并没有彻底解决,例如创新能力不足、大而不强等,这些问题的存在极大制约着国有企业的发展,与"构建高水平社会主义市场经济体制"的要求也不相适应。国有企业既代表着中国先进生产力和国家综合实力,也体现中国的国际竞争力,必须通过进一步深化国资国企改革,形成更加符合新时期要求的现代企业制度,全面提升国企的治理水平和核心竞争力。着力打通束缚新质生产力发展的堵点卡点,加快锻造发展方式新、公司治理新、经营机制新、布局结构新的现代新国企,为中国经济持续健康发展作出积极贡献。

(三) 国企领导人员在国企改革中的关键作用

党的干部是党和国家事业的中坚力量。作为党的诞生地、初心始发地和改革开放的前沿窗口,锻造一支政治过硬、本领高强、承担现代化建设重任的高素质干部队伍,对上海来说尤为重要。我们党历来重视干部队伍建设,总书记也一直对上海干部寄予厚望,反复强调"对上海这样一个超大城市来说,高素质、专业化有更高要求"。新征程上,要想做强做优做大国有企业,关键在于培养一支高水平的国有企业领导干部队伍。

正如总书记所说,"人才是第一资源、创新是第一动力"。增强国有企业核心竞争力,提升国有企业核心功能,主要从科技、效益、人才、品牌四个方面入手。国企领导人员是中国共产党在经济领域的重要执政骨干,把国有资产交付给国企领导人员进行管理和经营,是党和人民对他们的极大信任,他们身上肩负着十分重要的责任和使命。打造一支高水平国企领导干部队伍,对于推进国有企业深化改革提升行动、提高企业发展质量和效益、实现国有资本保值增值,都具有十分重要的作用。

二、浦东国资国企改革取得明显成效

浦东的国资国企因浦东开发开放而生,因浦东开发开放而兴。1990年,伴随着浦东开发开放国家战略的实施,依次诞生了陆家嘴集团、外高桥集团、金桥集团、张江集团等四大开发公司,拉开了建设陆家嘴金融贸易区、外高桥保税区、金桥进出口加工区、张江高科技园区的宏伟篇章。

(一)浦东国资国企改革深入推进

从"三批改革"到纵向压缩管理层级,再到横向整合企业,浦东区属企业在承担国家战略新使命、新任务的过程中,始终坚持国企改革系统设计,不断壮大规模、提升能级、增强竞争力,推动浦东国企实现了跨越式发展。目前,浦东区属企业共有17家,分别是投控集团、陆家嘴集团、金桥集团、张江集团、外高桥集团股份、浦发集团、浦开集团、科创集团、港城集团、东岸集团、浦商集团、农发集团、张江高科、金桥股份、浦东公交、水务集团和益流能源。

浦东国资国企始终把落实国家战略作为浦东国企的根本职责,根据党中央和市委部署,在浦东新区区委、区政府坚强领导下,新区国资国企迎难而上,敢于接招、善于接招,防风险、聚功能、增效益,不断做大做强做优国有企业,管资本、管资产、管人才、管干部,努力确保引领区各项国家战略的落地落实。例如:围绕"五个中心"核心功能打造,升级城市界面、优化产业生态,推动陆家嘴金融城要素集聚,张江科学城产城融合,前滩国际商务区出形象、出功能;助力自贸区改革开放,打造多个千亿百亿级贸易平台,等等。纵观浦东开发开放30余年,区属国资企业在促进浦东经济发展、科技进步、民生改善等方面做出了历史性贡献,在最需要、最迫切、最艰苦的战场上发挥了重要作用,形成了以高质量党建引领推动国资国企高质量改革发展的良好工作局面。

2023年,浦东新区国资国企立足"四个作为"战略定位,持续深化改革发展,全面推进"十大专项行动",对标一流、守正创新、提质增效,以高质量发展勇当浦东引领区建设的王牌队伍、中坚力量。2023年12月29日,上海市委常委会顺利召开，审议通过了一个重要文件——《上海市贯彻〈国有企业改革深化提升行动方案（2023—2025年）〉的实施方案》。半年多来，新区国资国企乘势而上，以增强核心功能、提高核心竞争力为重点，以激发推进中国式现代化建设的活力和动力为目标，在深化引领区改革创新上同频共振，推动新一轮国企改革取得了一系列重要进展，实现了良好开局。

（二）浦东国企领导干部队伍建设不断强化

浦东积极贯彻落实党中央和市委相关文件精神，在国企领导人员队伍建设方面取得显著成效，在上海区级国资中率先推出了一批有特色、有亮点的制度机制。例如：针对企业领导人员岗位设置、选拔任用、管理监督、薪酬激励等问题，出台了《浦东新区区属企业领导人员管理办法》，确保企业管理工作常态化、长效化。在"双向进入、交叉任职"领导体制建设方面，17家区属企业已全部实现党委书记与董事长或执行董事"一肩挑"。

在人才队伍建设上，浦东积极打造复合型干部人才队伍，实施三大培养计划，即"优秀企业领导人员选拔培养计划、中青年干部培训计划、青年英才计划"，培养选拔100名优秀企业领导人员和10名领军人才，加强"实战式"锤炼和"走出去"锻炼，着力打造一支坚强有力的浦东国资"铁军"。例如：金桥集团充分发挥党管干部优势，择优培育选拔能迎难而上、敢于担当的同志走上领导岗位，坚持组织选拔与市场选聘相结合，制定《集团招聘录用管理办法》，细化干部、人才组织任免程序，不断加强"四好"班子建设和中层干部备案管理，促进企业人才"能上能下、能进能出"，做到了"组织落实、干部到位、职责明确、监督严格、文化引领"的有机融合。浦发集团聚焦队伍敢打头阵、勇毅前行的先锋作用，大力实施"两计划一行动"，以统筹、实战、青年、专业四个维度，在重大项目、重点任务、重要岗位最前沿，磨炼集团干部人才，增强干部能力本领，激扬起干部扛重活、打硬仗、闯难关的精气神。张江高科紧紧围绕全区战略发展要求，按照《浦东新区高素质干部队伍建设"两计划一行动"实施方案》的要求，坚持党管人才、党管干部的原则，积极实施"后浪成长计划"，开展90后青年员工主题培训班，加快培养青年干部。经过两年的培训和培养，1名青年员工走上了中层管理岗位，1名青年员工下沉到子公司担任管理岗位，等等。

站在新的起点上，浦东改革开放再出发对国资国企推动引领区高质量、加速度发展提出了更高要求，对国资国企发挥服务保障主力军作用提出了更高要求，也对国有企业干部队伍能力作风建设提出了更高要求。然而，部分国企领导人员对于推动企业高质量发展的认识还不够深刻,对于自身责任的认同还不够到位,工作中仍存在底气不足、担当不够、意志不坚等突出问题。比如:一些国有企业领导人员理论武装不够,不善于从政治上看问题,缺乏系统思维,把不准战略方向;有的国企领导人员缺乏斗争精神和斗争本领,遇到矛盾"绕道走",该解决的不解决,遇到问题"踢皮球",互相推诿扯皮;还有的国有企业领导人员抓工作只讲部署、不讲落实,处理问题浮于表面,形式主义依然存在。

把企业管好,是党交给国企领导人员的重要任务。要想确保新一轮国企改革各项目标任务圆满完成,必须加快推进高水平国企领导人员队伍建设,为进一步深化浦东国企改革提供坚强有力的组织保证。

三、着力打造浦东高素质专业化国企领导人员队伍

党的二十大报告指出,"全面建设社会主义现代化国家,必须有一支政治过硬、适应新时代要求、具备领导现代化建设能力的干部队伍"[①]。国企领导人员作为中国共产党在经济领域的重要执政骨干,在推进国有企业深化提升过程中发挥着十分重要的作用,是引领中国国有企业做强做优做大的"关键少数"。在深入推进新一轮国企改革的过程中,必须始终坚持党对国企选人用人的领导和把关作用,始终坚持党管干部的重大原则,加快培养建设高素质、专业化的国企领导干部队伍,为推进新一轮国企改革深化提升行动提供坚强保障。

(一)始终坚持正确鲜明的用人导向

一是坚持精准识人用人,围绕引领区高质量发展要求和新一轮国企改革需要,完善选育管用全链条机制,把想干事、能干事、干成事的优秀干部选拔出来,坚持人岗相宜的原则,使其专业优势和特长得到最大限度发挥,推动领导班子年龄结构和专业结构不断优化,干部队伍素质不断提高。二是把政治标准摆在首位,严格遵循总书记提出的 20 字要求,即"对党忠诚、勇于创新、治企有方、兴企有为、清正廉洁",坚决把好选人用人关。注重国企干部在政治忠

[①] 习近平:《高举中国特色社会主义伟大旗帜为全面建设社会主义现代化国家而团结奋斗——在中国共产党第二十次全国代表大会上的报告》,《党建》2022 年第 11 期。

诚、定力、担当、能力、自律等方面的综合表现，把好国有企业领导人员的政治关、作风关、品行关、廉洁关，确保他们任何时候都能坚决贯彻党和国家的指示精神和要求，真正成为党和国家可信赖可依靠的中坚力量。三是坚持科学考评，建立适应新时期干部管理工作特点和规律的考核评价新机制，推进日常考核、专项考核和年度考核相结合，坚持"显绩"与"潜绩"相结合，形成"能者上、优者奖、庸者下、劣者汰"的科学考核机制，有效凝聚起领导干部干事创业的精气神。

(二) 重点锻造国企领导干部的政治素养

一是加强理论武装，深化"第一议题"制度，制定领导班子"1+4"理论学习方案，通过按时开展党委（党组）理论学习中心组学习会、定期组织主题党日活动等多种形式，深入学习贯彻习近平总书记关于国企改革发展及国企党建的相关论述，全面提高国企领导干部准确领会党中央重大决策部署和国家重大战略问题的能力。二是提升政治素养，加强对国企领导人员的教育管理，经常性开展党性教育、警示教育，使国企领导干部能够自觉做到在思想上政治上行动上始终同党中央保持高度一致，始终做到忠诚于党、忠诚于国家、忠诚于事业、忠诚于人民。三是坚持自我革命，国企领导人员必须始终坚守纪律，牢记"国企姓国"，认清"权从何来""为谁用权""怎样用权"等问题，将党性锻炼和作风建设作为终身课题，把党的理想信念内化于心，转化成为干事创业的精神力量，以真抓实干为第一要义，坚决同形式主义、官僚主义作斗争。

(三) 全面提升国企领导干部的专业本领

一是强化专业能力培训，结合党的二十大和党的二十届三中全会提出的新部署新要求，立足当下发展实际，紧紧围绕促进高质量发展、加强科技创新、发展绿色产业等重大决策，分层分类组织中层领导、青年骨干参加新区各类教育主题班、区委党校专题班等培训，坚持缺什么补什么，重点解决国有企业领导人员"想干不会干"等问题。二是加强实践锻炼，注重理论教育与一线实践相结合，深入实施区委"两方案一行动"，加大国有企业领导人员交流轮岗、挂职锻炼力度，鼓励干部到工作一线摸爬滚打、"揭榜挂帅"，在干中学、在干中干，把调查研究这一"传家宝"学好用好，把市场经济规律和企业发展规律了解好把握好，不断增强国企领导干部的改革创新能力和群众工作本领，使其成为管企治企、兴企强企的行家里手。三是大力弘扬企业家精神，积极宣传报道优秀国企领导干部的先进事迹，支持鼓励国企领导干部争当优秀企业家，当好创新发展的探索者、组织者、引领者，营造激励企业家创新、发挥企业家作用的浓厚社会氛围，促进国有企业高质量发展。

（四）注重梯队建设和年轻干部培养

一是强化源头储备和梯队建设，不断完善国有企业领导人员培养选拔工作机制，让艰苦岗位、重大任务成为干部成长的"练兵场"，充分发挥党组织把关作用，大胆提拔使用，确保优中选优，有力推动国企管理人才队伍梯队建设。二是注重教育培训，把年轻干部列为企业干部教育培训的重点对象，可采取联合办班、专题调研等方式，邀请专家学者为年轻干部授课传经，充分发挥雁阵效应，"以老带新""教学相长"，加快复合型年轻领导人才的培养储备。三是坚持动态管理，积极开展"三跨"挂职锻炼，形成能进能出、优胜劣汰的机制，确保国企领导人员队伍始终保持"一池活水"，认真落实《浦东新区国资国企发展"十四五"规划》中提出的"培树10名企业领军人才，培养100名优秀企业管理领导人员，培育一批复合型青年骨干"的发展目标。

（五）加强对国企领导人员的监督管理

一是突出监督重点，抓住"关键少数"，加大对国有企业领导人员的监督管理力度，用好提醒、谈心谈话等手段，做好教育管理监督工作，及时"修枝剪叶""咬耳扯袖"，确保领导干部在"八小时之外"做到始终如一。二是突出组织关怀，坚持严管厚爱相结合，不断激发国有企业领导干部的积极性、主动性和创造性，鼓励他们迎难而上、勇往直前，团结带领广大职工开创国有企业改革发展新局面。三是认真落实"两个责任"，党委（党组）带头履行主体责任，进一步完善国有企业反腐倡廉领导体制，严格党内政治生活，不断提高政治能力，认真落实好党员领导干部双重组织生活、"三会一课"等制度，不断提高国有企业党员干部党性修养，真正造就一支忠诚干净担当的国有企业领导干部队伍。

四、结语

浦东国资国企始终深耕引领区建设，是浦东改革发展的主力军，是积极服务国家战略的参与者，也是浦东转型发展的引领者和服务保障基本民生的担当者。2024年是中华人民共和国成立75周年，也是实施"十四五"规划的关键一年，浦东新区国资国企将紧紧围绕引领区战略使命，全面贯彻落实党的二十届三中全会精神，准确把握当前国资国企改革发展的内外部形势，持续做强做优做大国有资本和国有企业，切实加强国有企业党的领导和党的建设，继续在加强高素质干部人才队伍建设上下功夫，当好现代化建设的排头兵、先行者，使党的政治优势、组织优势、制度优势不断转化成为推动国有企业发展的改革优势和前进优势，以"中坚力量、王牌队伍"的新面貌，推动新一轮国有企业改革深化提升行动走深走实，为引领区经济社会持续健康发展作出更大贡献。

参考文献：

国务院国资委党委：《国企改革三年行动的经验总结与未来展望》，《现代国企研究》2023年第4期。

国务院国资委党委：《深入实施国有企业改革深化提升行动》，2023中国企业改革发展峰会暨成果发布会论文，北京，2024年2月，第478—481页。

胡迟：《深入实施国企改革深化提升行动着力打造现代新国企——2024年国企改革展望》，《上海企业》2024年第1期。

季晓南：《聚焦新发展阶段国企改革新使命和新要求》，《国企管理》2021年第1期。

刘青山：《综述篇国企改革五年间静水流深千帆竞〈关于深化国有企业改革的指导意见〉印发5年综述》，《国资报告》2020年第9期。

《习近平总书记关于国企改革三年行动的重要指示批示》，《国资报告》2022年第8期。

浦东以高质量党建引领民营企业高质量发展的路径研究

丁 倩[*]

摘 要：民营经济是推进中国式现代化的生力军，是高质量发展的重要基础。加强党对民营企业的全面领导、提升民营企业党建质量是新形势下巩固党的执政基础、促进民营经济高质量发展的客观需求。本文立足浦东实际，全面总结近年来浦东民营企业党建在组织设置创新、整体功能提升、运行机制完善以及平台载体拓展等方面进行的探索与形成的经验；深入剖析目前民营企业党建工作存在的问题与面临的挑战；在此基础上从抓牢民营企业党建的关键主体、构筑党建工作与企业发展的利益结合点、建立民营企业党建的质量评价体系、强化民营企业党建的保障支撑等方面进一步研究提升民营企业党建质量的路径与方法。

关键词：新时代；民营企业；党建质量；提升路径

民营经济是推进中国式现代化的生力军，是高质量发展的重要基础。党的十八大以来，以习近平同志为核心的党中央十分关心民营经济发展，多次重申"两个毫不动摇"，强调"三个没有变"，为促进民营经济发展提供方向指引。作为社会主义现代化建设引领区，近年来浦东民营企业快速发展，已成为经济增长的重要引擎、创新发展的重要主体、服务民生的重要保障。在此背景下，加强党对民营企业的全面领导、提升民营企业党建质量，既是新形势下提高党的建设质量、巩固党的执政基础的重要任务，也是引导和促进民营企业健康发展、构建现代化经济体系的客观需求。

---

[*] 作者简介：丁倩，中共上海市浦东新区委员会党校讲师，研究方向为马克思主义中国化与执政党建设。

一、浦东以高质量党建引领民营企业高质量发展的实践进路

民营经济是上海经济高质量发展和现代化建设的重要支撑力量。上海市第十二次党代会报告提出：上海要推动民营经济创新升级，引导中小企业向"专精特新"方向发展，弘扬企业家精神，激发各类市场主体活力。以浦东新区为例，民营经济市场主体有 37.5 万余户，占市场主体比重超 86%，已认定的民营总部企业共 109 家，占全市比重超 1/5，累计境内上市民营企业超 60 家。[①] 近年来，为实现党对民营企业的全面领导、推动民营经济高质量发展，浦东不断探索民营企业党建工作新思路与新模式，通过组织设置创新、整体功能提升、运行机制完善以及平台载体拓展，为民营企业发展注入"红色基因"、激活"红色引擎"，以高质量党建赋能民营经济高质量发展。

（一）实现有效覆盖：促进民营企业党的组织设置创新

习近平总书记 2018 年在上海浦东陆家嘴金融城党群服务中心考察时指出："基层党建既要发扬优良传统，又要与时俱进，不断适应新形势，拓宽基层党建的领域，做到党员工作生活在哪里、党组织就覆盖到哪里，让党员无论在哪里都能找到组织找到家。"[②] 近年来，浦东新区扎实推进两新组织"两个覆盖"工作提质扩面，民营企业党组织的覆盖率得到显著提升，全区正常运行两新组织 28 688 家，非公企业 26 162 家，党组织覆盖率 84.15%。其中，4 家全国 500 强民企全部建立单独党组织；15 家上海市百强民企，除 2 家党组织隶属外省市、1 家党建工作指导员覆盖之外，其余全部建立党组织。可以说，通过常态化摸排、动态化组建、规范化提升，以及单独建、联合建、挂靠建等方式，不断消除民营企业党建空白点，实现了企业发展到哪里、党的组织和工作就覆盖到哪里。

在规模以上民营企业党组织"应建尽建"的基础上，浦东进一步创新党组织的设置形式，不仅局限于单个企业建立党组织，而是着眼于整个区域党组织的全面覆盖，依托商务楼宇、商圈市场、产业园区等设立区域性党组织，依托行

[①] 上海浦东新区工商业联合会：《民企展新翼 逐梦引领区——浦东新区举办促进民营经济高质量发展交流展演》，http://www.pudong.gov.cn/ywvx/20230428/756657.html，2023 年 4 月 27 日。

[②] 央广网：《习近平在上海考察》，http://china.cnr.cn/news/20181108/t20181108_524408599.shtml，2018 年 11 月 8 日。

业协会、商会设立行业性党组织,依托新业态和新就业群体等平台建立平台型党组织,依托乡镇、街道对小微企业进行兜底管理,积极构建"区域化大党建"格局。通过以企业党组织为"点"、以产业链为"线"、以区域化党建为"面"、以党建顾问为"纽带",形成"点线面+纽带"的党建工作新格局,推动党的组织和工作的有效覆盖,促进民营企业健康发展。

(二)发挥实质作用:聚焦民营企业党建的整体功能提升

2011年习近平在对温州非公企业党建进行批示时指出:"非公企业党建要发挥实质作用,不做花架子","发挥实质作用"是对民营企业党建工作功能定位的高度概括。对民营企业而言,党建工作一方面要符合基层党组织的共性特征和要求;另一方面还要贴合企业发展实际,"发挥党组织在服务企业决策、开拓市场、革新技术、提高效益等方面的作用,把党的政治优势、组织优势转化为企业发展优势。"[1]近年来,浦东紧扣中央对民营企业党建工作的定位和要求,充分发挥党建工作在引领企业政治方向、助力企业创新发展、团结凝聚职工群众等方面的重要作用。

一是党建铸魂,引领企业政治方向。民营企业要实现健康持续发展,把握前进方向是前提,进行科学决策是核心,培育先进文化是关键。近年来,浦东通过加强党对民营企业的领导为企业发展指明方向、注入力量。例如,阅文集团是一家总部位于上海浦东、以数字阅读为基础、IP培育与开发为核心的综合性文化产业集团,2015年10月集团成立党支部,2019年6月升格为党总支,2022年11月成立集团党委。在集团党委的带领下,阅文集团肩负起弘扬主流价值、传播中华文化的时代使命,通过举办"网络文学党员作家高级研修班"、建立"网络文学作家党建基地"等多种形式唱响时代主旋律,凝聚发展正能量,成功输出了《庆余年》《琅琊榜》《人世间》等大量优秀作品,推动了企业集团及网络文学高质量发展。

二是党建增能,助力企业创新发展。民营企业的发展需要资金、技术、人才、政策等各类资源做支撑,其中有些资源依靠民营企业本身是很难获取的,民企党建工作可以依托党的政治优势和组织优势对相关资源进行链接与整合,为民企发展提供资源支撑。在张江科学城,为了更好地服务企业创新创

---

[1]《紧扣一体化和高质量抓好重点工作推动长三角一体化发展不断取得成效》,《人民日报》,2020年8月23日第1版。

业,2018年张江高科党委创立了"895先锋站",通过党建联建共建"895先锋站"已经集聚了1000余家风险投资机构,平均每个立项的科创项目可以联系到5家投资机构,帮助企业解决融资难问题;通过共建联建还促成了集成电路设计产业在上下游间的联动,推动了科技产品的创新。可以说,张江科学城发挥了党建工作"聚合器"的功能,通过产业资源、技术资源、资本资源、政府资源的高质整合,为众多小微企业创新创业提供了全方位、全链条服务。

三是党建入章,融入企业治理体系。与国有企事业单位相比,民营企业开展党建工作最大的障碍在于"无行政权力依托"导致的党组织在企业法定地位的不明确性。针对这一问题,近年来浦东在一些民营企业逐步探索党建入章,推动党组织融入企业内部治理体系。例如:上海山南勘测设计有限公司注重发挥党组织对企业发展的领航保障功能,探索并形成了党建"七进"模式:党的领导进章程、党的部署进议题、党的理论进头脑、党的旗帜进项目、党的关怀进人心、党的感情进公益、党建经费进预算。主动将党的领导和党建工作写入企业章程,规定了党组织对企业的引导监督作用、与企业生产管理紧密结合、对公司人才的培养、对群体组织的领导以及活动场地、党建经费保障等内容,从源头上明确了党组织在公司的地位和职能,确定了党组织在民营企业中的政治引领和政治核心作用。

四是党建聚力,团结凝聚职工群众。人心稳则企业兴,企业内部和谐稳定是其健康发展的重要基础。民营企业党建工作的一项重要内容就是充分发挥党组织凝聚人心、促进和谐的独特优势。一是用生活关怀温暖职工。近年来浦东陆家嘴金融城综合党委推出"金融城巴士"、亲子暑托班、白领餐厅、健康驿站等,通过解决企业职工"急难愁盼"的小事,增强了党组织对企业职工的感召力和凝聚力。二是用职业发展激励职工。张江科学城综合党委依托"895创业营"邀请了百位企业家进行创业方法传授,对于企业职工和创业者开阔眼界、增长本领、拓展人脉起到重要作用。三是用政治激励引领职工。陆家嘴金融城综合党委每年七一都会表彰先进、树立典型,如金融城十大杰出青年、十大海归精英等,通过政治上的获得感激发民营企业创业者和职工的创业动力与奋斗激情。

(三)完善运行机制:保证民营企业党建的常态长效运转

制度和机制的有效性是影响党的基层组织在非权力影响条件下生存状态和功能作用的重要因素。与国有企业相比,民营企业产权的独立性、目标的逐利性、组织成员的变动性、类型的多样性等特征更明显,迫切需要在具体的体制机制层面对党建工作的运行方式进行创新探索。近年来,浦东根据民营企业发展实际,围绕领导体制、运行方式、力量保障等方面探索出一系列卓有成效的党建工作机制,有力促进了民营企业党建工作的常态长效发展。

一是优化党的领导体制,构建区域化党建运行机制。提升民营企业党建工作质量,需要从经济社会发展实际出发,建立统一领导、上下贯通的领导与协调机制,形成"地方党委领导、职能部门指导、企业党组织落实"的工作体系。浦东根据中心城区企业集聚、商务楼宇密集的特点,构建起了"区委组织部—开发区(街镇)综合党委—楼宇党组织(楼宇党委)—楼宇企业党组织"的组织领导链和"开发区管理局党组、街镇党(工)委—楼宇办(区域经济工作部门)—楼事会(楼长)—楼宇企业"的行业指导链,构筑起"党委领导、双链统管"的闭环;在开发区(街镇)层面成立区域化党建促进会,在区域内的企业、机关事业单位、高等院校、科研院所等党委党组织之间搭建全方位的沟通交流与协作共建平台,通过上下贯通的组织体系和区域化的运行方式实现对民营企业的全面覆盖及有效服务。

二是树立服务为先理念,完善企业联系服务机制。民营企业党建要获得企业主的认可和支持,服务企业发展是根本立足点。近年来,上海各级党组织把构建亲清新型政商关系落到实处,探索形成了一系列联系服务企业的有效机制。例如:自2018年起上海就逐步建立起领导干部联系服务民营企业制度,上海市、区两级党委、政府、人大、政协领导班子成员要定点联系服务重点民营企业,联系服务内容包括协调解决问题、推动政策落实、关心民营企业家成长等方面。再如:2023年9月上海推出了"政策服务包"制度,较之宏观面上的政策供给,"服务包"更凸显针对性、适配性,力求在"量身定制"的过程中,做到因企施策,精准解决问题。在此基础上,浦东推出的"服务包"涵盖普惠政策包、个性政策包、互动诉求包等方面,助力企业精准掌握政策、便利获取服务、高效办理需求。

三是统筹专兼职力量,完善党建队伍培养机制。建设一支政治强、素质高的专兼职党务干部队伍,是民营企业党建工作有效运转的重要保证。浦东新区高度重视民营企业党建队伍建设,自2020年开始从机关、事业单位中推荐出一批熟悉党务工作、熟悉企业运行,且有较强事业心责任感的干部,以兼职委员的身份到非公有制企业和社会组织党委担任党建联络员。2023年10月,浦东发布了《关于完善直接联系服务机制,推动党建赋能民营经济高质量发展的实施意见》,区级机关工作党委选派的50名机关、事业单位处级以上干部被聘为区直接联系重点民营企业党组织"兼职委员"。"兼职委员"工作机制的建立,将机关干部定期走访企业固化为长效机制,搭建起政府与企业之间的"桥梁纽带",以高素质党建队伍赋能民营经济健康发展。

(四)拓展平台载体:激发民营企业党建的活力与效能

紧密联系企业实际创新党建工作的平台和载体,把党建工作的目标、内容、任务融合于具体而独特的平台载体之中,使党建工作可感知、起作用,是激发民企党建活力的重要途径。近年来浦东从企业职工的需求出发,通过打造充满活力的组织生活平台、协商议事的共商共治平台、助力发展的指导服务平台等,不断提高民营企业党建工作的效能。

一是搭建充满活力的组织生活平台。组织生活是党内生活的重要内容,是党组织对党员进行教育、管理、监督的重要形式。对于民营企业而言,党的组织生活应该变"单一"为"多样",变"被动"为"主动",变"封闭"为"开放",以丰富多彩且务实有效的组织生活实现对民营企业党员的有效教育和凝聚感召。例如:在张江科学城,综合党委依据科创类企业的特点,开展丰富多样的组织生活,包括重大科创项目引领式的党建活动、与高校(科研院所)结对联络式的党建活动、知识增长式的党建活动、身心发展式党建活动等。组织生活实现了政治与经济的融合、党建与业务的融合、项目与人才的融合、文化与创业的融合,广大企业党员职工可以从中获得实实在在的进步与成长,因而往往能够主动参与其中。

二是构建多方参与的共商共治平台。民营企业的发展离不开畅通的诉求反馈渠道、开放的协商议事机制和高效的问题解决平台。近年来,上海在企业集中、人才集聚的商务楼宇积极探索共商共治的楼宇治理平台,连接商务楼宇里的"千家万户",有效彰显党建、治理、营商"三位一体"的软实力。浦东新区从2020年开始在陆家嘴金融城的标志性楼宇试点楼事会和楼长制,到目前为止楼事会和楼长制已在陆家嘴一百多栋标志性商务楼宇实现了全覆盖。同时,浦东还积极推动服务资源下沉,健全"楼门口"服务体系,协调招商、市场监管、消防等18个部门,建立楼宇联席会议机制,推出"楼宇集成服务计划",实现"楼事楼议、楼事楼办、楼事楼管"。形成了党组织牵头、业主或物业具体负责、政府有关部门协同推进,以及楼宇企业深度参与的楼宇治理格局,扩大了企业的"朋友圈",形成了良性互动的磁力场。

三是拓展助力发展的指导服务平台。随着营商环境的持续优化,上海的

"小个专"(即:小微企业、个体工商户、专业市场)呈现"井喷式"增长。以浦东新区为例,截至2022年年底,浦东新区共有民营市场主体近39.5万户,占比超过市场主体总数的88%,它们已成为经济社会高质量发展和创新创业的重要力量。立足"小个专"快速发展的实际,近年来浦东市场监管局探索推进"小个专"党建工作,设立了39个"小个专"党建工作指导站,拓展了63个"小个专"党建工作联络点。一一对应建立党建指导员队伍,实行"一户一台账",对"小个专"市场主体开展需求调查,加强定向指导、定点服务,将非公党建融入网格化管理,融入市场监管全过程。

二、新形势下民营企业党建工作存在的主要问题

浦东始终坚持和加强党对民营企业的全面领导,不断探索民营企业党建工作新的思路与模式,在助力民营经济高质量发展方面取得了一定成效。但与此同时,由于企业性质、制度环境等主客观方面的因素,民营企业党建工作在一定程度上还存在着开展工作的内生动力不足、与企业发展的深度融合不够、党建工作成效难以客观衡量、党建工作缺乏有力支撑保障等问题,制约着民营企业党建工作的质量和效能。

(一) 民营企业开展党建工作的内生动力不足

民营企业党建是伴随着民营经济的发展壮大而逐步提出和探索的,从党的十四大第一次要求在非公经济组织中建立健全党的组织,到2012年中央办公厅印发《关于加强和改进非公有制企业党的建设工作的意见(实行)》,民营企业党建的发展与国家层面的顶层设计和制度要求息息相关。在制度压力下,在民营企业建立党组织实际上是一种趋同的过程,选择趋同是因为它可以提高组织的合法性和生存度。同时,与国有企业建立之时党的组织就已列入制度安排不同,民营企业党组织不是与其经济实体一同产生,一般都有时间上的"滞后性",即民营企业党组织是一种"嵌入式"组织,而非"内生型"组织。

由于产生动机的"趋同"性和产生方式的"嵌入"性,所以在民营企业开展党建工作存在内生动力不足的问题。正如调查结果显示,在回答"民营企业建立党组织的主要原因是什么"这一问题时,71%的被调查者认为是"落实《党章》《公司法》的规定",61%认为是"贯彻上级党组织要求",49%认为"建立党组织能推动企业发展"。可以看出,在民营企业开展党建工作更多是一种制度

压力下的趋同行为,而非自发内生的主动建构,这也是很多民营企业很难积极主动且富有创造性地开展党建工作的主要原因。

具体到民营企业不同群体来看,作为理性"经济人",企业出资人对于党建工作往往存在"功利"和"疑虑"两种心态,或者将党建工作当作获取资源的"渠道"和"媒介",或者担心党组织干预企业经营决策,增加企业管理成本。就企业党组织书记这一群体而言,民营企业党组织书记能力的强弱、威望的高低,直接关系着党组织在企业的地位和开展工作的成效。但是目前不少民营企业党组织书记对开展党建工作有着"畏难心理",存在能力不强不会抓、精力不济没法干、待遇不高不想干、信心不足不敢干等问题,一定程度影响着民营企业党建工作的质量。就企业党员和职工群体而言,经济利益和业绩至上的导向致使很多企业职工对党建工作存在"冷漠心理"。与国有企业相比,民企党员职工的政治归属感不强,亮明身份、主动作为的意识薄弱。

表1　在民营企业建立党组织的主要原因

原因	落实《党章》《公司法》的决定	贯彻上级党组织要求	有利于获取各类资源	能够推动企业发展	其他
占比	71%	61%	58%	49%	14%

表2　民营企业党建工作要取得实效关键取决于哪些因素

因素	业主的理解和支持	上级党组织的关心和指导	党组织书记的能力水平	党务工作者的能力素质	党员先进模范作用的发挥	人员、经费、时间及活动场所的保障
占比	79%	48%	52%	41%	39%	40%

(二) 民企党建工作与企业发展深度融合不够

民营企业以私有产权为基础、以市场规律为准则、以追求利润为目标,提高经营效率和应对市场风险是其行为的出发点和落脚点。而在民营企业建立党组织的目的是扩大党的组织和工作覆盖,巩固党在民营经济领域的执政基础,实现党对民营经济的有效引领。民营企业党建工作的统合价值与民营企业的逐利取向之间存在分离性,这种分离性致使民营企业党建工作与企业发展之间很难自然深度融合。在调查中问到"您认为当前制约民营企业党建工作发挥实效的主要因素是什么"时,66%的被调查者选择"党建工作与企业发展融合度不高,党建活动内容和方式的吸引力不够"。

具体来看,主要体现在党建活动的实效性不足和党建运行的适应性不强两个方面。目前大部分民营企业党组织只是根据上级组织的要求零散地开展一些日常工作,很难通过行之有效的方式将党建工作与企业生产经营有机结合起来。在调查问卷中问到"您所在的党组织开展组织生活和党建活动的主要形式有哪些?"71%的被调查者选择"以集中性理论学习为主",53%的被调查者选择"外出参观和学习考察";在问到"如果您所在企业建立了党组织,党组织是否积极参与或推动企业技术创新、产品升级、管理变革等重大任务和事项"时,56%选择"一般",21%选择"否"。

同时,面对互联网环境下复杂的市场环境,现代企业逐渐向更具包容性、开放性和渗透性的组织管理模式转变。这种情况下,传统的科层制、强规范、行政化的党建运行模式在一定程度上与现代非公企业管理机制存在兼容不足的问题。在调研中,当被问到"您所在企业党员职工对党组织开展活动所持态度"时,30%的人选择"受客观因素无法经常参加",在被问到"您认为民营企业开展党建工作的保障条件主要有什么时",42%的人选择"构建区域化党建的公共服务和活动平台"。由此可见,目前民营企业党建活动的实效性、吸引力、适应性还不够,突破传统党建工作运行机制,采取更为灵活、开放、柔性的党建工作模式是提升党建工作接受度和参与度的重要途径。

表3　　　　　所在党组织开展组织生活和党建活动的主要形式

形式	集中性理论学习	业务能力培训	文体社交活动	外出参观学习考察	线上教育
占比	71%	41%	45%	53%	22%

表4　　　　所在企业党组织是否积极推动或参与企业技术创新、产品升级、
　　　　　　管理变革等重大任务和事项

选项	是	一般	否	不清楚
占比	17%	56%	21%	6%

表5　　　　　所在企业党员职工对党组织开展活动所持态度

态度	积极参加	有时参加,有时不参加	受客观因素影响无法经常参加	不愿意参加
占比	41%	26%	30%	3%

(三) 民营企业党建工作的成效难以客观衡量

民营企业党建工作不仅要解决"怎么做"的问题，还需要回应"做得怎样"的问题。建立科学有效的党建绩效评价体系是提升民营企业党建科学化、规范化水平的必然要求。但是，目前民营企业党建工作普遍存在重"过程"轻"结果"、重"痕迹"轻"质效"等问题。在调查问到"您认为民营企业党建工作在管理机制方面还存在哪些问题"时，61%的被调查者选择"党建工作质量没有列入公司考核范畴，开展情况没有具体评价标准，导致党建工作随意性较大"；当被问到"您认为当前民营企业党务工作者队伍中存在的突出问题是什么"时，48%的被调查者选择"党建工作开展效果无具体评价标准，难以体现自身价值"。由此可见，民营企业党建工作评价体系的不完善在很大程度上制约了民营企业党建工作的动力和效果。

当前，民营企业党建工作在评价体系构建方面存在的主要问题包括：一是评价主体的单一性。从考核主体来看，目前还是以上级党组织为主，企业往往处于缺位状态。二是评价角度的局限性。对民营企业党建工作的评价目前主要局限在日常性、基础性工作，如党员的发展、教育和管理等，对党组织对企业发展贡献度的考核比较欠缺。三是评价内容的空泛化。对民营企业党建工作评价体系的整体构建和细化分类不够，大部分的评价仅仅从工作原则、政治标准、硬件设施等宏观或表象因素入手，没有形成体系化的、具体性、可操作的考核指标体系。

表6　民营企业党建工作在管理机制方面还存在哪些问题

问题	缺乏统一领导与顶层规划，以应付常规要求为主	没有实现"党建入章"，运行、保障等缺乏具体的制度规定	党建工作没有列入公司考核范畴，没有具体评价标准，随意性较大。	其他
占比	68%	52%	61%	21%

(四) 民营企业党建工作缺乏有力的支撑保障

民营企业党组织实质作用的发挥，一方面离不开企业开展党建工作的内驱力，另一方面也离不开外在的保障支撑，包括有力的制度依托、一定的资源供给和相应的队伍保障。但目前看来，民营企业党建在制度支撑、资源供给和队伍保障方面还存在短板。

其一,制度建设存在缺失。当前对于民营企业党建工作,虽然从中央到地方出台的相关制度规定逐渐增多,但在已有的制度规定中往往以实体性制度居多而程序性制度较少,道义性制度较多而保障性制度较少,要求性制度较多而惩戒性制度较少。相关制度的不完善和难落地使得一些民营企业党组织难以发挥应有的作用。

其二,保障机制存在不足。尽管《公司法》明确规定:"在公司中,根据中国共产党章程的规定,设立中国共产党的组织,开展党的活动。公司应为党的活动提供必要的条件"。但这只是宏观的方向性和原则性规定,对于民营企业党组织到底具有什么样的权力和地位,民营企业对于党建工作开展应该提供什么样的条件,有什么样的具体机制给予支撑,既没有涉及公司内部权力组织架构的系统设计,也没有具体规定公司治理结构的配套,因而存在规范性不够、操作性不强等问题。

其三,队伍建设存在短板。民营企业党建工作开展得好不好,党建队伍配得强不强也是重要因素,特别是党组织书记的能力素质在很大程度上影响着民营企业党建工作的效果。但目前,大部分民营企业党组织书记都是兼职身份,在调查中发现50%以上的党组织书记都是由企业中高层管理人员兼任,"精力不济没法干""激励不足不想干"是书记队伍中存在的普遍问题,优秀支部书记的匮乏也是制约民营企业党建质量的重要原因。

表7　　　　　当前民营企业党务工作者队伍中存在的突出问题

问题	以行政兼职居多,党建工作精力不够	缺乏必要的激励保障,从事党建工作的积极性不高	能力素质较低,难以有效开展党建工作	党建工作效果无具体评价标准,难以体现自身价值	其他
占比	57%	54%	34%	48%	7%

三、进一步提升民营企业党建质量的路径方法

基于目前民营企业党建工作存在内生动力不足、深度融合不够、成效难以客观衡量以及缺乏有力支撑保障等问题,要真正实现以高质量党建引领民营企业高质量发展,应当着力在抓牢关键主体、构筑利益结合点、健全评价体系、完善保障支撑等方面探寻提升党建质量的路径与方法。

（一）促进民营企业家健康成长，抓住提升党建质量的关键主体

习近平总书记指出："非公有制经济要健康发展，前提是非公有制经济人士要健康成长"。[①] 民营企业家的健康成长既是民营经济健康发展的重要前提，同时也是提升民营企业党建质量的重要前提。培养一支具有正确政治立场和价值取向，充满家国情怀、创业精神和社会责任意识的民营企业家队伍，是提升民营企业党建质量的首要问题。

一是要凝聚"把民营企业家当作自己人"的社会共识。要持续营造促进民营经济发展壮大的社会氛围，引导民营企业和民营企业家正确理解党中央方针政策，增强信心、轻装上阵、大胆发展。通过优化民营企业的发展环境，依法维护民营企业产权和企业家权益以及构建"亲""清"新型政商关系，真正把"民营企业和民营企业家当作自己人"。从"关键人物"入手，破除民营企业中存在的对中央精神领会不够、对党建工作疑虑重重以及党建形式化、功利化等不正确观念。

二是大力弘扬新时代企业家精神。企业家是经济活动的重要主体，企业家精神是改革创新、推动经济增长的重要因素。党的十八大以来，习近平总书记曾多次提到"企业家精神"，他指出，"民营企业和民营企业家要筑牢依法合规经营底线，弘扬优秀企业家精神，做爱国敬业、守法经营、创业创新、回报社会的典范"。要进一步通过理想信念教育、革命传统教育、守法诚信教育等，引导民营企业家传承不忘初心、牢记使命的爱国情怀，树立开拓创新追求卓越的实干作风，弘扬履行责任服务社会的担当精神。

三是注重新生代民营企业家培养。《中共中央 国务院关于营造更好发展环境支持民营企业改革发展的意见》以及《"十四五"规划和2035年远景目标纲要》，明确将"实施年轻一代民营企业家健康成长促进计划"，要着力培养"政治上有方向、经营上有本事、责任上有担当、文化上有内涵"的新生代企业家。因此，要加强新生代企业家的培养和培训工作，例如：近年来江苏省推出了新生代企业家培养"新动力"计划，广东佛山出台《佛山市实施新时代民营企业家培育工程方案》，通过构建常态化全方位的培养体系，培养一支跟党走、潜力大、视野宽的新生代企业家队伍。

---

① 《习近平在民营企业座谈会上的讲话》，《人民日报》，2018年11月1日第1版。

(二) 构筑利益结合点,增强民营企业党建工作的内生动力

民营企业中的党组织由于缺乏行政权力依托,在企业中并不天然具备领导权和决策权,因此自上而下行政化与命令式的传统党建工作模式在民营企业中很难奏效。在这种情况下,民营企业党组织应该把自身的功能定位与民营企业的利益诉求结合起来,将党建工作的开展与民营企业的发展结合起来,通过构筑利益结合点来获取企业认同、扩大自身影响,实现党建工作与企业发展的同频共振。

一是将党组织的自身优势与企业生产经营相结合。中国共产党作为马克思主义执政党,有着独特的政治、组织、人才、群众工作等优势,民营企业党建工作要有效发挥作用,应该充分挖掘并善于运用党的自身优势。比如,用党的政治优势为企业把稳航向,用党的组织优势搭建沟通桥梁,用党的人才优势助力攻坚克难,用党的群众工作优势促进企业和谐,要真正将党组织的自身优势转化为企业的发展优势。

二是将弘扬社会主义核心价值观与培塑企业文化相结合。先进的企业文化是企业持续发展的精神支柱,民营企业党建工作要把引领企业先进文化建设作为重要抓手,通过丰富有效的形式和载体将社会主义核心价值观融入企业文化建设的各个方面,帮助企业构建既体现党的价值理念又彰显自身特色的企业文化,通过精神培育、人文渗透、阵地打造、先进评选、活动凝聚、形象宣传等方式,发挥党建引领企业文化建设的重要作用。

三是将党风廉政建设与企业廉洁风险防控相结合。清立企,廉兴业,清廉的内部环境是企业蓬勃发展的重要保障。但是,近年来民营企业内部腐败问题高发已经成为影响民营经济持续增长的"绊脚石",其原因主要在于公司治理体系不健全、内部防范机制缺失、从业人员法治观念淡薄,等等。民营企业党建工作应该落实全面从严治党向基层延伸、向纵深发展的重要要求,将党风廉政建设与企业廉洁风险防控相结合,通过参与内部治理、完善内控体系、进行法治宣传、建设廉洁文化等引导企业构筑廉洁防线、实现健康发展。

四是将党建引领社会治理与企业社会责任相结合。自觉履行社会责任是民营企业增强企业信誉、实现长久发展的重要推动力。对于民营企业来说,自觉履行社会责任包括在贡献税收、增加就业、乡村振兴、生态文明建设、公益慈善等方面发挥积极作用。民营企业党组织应当致力于将企业自身生产经营特点与国家重大战略部署和所在区域社会治理需求结合起来,通过优化结合内容、构建责任体系、强化监督激励等方式,将党建引领社会治理的要求与企业

履行社会责任的内容有机结合起来。

(三) 建立评价体系,强化民营企业党建工作的质量检验

强化质量检验是推动党建工作科学化、规范化发展的内在要求。提升民营企业党建工作质量必须要明确质量标准,坚持效果导向,构建科学的党建工作评价体系。

一是设置科学化的考量要素。衡量和评价一个民营企业党建工作状态和成效,可以从党组织自身建设(领导体制和工作机制、党务工作者的能力素质、党员队伍情况、组织生活开展情况、阵地建设情况等)、企业主对党建工作的支持程度(党员在企业管理层的占比、有无党建活动专项经费、党组织参与企业决策情况等)、促进企业发展的成效(党组织能否在企业与上级党委及政府职能部门之间搭建沟通桥梁、能否围绕企业中心任务建立有效的组织机制和服务项目、党员干部能否在企业重大任务中发挥先锋模范作用等)、企业的内外和谐度(劳资关系、诚信守法、企业文化等)等四个维度入手,设置科学合理的考量要素。

二是制定体系化的考核指标。对民营企业党建工作进行质量评估,除了确定核心的考量要素之外,还要形成一套系统的评估指标。这套评估体系可以分解为基础指标、核心指标和特色指标三个方面。其中,基础指标主要侧重于考核民营企业党组织自身建设情况,核心指标主要考核民企党建工作促进企业发展的情况,特色指标主要包括企业文化建设、履行社会责任以及党建品牌建设等方面。在此基础上,对不同的指标赋予不同的权重,采用指数化的综合评价方法,根据实际情况动态地分析党建工作的质量和成效。

三是采用多元化的考评方式。民营企业党建质量的评估考核既要扎实有效,同时还要简洁易操作,使评估结果尽可能客观准确且具有启示性。在评估流程上主要通过听、看、问、谈、写几个阶段完成。在评估方法上,要坚持定性与定量考核相结合,企业自评和组织考评相结合,等级认定与通报标准相结合。同时,评价结果要定期向社会公布,并作为评定诚信企业、优秀企业家等荣誉称号的重要依据,通过党建质量考评实现以评促建、以评促改、以评提质的目标,促进民营企业党建工作走上制度化、规范化轨道。

(四) 完善保障体系,增强民营企业党建工作的力量支撑

目前民营企业党建工作开展的主要依据是原则性方向性的规章制度或某

种动员性质的政策文件和指导意见,民营企业党建工作的制度化水平较低、保障支撑相对欠缺是掣肘民营企业党组织发挥实质作用的重要因素。因此,需要进一步在制度优化、资源供给、队伍建设等方面增强对民营企业党建工作的支撑。

一是促进制度优化与支持。在宏观制度设计方面,应考虑民营企业党建工作实际,参照《中国共产党国有企业基层组织工作条例(试行)》,出台相关制度和条例,使民营企业党建工作更精准规范、更具有可操作性。在微观运行机制方面,要根据当前民营企业党建工作困境,重点解决党的领导融入公司治理的制度设计问题。探索以上市公司、规模以上民营企业为重点,逐步确立党组织在企业治理结构中的法定地位,通过党建工作法定化、具体职责清单化、参与治理制度化等让党组织作用发挥有规可依、有章可循。

二是强化资源整合与供给。一方面,理顺管理体制,加强资源的纵向输入与供给。在党建经费资源上,可以借鉴温州市探索建立的"党建公积金"制度,借鉴住房公积金运作模式,采取"企业预存、财政补助、项目管理、放大使用"的运作方式,让非公企业党组织有更强的经费保障。在党建指导资源上,应进一步探索党建指导员及顾问的筛选制度、常态化联系机制和考核评价制度,提升党建指导资源的针对性与实效性。另一方面,打破"条块"壁垒,实现资源的横向统筹与共享,通过建立区域化的组织架构和联席会议机制、探索区域化的活动项目和菜单化的运行方式,从深层次上打破条块限制,实现党建资源的统筹与共享。

三是重视队伍建设与培养。建立以内选外聘为基础、以能力提升为关键、以资质认证为核心、以考核补贴为保障的专业化体系。综合运用组织选派、内部选任、公开选聘等方式,拓宽选人用人渠道;通过构建全覆盖专业化的培训体系、创新"党务+企务"培训机制、拓展挂职锻炼渠道等,培养既专又博的复合型党务人才;通过探索推行党务工作者专职资格认证,实行梯级化的精细管理和系统化的专属评价以及有效的激励措施,增强党务工作岗位的专业性、吸引力和归属感。

超大城市城区党建引领物业治理的探索实践
——以上海市浦东新区为例

范矿生[*]

摘 要: 作为超大城市的重要组成部分,超大城区的治理至关重要。一方面,它是超大城市治理在城区层面的具体展现,具备超大城市治理所有要素,面临超大城市治理所有难题;另一方面,由于城区下辖单元包括街镇、基本治理单元(镇管社区)、居民区,所以其治理体现更为显著的基层逻辑,是城乡社区治理的主阵地。在城区基层治理共同体构建中,包括居委、物业、业委会在内的"三驾马车"作用非常重要。物业服务虽多涉小事琐事,然因事关居民切身利益,重要性与日俱增。本文以上海市浦东新区为例,探讨党建引领物业治理的探索实践。囿于主题,郊区农村探索的"物业进村"模式,不在此讨论范围之内。

关键词: 超大城市城区;党建引领物业治理;红色物业

物业事虽小,关乎大民生。2017年印发的《中共中央 国务院关于加强和完善城乡社区治理的意见》把"改进社区物业服务管理"列为补齐城乡社区短板5项措施之一,明确指出"加强社区党组织、社区居委会对业主委员会和物业服务企业的指导和监督",首次以中央文件形式明确物业服务管理纳入社区治理体系。[①] 如何在党建引领下,在服务居民小区治理等方面与其他两驾马车同向发力、同频共振、同轴运转,构建党建引领社区治理的崭新格局,成为新时代物业发展的探讨方向。上海市早在2014年就成立了物业管理行业党建工作指导委员会,由市建设交通工作党委总负责,在全市各区建立物业管理行业

---

[*] 作者简介:范矿生,中共上海市浦东新区委员会党校讲师,研究方向为中共党史、基层治理。
[①] 张曙光、王晓娜:《党建引领:物业纳入社区治理体系的逻辑和路径——基于北京实践的分析》,《中共福建省委党校(福建行政学院)学报》2022年第2期,第75页。

党建工作指导委员会分会。2019年中组部有关领导赴上海物协座谈调研时对上海社区物业管理党建联建和加强党建引领住宅物业治理成效给予高度好评。[①] 浦东区域广阔、社区形态多样、群众需求多元、要素资源密集,要打造现代城市治理的示范样板和宜居宜业的城市治理样板,科学高效的物业治理必不可少。2022年9月22日,上海市第十五届人民代表大会常务委员会第四十四次会议通过《上海市浦东新区推进住宅小区治理创新若干规定》,进一步明确物业服务企业在基层社会治理中的作用。[②]

一、超大城市城区党建引领物业治理的重要性和必要性

物业治理作为社区治理的重要组成部分,既是居民群众关注的焦点,也是基层治理的难点,更是开拓创新提升服务群众能力的着力点。党的十八大以来,以习近平同志为核心的党中央对加快推进社会治理现代化作出"社会治理共同体""健全城乡社区治理体系"等重要论断,为新时代超大城市城区物业治理工作提供了遵循和方向。

(一)人民日益增长的美好生活需要对物业治理提出更高要求

党的十九大报告指出:"中国特色社会主义进入新时代,我国社会主要矛盾已经转化为人民日益增长的美好生活需要和不平衡不充分的发展之间的矛盾。"老百姓"期盼有更好的教育、更稳定的工作、更满意的收入、更可靠的社会保障、更高水平的医疗卫生服务、更舒适的居住条件、更优美的环境"以及更丰富的精神文化生活,对获得感、幸福感、安全感有了更迫切的需求。[③] 党的工作最坚实的力量支撑在基层,经济社会发展和民生最突出的矛盾和问题也在基层。近年来,小区物业服务管理正成为市民的投诉焦点。日益增加的物业管理矛盾事件,说明物业公司的管理与业主的意愿存在较大的偏差,双方在供需层面的矛盾和冲突日益凸显,物业纠纷的化解成为基层社会治理的重要环节。市民居住体验如何,物业企业发挥着至关重要的作用,物业服务成为居民"幸福感"的第一源泉。

---

① 王志兴、岑毅:《"四着眼+四聚焦"打造小区治理新格局》,《中国物业管理》2021年第6期,第47页。
② 《上海市浦东新区推进住宅小区治理创新若干规定》,《上海市人民代表大会常务委员会公报》2022年第7期,第59—63页。
③ 中央文献研究室、中国外文局编辑:《习近平谈治国理政》第一卷,外文出版社2018年版,第4页。

(二) 党建引领下的"三驾马车"联动运转对物业治理提出更高要求

习近平总书记在党的二十大报告中提出"推进以党建引领基层治理",进一步明确了加强基层治理的重要抓手,对于坚持和加强党的领导、夯实党长期执政的组织基础、推进基层治理体系和治理能力现代化具有重要意义。[①] 在此背景下,"三驾马车"要一体发力,提质增能。其中,党建引领做"辕马",物业公司作为"边马",背后机制是"共轭"效应。物业公司与党组织、居委会、业委会之间是牵一发而动全身的关联,解决居民身边的烦心事,关键是把各方力量组织起来,劲往一处使,从根上破解。其应对基层社会治理诉求的方法不是单兵突进,而是集体发力,联动运转。因其处于居民诉求和纠纷的"第一道冲击墙",所以承担着"减震器"的作用。

(三) 践行人民城市理念对物业治理提出更高要求

党的二十大报告提出:"坚持人民城市人民建、人民城市为人民。"上海作为"人民城市"重要理念首提地,多年来致力于人人都能有序参与治理、人人都能享有品质生活、人人都能切实感受到城市的温度、人人都能拥有归属感和认同感等"五个人人"的发展目标,聚焦人民群众对高品质生活的需要,努力建设"人民之城""幸福之城"。[②] 这其中,"人人都能有序参与治理"在城乡社区层面主要体现为对城市基层治理共同体的参与。物业公司作为居民意愿的第一收集者,有先天优势将群众诉求较为密集的房屋整修、设施改造、环境维护等物业事务纳入协商议事范围,引导居民依法、理性、有序参与,打造居民参与治理的入口、平台和机制,成为推动居民自治的"动力源",做到人人参与、人人负责、人人奉献、人人共享。因此,在新时代践行人民城市理念的具体实践中,对物业治理水平提出更高要求。

二、上海市浦东新区党建引领物业治理的主要做法

近年来,浦东新区紧紧围绕市委"六大工程"和区委"精品城区、现代城镇、美丽乡村"三个圈层建设,多措并举开展党建引领物业治理工作,制定出台《浦

---

① 《推进以党建引领基层治理》,《中国组织人事报》2023年2月27日。
② 谈燕:《最好资源服务人民更多机遇成就每个人》,《解放日报》2020年6月24日。

东新区加强党建引领物业治理 提升超大城区基层治理水平的实施方案（试行）》，召开党建引领基层治理季度工作例会、党建引领物业治理工作推进会、浦东物业行业党建沙龙，在全市首发《浦东新区住宅小区房屋应急维修服务管理若干规定》管理措施，专门建立由区委组织部、区建交委分管领导任"双组长"的党建引领居住小区物业治理攻坚专班，将党建引领物业治理攻坚行动列入浦东新区2024年度区层面十大攻坚项目，努力提升物业治理效能，打造引领区的党建样本。

（一）夯实组织基础，明确"红色物业"属性

浦东新区积极发挥街镇在党建引领物业治理领域的重要作用，以居民区这一物业发生作用场域为工作重点，不断夯实党建引领物业治理的组织基础。

一是在街镇层面建立党建引领物业治理工作领导小组，统筹推进各项工作。如东明路街道领导发挥街道党工委统揽全局、统筹各方的核心功能，建立党建引领物业治理工作领导小组，持续完善相关制度规范，明晰职能部门、居委会、业委会、物业服务企业等主体的权利义务和责任范围。

二是在居民区层面搭建党建引领下的共治架构。如三林镇在居民区党组织领导下，建立功能型党支部（党小组）。"1"指居民区党组织书记，由其兼任支部书记；"3"指居委会、业委会、物业公司"三驾马车"中的负责人或骨干；"3"指党支部书记（党小组长）、镇职能部门（房办、城管）、区级驻区执法部门（派出所、市场监管所）；"X"指小区能人、达人、热心人。两个"3"中的"管事人"按程序吸纳为党支部委员，其他党员等作为功能型党支部成员；非党员"管事人"列席功能型党支部各项会议。"X"则根据具体议题作为列席对象。花木街道在59个居民区建立物业治理联合党支部，从后备干部中选派43名年轻干部充实到党建引领物业治理攻坚一线，构建起居民区党组织领导下的居委会、业委会、物业及其他多方力量共同参与的"1+3+X"治理格局。东明路街道则在居民区层面建立居民区党建引领物业治理领导小组。

三是推进党的组织覆盖业委会，确保符合条件的业委会党组织组建率达到100%，持续推动居民区"两委"班子成员通过法定程序兼任业委会成员，邀请业委会和物业公司的党员负责人担任居民区党组织兼职委员，鼓励党员担任业委会主任，用党的组织体系去理顺、规范、支撑基层物业治理，推动"条""块"之间、"三驾马车"之间同频共振、同向发力。

（二）健全长效机制，确保党建引领到位

浦东新区积极构建党建引领物业治理的各种长效机制，推进党建工作和物业等社区治理工作有机融合，构建党组织领导下多方联动的"红色物业"体系，推动基层治理有效有序。

一是查缺补漏机制。针对辖区内物业公司服务水平不一、业委会组建率有待提高等基础性工作，建立任务推进清单制、包干联系制、片区管理制、多向支撑制，对照目标、责任、措施、难点和底数五张清单，细化任务目标、明确责任主体，挂图作战、销号管理；针对基层治理"三驾马车"中业委会监督作用发挥不明显的短板，健全业委会"八大制度"（日常会议制度、定期接待制度、信息公开制度、印章管理制度、资料管理制度、业务学习制度、书面承诺制度、矛盾协调制度）。

二是工作例会机制。针对"三驾马车"衔接不畅的问题，进一步完善联席会议制度。如三林镇积极落实"4个1"例会机制，功能型党支部每两周开展1次物业治理专题工作研究、每季度向功能型党支部党员大会汇报1次物业治理相关工作、每半年向居代会通报1次物业治理工作并听取居民意见、每年向居民区党员大会报告1次物业治理工作并接受考评，努力形成"三驾马车"融合互信、责任共担的居民自治体系。落实"1+N"定期检查机制，由功能型党支部牵头，组织"两代表"、居民代表、楼组党小组长、房办、社区民警、相关职能部门等各方代表，每月对物业企业的有效服务、业委会的规范运作情况和小区存在问题开展检查，形成问题清单，提交功能型党支部商议解决，形成管理闭环。

三是服务群众和科学评估机制。聚焦提升群众满意度，以街镇物业应急维修服务站为快速响应力量重要补充，强化实体化、标准化运作，加强维修服务监督，持续提升物业维修服务响应度。了解群众急难愁盼问题，建立定期联系群众机制。物业公司定期入驻居委会轮值，参加联合接待活动，定期开展清单对接机制，将群众的需求清单和居民区的资源清单对接起来，及时解决事关小区公共利益、居民民生需求、物业管理服务等方面的问题。建立科学评估机制，用好"最美物业人"、物业公司评比等平台活动，将物业治理情况作为基层治理评价的重要依据。

（三）实施赋能工程，推动物业治理质效双升

浦东新区结合住宅小区体量大、房屋性质多样化、城乡布局不一等实际，

通过赋能工程厘清职责边界，提高行业服务规范，加快行业响应速度，加强行业信用评价运用，发挥补贴激励作用，推进浦东新区住宅小区物业管理质效双升，持续提升基层治理现代化、科学化水平。

一是以信用评价和优质优价为激励，以"区域化、规模化、市场化"改革为方向，推动物业企业提高行业服务规范。采信第三方测评、12345投诉数据等评价、数据，完善信用记分手段，加强物业企业信用管理。推动物业服务市场化，落实新区物业行业"优质优价"指导性文件精神，抓住物业服务企业选聘、旧住房修缮改造、物业管理区域整合等重要窗口期，指导推进物业服务质价相符和收缴率提升工作，逐步形成物业服务提质提价良性循环，减轻物业服务企业成本压力，引导改善物业服务。充分利用老旧小区达标考核奖励，制定符合各街镇实际的考核方案，实行差别化考核、差别化补贴，激发物业企业提升服务的内生动力。

二是以"有限责任"和分级处置为基础，以物业维修"30分钟响应"为抓手，加快物业企业服务响应速度。厘清职责边界，明确房屋应急维修服务的范围，依法有效区分政府、物业服务企业与房屋产权人、使用人的各自责任，进一步压实房屋应急维修服务三级架构，明确区应急维修平台、街镇服务站设立要求，将物业公司从"无限责任"中解放出来。进一步规范政府部门在业务指导、资金补贴及监督管理方面的基本要求，细化应急维修服务的具体内容，建立分级处置、紧急排险和服务公开等机制，加强对房屋应急维修服务的监督检查和考核评价。推行物业维修"30分钟响应"工作，规范物业维修处置流程，加强维修投诉工单处置，定期通报维修类、物业投诉类工单处置情况，要求急修项目30分钟到现场、一般性维修项目30分钟联系报修人。

三是以协商共治与区域整合为助力，以共建共治共享的社会共同体为目标，提升物业企业服务效能。着力搭建物业治理民意征求平台、物业治理协商共议平台、物业治理监督评议平台"三个平台"，及时收集群众建言献策，分层分类开展协商议事，物业服务企业定期在居民会议上述职，由居民代表对物业服务考核评议。推动物业服务区域化、规模化，推进同类、相邻小微住宅小区物业管理区域合并或物业管理归并，打造规模化区域管理样本，降低运营成本，提高管理效率。提升行业协会的指导水平，区委组织部指导、区建交委搭建了物业公司交流的平台——浦东物业行业党建沙龙，各物业企业围绕"深化区域化党建，赋能高质量发展"等基层治理热点主题分享做法、交流经验，共同提升基层物业治理水平。

(四) 彰显治理功能，突出党建引领成效

浦东新区积极构建党建引领物业治理长效机制，积极推进党建工作和物业工作有机融合，彰显出显著的引领成效。

政治引领功能。创新工作形式，通过微课堂、微党课、主题党日、党校培训等活动，加强对物业治理"管事人"的政治引领，把握正确方向，凝聚治理共识。组织保障功能。居民区党组织在业委会的组建和改选以及物业公司选聘、续聘中，把好"人选关""准入关""程序关"，确保队伍政治过硬、运行规范。把物业公司骨干培养成党员，唤醒物业公司党员"第一身份"的意识和认同。资源统筹功能。居民区党组织发挥区域化党建平台优势，统筹居民区内外部资源，鼓励社区居民中的老干部、团员青年骨干等通过参选委员、议事协商、志愿公益等途径，成为小区物业治理的参与者与引领者。监管激励功能。街镇党委加强对物业公司运作情况的考核评估，实施项目激励机制。居民区党组织运用"三会"机制等平台，加强对业委会和物业企业的党内监督、群众监督、社会监督。推动治理功能。居民区党组织聚焦群众急难愁事和社区治理顽症难题，分层分类进行治理（教育引导群众自主处置；协调相关部门直接处置；协助居民区党组织压实楼组党小组进行包干处置；协调执法部门进行集中治理），实现实事共做的良好局面。

(五) 从实抓好队伍建设，提升基层治理人力资本

浦东新区积极通过培训育才、筑巢引才、平台引才、机制引才，建立一支符合新时代基层治理要求、熟稔基层治理运行逻辑的长效人才队伍。

一是分层分类展开针对性培训，提升社区工作人员治理水平。对党组织书记、居民区干部、业委会成员、物业服务企业人员及微网格长、楼组长开展培训，将党性教育和业务培训纳入议题清单，实施党性教育和物业服务素质提升计划，重点围绕政治思想、党务知识、服务群众、物业管理等内容，经常性开展政治理论学习、物业治理法律法规等内容学习，不断提升党员的理论素养和依法开展物业治理的业务能力。加强激励聚能，将党建引领物业治理工作推进情况作为基层治理人员进编享编、晋升晋级、评先评优考核的重要依据。

二是在基层满足人民群众各类活动中发掘人才、吸引人才、引进人才，提升基层治理效能。依托自治金项目、美好社区提案、"物业服务＋"一站式服务等载体，广泛发动社区工作人员、居民群众开展参与式治理，为物业服务企业

融合资源、拓展外延提供帮助,提升基层通过自治和共治解决实际物业问题的能力。在活动中凝聚人、发掘人,注重吸纳具有工程、财务、法律、审计等专业背景的业主和符合条件的社区规划师等社区治理达人进入业委会,加强对物业企业的专业化监督。链接高校、业务指导部门、行业协会、党建联建单位等"朋友圈",打造物业治理顾问团队。

三、上海市浦东新区党建引领物业治理的经验启示

作为超大城市中的超大城区,浦东新区面积1210平方千米,下辖12个街道24个镇,1176个居委会,355个村委会,居住形态较为多样,除了城郊的乡村之外,大部分属于城区范畴。多年来,浦东新区为构建系统完备、科学规范、运行有效的城市治理体系,提升治理科学化、精细化、智能化水平,打造宜居宜业的城市治理样板,积极探索党建引领下物业治理提升行动,不断推动党建引领红色物业管理提质增效,打造引领区党建引领基层治理样本,其探索实践具有以下启示:

(一) 以党建引领为引擎,推动基层秩序与活力保持动态平衡

习近平总书记指出:"一个现代化的社会,应该既充满活力又拥有良好秩序,呈现出活力和秩序有机统一。"党建引领基层治理,就是将基层党组织建设嵌入基层治理,充分发挥基层党组织在政治领导、组织动员、联系群众、资源整合、宣传引导等方面的优势和作用,实现基层社会再组织化和基层公共服务供给持续优化。党建引领意在方向把握,是一种方向上的引导和路径上的丰富,不是要取代社会,其要义在于确保基层治理的活力。多年来,浦东新区在党建引领力上下足功夫,一是加强社区党组织建设,整合组织内资源,力争最优组合,形成合力。在街镇层面建立党建引领物业治理工作领导小组等议事协调机构,发挥其跨部门治理优势,作为党政系统中常规治理方式之外的有力补充。一是坚持系统观念和整体思维,发挥共轭效应。将党建引领下"三驾马车"的运行框架作为整体看待,着力强化党建引领下"三驾马车"和基层治理同频共振,完善社区党组织对物业企业的考核评价机制,引入第三方机构,在物业公司星级评比、履职点评等过程中丰富监督手段。规范发展方向,在赋权的同时给物业公司"分权",加强规范性建设,实现集体决策、联动运行。一是丰富引领手段,增强辐射效力。通过政治引领,推动物业治理能够更好贯彻上级

党组织的路线方针政策，运用党组织优势有效整合资源，引领物业公司提升服务能力。通过思想引领，凝聚党组织、自治组织、物业企业等不同主体之间的共识，引导物业公司正确发展方向。通过组织引领，搭建有效沟通平台，协调各方利益，实现有效动员，形成科学机制。

（二）以居民满意为目标，实现物业赋能和规范发展齐头并进

习近平总书记在上海考察时指出："社区是党委和政府联系群众、服务群众的神经末梢，要及时感知社区居民的操心事、烦心事、揪心事，一件一件加以解决。"人是发展的主体，也是发展的目的，让群众满意是办成事的唯一标准。物业服务企业作为促进社区协同治理的重要主体，自20世纪80年代传入中国以来，四十多年取得长足发展，然仍存在服务质量、沟通交流、服务责任、专业技能等方面不规范的问题，这些都需要党组织的有效领导、带动、规范发展、有效支撑，需要打破各种信息壁垒和资源界线，积极转变物业管理思路。浦东新区通过完善"三驾马车"机制、加强业务主管部门支撑力度、构建小区治理场景基本逻辑、借助行业协会资源等探索，推动"三驾马车"高效运行基础上的物业公司高质量发展。具体而言，在垃圾分类、加装电梯、美丽庭院等社区治理场景中敦促物业公司的参与和成长，通过住宅物业市场化、规模化、区域化发展三年行动计划，以满足人民群众对高质量物业服务的需求为出发点，持续推进浦东新区物业管理提质增能，促进物业行业健康发展，有效破解老旧小区物业管理费、满意度双低等难题，推动物业服务"迭代升级"，使人民群众获得实实在在的高效能服务。

（三）以党员"再组织化"为基础，推动政治引领与条块融合相得益彰

习近平总书记在青海考察时指出："社区治理得好不好，关键在基层党组织、在广大党员，要把基层党组织这个战斗堡垒建得更强，发挥社区党员、干部先锋模范作用。"党员在社区发挥作用的路径有很多，其中包括不脱离主业基础上的"再组织化"，这是浦东新区探索"红色物业""红色业委会"的逻辑基础。一方面，以集体出场的方式，大大提高党员在业委会、物业公司中的在场感和显示度。具体而言，或通过业委会人选酝酿等环节推动居委会成员、党员进入业委会，有效提升业委会对物业公司的监督水平，或通过"红色物业"推动物业公司中经济意识较强而政治意识较弱的隐形党员树立共产党第一身份的意识，提高党员责任心，激发党员战斗力，形成集体力量，影响公司决策，形成内

部监督。一方面,把这些相对零散的党员有效组织起来,拓展其发挥先进模范作用的路径。如通过区域化党建、行业党建等途径,有效打通条块之间的信息壁垒、平台壁垒、服务壁垒,使服务群众的"暖意"在畅通的"管道"中流淌。

参考文献:

容志、孙蒙:《党建引领社区公共价值生产的机制与路径:基于上海"红色物业"的实证研究》,《理论与改革》2020年第2期。

滕玉成、臧文杰:《党建引领力与基层治理八讲》,东方出版社2021年。

张曙光、王晓娜:《党建引领:物业纳入社区治理体系的逻辑和路径——基于北京实践的分析》,《中共福建省委党校(福建行政学院)学报》,2022年第2期。

郑扬:《党建引领的物业管理体系:实践、实效与反思》,《复旦城市治理评论》2021年第1期。

党建引领乡村治理共同体构建的新内生发展逻辑
——基于浦东海沈村的考察

卢 庆[*]

摘 要: 乡村治理共同体作为推进国家治理体系与治理能力现代化的重要抓手,是社会治理的重要建设目标,而党建引领是乡村治理共同体构建的核心。本文通过透视新内生发展理论适应性历程,把握其对新时代乡村治理共同体构建的理论指引。依据新内生发展理论,以浦东新区海沈村为研究案例,从党的思想价值引领"共同体建设方向"、一核多元体系夯实"共同体形成基础"、党的资源整合促进"共同体长效发展"三个维度阐释党建引领何以促进乡村治理共同体构建;进而从"内生发展—多维整合"维度分析党组织有效联结内外部共生力量,以"思想价值、治理主体、治理资源"三重整合实现"认知共同体""责任共同体""利益共同体"构建的内在机理。最终,建构党建引领乡村治理共同体构建的理论阐释逻辑图。

关键词: 党建引领;乡村治理共同体;新内生发展

一、问题的提出

伴随基层社会个体意识觉醒与原子化发展,基层集体行动面临利益冲突带来的冲击,构建共同体成为当下破解社会治理难题的良性选择。[①] 党的二十

---

[*] 作者简介:卢庆,中共上海市浦东新区委员会党校教师,研究方向为政党和国家建设、基层治理研究。

[①] 王亚婷、孔繁斌:《用共同体理论重构社会治理话语体系》,《河南社会科学》2019年第3期。

大报告强调:"建设人人有责、人人尽责、人人享有的社会治理共同体"。[1] 乡村作为社会的重要组成单元,具象了社会治理共同体在基层场域的微观样态,承载着基层治理现代化与乡村振兴的重要使命。坚持党的领导是乡村治理共同体构建的根本遵循,基层党组织是党执政大厦的地基,更是基层工作开展的战斗堡垒。党的二十届三中全会《中共中央关于进一步全面深化改革 推进中国式现代化的决定》强调"坚持和发展新时代'枫桥经验',健全党组织领导的自治、法治、德治相结合的城乡基层治理体系,完善共建共治共享的社会治理制度",以及"完善城乡融合发展体制机制"要"坚持农业农村优先发展,完善乡村振兴投入机制"[2],这进一步为党建引领乡村治理共同体构建提供了理论指引。可见,党组织的有效引领是乡村治理的明确发展方向,促进党建引领与乡村治理相互耦合,对治理共同体构建具有重要意义。在这一背景下,透视党建引领乡村治理共同体构建的内在机理尤为关键。

目前,关于党建引领社会治理共同体构建,已形成较为丰富的研究成果。通过梳理发现,学界当前主要聚焦以下视角:其一,动态构建过程视角。治理共同体构建是党建引领多元主体聚合并协同共治的动态发展过程,包含宏观抽象建构与微观机制阐释双重面向。[3] 宏观维度中,治理共同体是历史性产物,是基层治理现代化突破性发展的载体,其以"民主协商"与"科技支撑"为主要路径[4],依托"治理意愿""治理能力""治理渠道"三要素[5],以"人人有责、人人尽责"达成"人人共享"的理想样态。[6] 微观维度则更多关注构建方式与机制,风险社会下以党建为引领,各主体通过加强数字技术赋能[7]、紧密共同利益[8]、柔

---

[1] 习近平:《高举中国特色社会主义伟大旗帜 为全面建设社会主义现代化国家而团结奋斗》,《人民日报》2022年10月26日第1版。
[2] 《中共中央关于进一步全面深化改革 推进中国式现代化的决定》,《人民日报》2024年7月22日第1版。
[3] 刘冰:《动态过程视角下党建引领基层治理共同体的整体性建构》,《北京行政学院学报》2024年第4期。
[4] 郁建兴:《社会治理共同体及其建设路径》,《公共管理评论》2019年第3期。
[5] 张磊:《社会治理共同体的重大意义、基本内涵及其构建可行性研究》,《重庆社会科学》2019年第8期。
[6] 郁建兴、任杰:《社会治理共同体及其实现机制》,《政治学研究》2020年第1期。
[7] 刘伟、翁俊芳:《撕裂与重塑:社会治理共同体中技术治理的双重效应》,《探索与争鸣》2020年第12期。
[8] 卢宪英:《紧密利益共同体自治:基层社区治理的另一种思路——来自H省移民新村社会治理机制创新效果的启示》,《中国农村观察》2018年第6期。

性应对外部环境变迁①等方式,构建具有强大精神内核与抗风险能力的共治联结体。其二,静态共同体内部要素视角。学界对共同体内涵虽存在一定差异化理解,但究其本质,共同体是社会群体基于情感连接与共同价值目标、凝聚共识而协作的有机整体。②此外,共同体包含三重维度:"主体:主观体验;客体:互动关系;介体:共同行动"③。聚焦于乡村治理场域中,乡村治理共同体旨在重构党组织领导下政府、社会组织以及群众等多元主体共同参与治理过程,注重治理内部要素与治理主体间的适配,通过赋能激发主体活力并整合治理资源进而建立和谐合作的结构性治理网络。可见,乡村治理共同体构建是党建引领与多元主体协同的系统性工程,其本质在于党组织有效联结治理主体,整合地方外部与内部资源优势提升地方治理效能,促进乡村高质量发展。

值得一提的是,新内生发展理论同样强调立足于地方自主性,将外生力量与内生动力相结合,打破"单向"联动渠道,形成"上下联动,内外共生"的可持续性发展模式④。可见,新内生发展与乡村治理共同体构建的本质相吻合。然而,既有研究多关注单一维度构建路径,缺乏从新内生发展视角系统性梳理党建引领乡村治理共同体构建的内在机制,从而有效回答"党建何以引领乡村治理共同体构建?"这一问题。由此,笔者拟从新内生发展理论视角出发,基于浦东新区海沈村这一典型案例,探讨党建引领下乡村治理共同体构建的新内生发展逻辑,尝试总结其治理模式,为中国其他地区党建引领乡村治理共同体构建提供经验性参考。

二、新内生发展的理论视角

伴随社会经济迅猛发展,城乡差距问题凸显,乡村的场域结构、关系网络受到多轮冲击,原有生产要素配置失衡与资源不断涌向城市等问题进一步造成乡村发展乏力。为有效应对乡村发展难题,通过观察国内外乡村发展模式,其普遍经历了"外生发展:外源性动力"—"内生发展:内源性动力"—"新内生

---

① 高飞:《外部环境变迁、政社互动差异与社会治理共同体类型演变》,《中国行政管理》2024年第5期。
② 王亚婷、孔繁斌:《用共同体理论重构社会治理话语体系》,《河南社会科学》2019年第3期。
③ 潘博:《党建引领社会治理共同体建设的内在逻辑与推进路径——基于共同体要素的分析视角》,《东北大学学报(社会科学版)》2022年第5期。
④ 王兰:《新内生发展理论视角下的乡村振兴实践——以大兴安岭南麓集中连片特困区为例》,《西北农林科技大学学报(社会科学版)》2020年第4期。

发展:内外源动力结合"的转向。因此,可通过分析治理共同体构建中党建引领重要性与新内生发展理论适应性演变过程,挖掘党建引领下新内生发展理论的可适用价值。

(一) 党建引领:乡村治理共同体构建的政治基础

滕尼斯在《共同体与社会》中强调"共同体"是基于血缘、信仰、情感等要素自然形成的、具有整体本位导向的小范畴亲密性关系群体,相对应的"社会"是非自然形成且具有明确行动目的的人为构建物。[①] 本研究所探讨的"乡村治理共同体"是融合了"社会"范畴的共同体理念,其超越了滕尼斯提出的"共同体"概念范畴,源于马克思主义所提出的"真正的共同体"理论,而党的领导是马克思主义"共同体"理论的重要内容。党的领导作为乡村治理的核心力量,是共同体构建的政治基础。党的二十大报告强调"推进以党建引领基层治理"[②],基层党组织在治理过程中以强大的政治权威与组织能力实现对治理资源有效整合以及对社会关系网络的重构。"党建引领"成为联结多方主体协同共治、实现制度优势转化为治理效能的重要制度安排。[③] 此外,新内生发展中外生动力与内生动力在作用过程中存在一定博弈风险,无法保障内外部动力机制平衡,这一问题对乡村治理工作造成一定隐患。而基层党组织的组织优势可以有效化解这一矛盾,即依托党组织实现内外部资源调配与整合,达到效益最大化。因此,新内生发展理论本土化必然不能忽视基层治理场域中"基层党组织"这一关键主体,需将"党建引领"放置于乡村治理共同体构建的统领性高度,发挥协同各方的绝对领导作用。

(二) 新内生发展的理论视角引入

其一,外生发展:外源性动力。外生发展强调乡村依托外部资源输入,例如,政府以扶贫政策支持,加快引入或发展地方特色产业,充分利用当地产业优势与劳动力资源带动乡村发展。具体而言,地方政府的政策扶持、资源供给等外源性支持力量成为刺激乡村发展活力的重要举措,并在短期内取得一定效果。但伴随城乡差距进一步扩大,外生发展模式弊端显露,其完全依靠外源

---

① [德]斐迪南·滕尼斯:《共同体与社会》,林荣远译,商务印书馆1999年版,第50—57页。
② 习近平:《高举中国特色社会主义伟大旗帜 为全面建设社会主义现代化国家而团结奋斗》,《人民日报》2022年10月26日第1版。
③ 黄晓春:《党建引领下的当代中国社会治理创新》,《中国社会科学》2021年第6期。

性动力供给,忽视了地方自主性,一旦外源枯竭乡村发展便陷入停滞局面。① 可见,外源性力量难以维持乡村发展的物质、精神及其衍生需求,寻求内源性动力成为乡村发展的必然选择。

其二,内生发展:内源性动力。内生发展是从内部出发,发挥人们主观能动性,提高其参与度,基于该地区文化资源整合促进社会发展。日本学者鹤见和子等进一步探讨了内生发展内涵,即自下而上从社会内部结构出发,注重居民社会参与度与文化精神需求。② 在寻求地域特色前提下,不盲目照搬照抄其他地区建设经验,求同存异,走出适合本地域特色的发展路径。但内生发展也存在部分村民作为参与主体由于能力受限与个体化因素导致行动力不足等③,这一模式同样无法解决乡村发展停滞与可持续性低的困境。

其三,新内生式发展:内外源动力结合。以克里斯托弗·雷为代表的部分学者认为,仅依靠单一的内源性动力促进乡村发展极具挑战且效能低下。④ 由此,对外生发展与内生发展理论价值的再思考引起学界新一轮思辨浪潮。诸多学者认为外生与内生发展不可完全割裂,乡村外部环境与内在结构复杂性远超越了外生与内生模式的解释限度。克里斯托弗·雷在对前述理论反思的基础上提出了新内生发展概念⑤,即基于整体性视角,多元治理主体通过设定合理发展目标,凝聚价值共识,走出"挖掘内部潜力"与"盘活外部资源"双重路径的发展模式。这一模式突破了原有外生与内生的局限性,是适用于当下乡村发展的新模式。适配的理论解释工具在透析社会现象中扮演重要角色。中国学者对其进行本土化发展,将其引入中国治理场域研究并基于地方治理实践赋予新内生发展理论中国色彩。张文明等学者提炼了"资源、认同、参与"内生发展三要素⑥,这与目前党建引领乡村治理实践的"资源整合、价值认同、协同参与"等内在机制相吻合。⑦ 可见,新内生发展理论对于党建引领乡村治理

---

① Margarian, A., "A constructive critique of the endogenous development approach in the European support of rural areas," *Growth and Change*, Vol.44, No.1, 2013, pp.1–29.
② 鹤见和子、胡天民:《"内发型发展"的理论与实践》,《江苏社联通讯》1989 年第 3 期。
③ 文军、陈雪婧:《国家介入与地方行动:乡村内生发展的张力及其化解》,《南京农业大学学报(社会科学版)》2024 年第 1 期。
④ Ray, Christopher, *Culture Economies*, Newcastle: Centre for Rural Economy, 2001.
⑤ Ray, Christopher, "Neo-endogenous rural development in the EU," *Handbook of Rural Studies*, London: SAGE Publications Ltd, 2006, pp.278–291.
⑥ 张文明、章志敏:《资源·参与·认同:乡村振兴的内生发展逻辑与路径选择》,《社会科学》2018 年第 11 期。
⑦ 曹海军、曹志立:《新时代村级党建引领乡村治理的实践逻辑》,《探索》2020 年第 1 期。

共同体构建具有较强解释力。

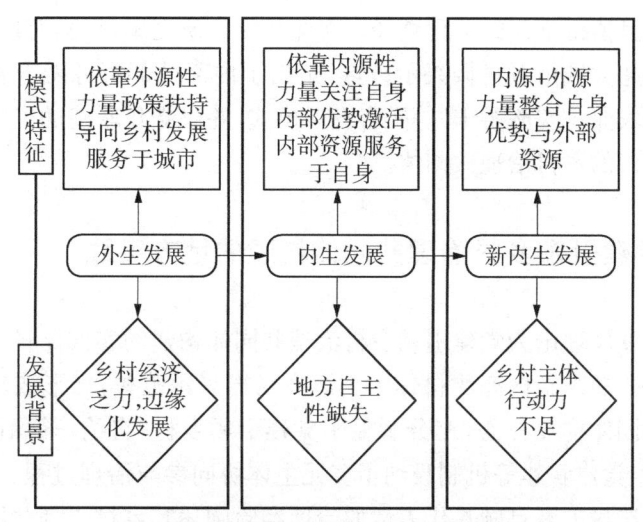

图1　乡村发展模式变迁归纳(作者自制)

(三) 研究方法与案例选择

1. 研究方法

本文旨在通过探索海沈村乡村治理经验性做法,试图总结党建引领乡村治理共同体构建的实践经验,即分析"基层党组织"这一核心主体"如何"引领多元主体协同构建治理共同体,其具体实践路径如何呈现?以及党组织引领乡村治理共同体构建的深层逻辑是什么?案例研究法具有较强的针对性,通过对海沈村这一典型案例的追踪观察与经验剖析,可以更为清晰地透视党建引领乡村治理共同体构建的微观经验与机制,并在典型案例的做法中提炼具有可推广性的治理模式。

2. 案例选择

海沈村坐落于上海市浦东新区惠南镇东南角,是"三村联动"乡村振兴示范区核心区域村,致力于以党建引领乡村治理,以党建联建为核心,实现乡村高"品质"建设的路径。值得一提的是,海沈村是中国场地自行车奥运冠军钟天使的家乡,海沈村积极打造"骑迹乡村·乡匠海沈"的文化名片,以名人品牌营造地方骑行文化,以"自行车运动特色村"吸引了全国骑行爱好者齐聚海沈。此外,海沈村在城市化发展进程中保存了乡村特色,坚持"三不变原则",做到土地权属、乡村肌理与田园风格不改变。2021年海沈村成功创建上海市乡村振兴示范村,在党建引领下海沈村成为超大城市乡村治理的试验田,走出了具有地域特色且值得推广的治理路径。海沈村作为研究案例,具有以下代表性:海沈村作为超大城市乡村振兴示范区,走出了内部外部资源融合发展的治理路径,形成"农业+""旅游+"等融合发展模式,并以党建联建的丰富经验构建了符合新时代的乡村治理共同体。

三、党建引领乡村治理共同体构建的地方实践

新内生发展理论为党建引领乡村治理共同体构建的实践路径分析提供了学理性支持。浦东新区海沈村作为上海乡村振兴示范村,已形成较为成熟的乡村治理共同体构建样态,充分彰显了党建引领乡村"自治—德治—善治"建设路径,并以党建联建等机制吸纳了多元主体协同参与治理过程。由此,将进一步根据海沈村丰富且颇具代表性的治理经验阐述其乡村治理共同体构建的实践路径。

(一) 以党的思想价值引领"共同体建设方向"

凝聚思想价值共识对促进治理主体自发自愿参与共同体建设具有重要意义。当下,伴随自媒体等数字化媒介的市场下沉、社会分层加速与外来意识形态入侵背景下乡村价值体系遭受巨大冲击,思想价值观念与现有生产力匹配失衡,对乡村治理工作开展造成了一定挑战。一些村民固守"一亩三分地"的传统思想,对需为集体建设而牺牲部分个体利益的政治活动表现得尤为冷漠,并对党和国家有关治理政策形成差异化错误认知。因此,加强党对乡村治理的思想引领尤为关键,是绘制乡村治理共同体美好蓝图的重要牵引力与定心丸。

基于新内生发展视角,海沈村较好地融合了内外部资源,促进了思想价值共识凝聚。具体而言,海沈村立足自身文化特色与村落能人等内在资源,在基层党组织引领下利用外部政策支持,通过搭建名师工作室、学习社等方式加强思想价值引领,增强村民的政治认同。从实践来看,海沈村积极发挥党建思想价值引领,将传统优秀文化与主流意识形态结合,始终坚持以文润村。例如,海沈村积极发挥能人带动效应,以奥运冠军钟天使为优秀党员代表打造奥运荣誉室,引领村民发扬奥运精神,培育具有村落特色的运动文化。在优秀党员

的精神引领下,海沈村村民凝聚价值共识并以此为建设动力,不断增强自身业务能力,为建设美好示范乡村贡献坚实力量。此外,海沈村还成立了海沈青年学习社等组织,通过能人精神走出了一条村民自主自发的善治之路,为构建乡村治理共同体提供精神支持。

(二) 以一核多元体系夯实"共同体形成基础"

乡村治理场域下,"国家-政党-社会"三重力量作用于治理共同体构建。[1] 其中,基层党组织作为核心领导,对国家-社会关系进行有效重构;基层党组织以制度建设、组织建设等方式作为重构两者关系的重要内生性力量,通过制度塑造"治理主体-治理方式"互动新模式,有效规范了基层党组织联结多元治理主体、创新工作机制,成为乡村治理共同体构建的重要基础。同时,党的创新性组织建设扩大了基层党组织覆盖率,吸纳更多主体参与乡村治理。此外,基层党组织以网格治理等组织形式搭建了适用于本地区发展的治理网络,充分发挥不同治理群体的联结优势,将分散力量集聚最大化。由此,乡村构建了以党组织为核心,基层政府、村民、社会组织以及物业等为参与主体的"一核多元"治理体系。在该体系下,治理工作可以减少各群体因责任不明导致的低效推诿问题发生,以制度规定规范组织工作开展以及保障村民意见反馈渠道畅通等,并搭建常态化、流程化、数字化治理平台,积极融合乡村各治理主体智慧性经验成果为治理共同体构建提供坚实基础。

基于新内生发展视角,海沈村基层党组织积极发挥政治优势,规范"外部主体:行政权力"与"内部主体:自主权利"使用机制,强化海沈村在党组织引领下基层各治理主体自治规范性。从实践来看,一方面在内部维度,海沈村通过"实事项目票决制""三规""三会"议事机制以及"积分""清单"等利益导向的奖惩驱动机制号召村民积极参与治理活动,提升村民政治自主性。此外,海沈村深入落实网格化治理模式,不断细化网格,号召党员能人积极担任网格长,建立了村党总支—微网格—村民小组—宅群—点位长"五级网格体系"。在党组织的"核心"领导下,网格化治理发挥了"多元"共治效能,架构了"上传下达—申报反馈"的信息快速传递通道,走出"内部优势发挥:搭建网格化治理体系"与"外部力量引入:构建区域党建联合体"的融合式发展路径,并将党组织有效嵌入网格之中。另一方面,在外部维度,海沈村以"多村联建"为桥梁,联合周

---

[1] 景跃进:《将政党带进来——国家与社会关系范畴的反思与重构》,《探索与争鸣》2019 年第 8 期。

边村落力量组建区域党建联合体,加强工作人员合作,共享三村信息、物资等资源,推动了治理共同体建设。同时,海沈村还引进外部专业团队规划乡村建设蓝图,以乡村规划师、社会组织以及集体经济组织等多元外部力量为乡村治理共同体构建赋能。

海沈村依托自身资源,融合外部组织力量,以党建联建方式与企业党支部开展合作,基于自身旅游资源优势与企业资金与创意优势整合,深化土地制度改革,将村落内部分暂且搁置或荒废的自留地进行创意改造,建设小三园花卉基地,实现了"变废为宝"式产业升级。此外,海沈村作为浦东新区重要的种植基地,号召当地年轻劳动力扎根本土花卉种植业,依托南汇农业园区建立了"花卉种植园区",以种植业优势吸引人才回流,实现了"人才资源"的利用。同时,海沈村成立"海沈农联社",吸纳周边优势种植产业共同组建联合体,并充分利用惠农政策带动产业升级。在此基础上,海沈村大力改造村落基础设施,为种植业发展与销售提供良好的基础资源。海沈村基于种植业延伸产业链,发展种植园采摘与生态旅游观光等业务,实现了资源有效整合。可见,党建联建等组织方式赋能下的主体间联合共建与联通发展为乡村治理共同体构建了严密的联络网。

(三)以党的资源整合促进"共同体长效发展"

党组织以绝对政治能力统合乡村资源配置,在乡村治理中发挥社会整合作用以防止乡村社会"资源分化"。[①] 党组织资源整合同样分为"外部资源"与"内部资源"两个维度。在外部资源输入维度,党组织首先以政策为工具,为乡村治理提供政策性支持,保障治理项目开展的合法性。其次,《决定》强调要"培育乡村新产业新业态",党组织基于乡村内部资源优势,创建地域特色产业模式,并打造品牌效应。从新内生发展视角,海沈村积极发展"旅游＋生态""旅游＋文化""旅游＋体育"等产业融合模式。具体从实践来看:

其一,"旅游＋生态"资源整合。海沈村以"三个一"工程助推生态文明旅游景观建设,"三个一"分别指代"一粒米",即打造精品农业,形成以稻米丰收为景观的农业型旅游资源;"一片花",即打造美丽花卉,形成以花卉为景观的观赏型旅游资源;"一颗果",即打造果蔬产业,形成以特色水果采摘为主的娱

[①] 吴新叶、李崇琦:《社会治理共同体建设中的中国共产党:历史经验与行动策略》,《上海行政学院学报》2023 第 6 期。

乐型旅游资源。此外,海沈村基层党组织以乡村本土景观为依托,开展各类乡旅品牌活动,包括乡村电影节、烧烤节与稻田音乐节等创意性活动,借助旅游资源兴起吸引青年群体助力民宿产业发展,吸引外部游客带动乡村经济发展。

其二,"旅游+文化"资源整合。海沈村乡土文化气息厚重,传承了优秀非物质文化遗产资源,并将非遗资源与当下时尚热点及群体爱好相结合催生了海沈"十二工坊"。十二工坊致力于挖掘乡村本土手艺能人,充分发挥能人所长带动特色文化产业兴起,包括点心坊、咖啡坊、画室、酒坊、花坊以及工艺品坊等不同类型的艺人工作坊。同时,海沈村积极宣传乡村文化产业特色,吸引融媒体平台报道乡村文化资源整合;注重培育特色文化产业、培训非遗能力工匠以保障乡村特色文化传承与开发,带动村落文创产品产业链升级,真正做到以文化产业复兴促进乡村旅游兴旺发展。

其三,"旅游+体育"资源整合。海沈村以自行车奥运冠军钟天使为名人品牌,大力打造自行车体育运动产业。海沈村以此为契机,完善配套基础设施建设,打造了融合乡村美景的专业化"骑行"路线——"骑迹乡村·自在惠南"。由此,在海沈村举办各类自行车赛事活动,吸引国内外自行车爱好者齐聚海沈,进一步以体育资源带动其他产业发展,形成由点及面、以一带多的产业联合发展格局。

可见,海沈村以乡村内部旅游资源为底色,融合"生态""文化""体育"等多样态外部资源,实现了农转商的产业迭代升级。海沈村内外部资源整合不仅有效解决了村民就业问题,也促进了乡村经济迅速发展。

四、党建引领乡村治理共同体构建的新内生发展机理

党建引领是乡村治理共同体构建的根本遵循,积极发挥党建优势是保障乡村治理共同体新内生发展的基础。结合新内生发展理论,梳理乡村治理共同体构建的内在机理对指引乡村治理共同体构建具有重要指引作用。对此,笔者尝试从"内外共生"与"多维整合"的双重逻辑面向展开,分析内外部资源联动作用下共同体构建的耦合逻辑以及多维整合中共同体构建的统合逻辑。

(一)内在机理:"内外共生—多维整合"

其一,内外共生。新内生发展理论在外生式发展与内生式发展基础上进行批判性反思,内外动力虽从属于不同类型机制,即外部动力以输入供给为

主,而内部动力则以内驱挖掘为主,但两者均以地方发展为目标导向。若乡村发展侧重于单一作用机制,则不可避免会出现资源过度掠夺或主体不作为等问题。因此,单一作用机制势必会被双重面向的内外共生作用机制所取代,这也是乡村反思性实践下必然的发展趋势。基于乡村发展新样态,新内生发展理论将外源性动力与内源性动力单一作用渠道整合形成内外共生的双向动力渠道。在初步整合过程中,两者在作用机制上存在针对发力点错位、作用力不协调等问题。为此,两者在发力过程中需要不断寻求共同作用面与契合点,努力达到"劲往一处使"的状态。

其二,多维整合。"整合"是新内生发展理论的要素,更是政党功能发挥的重要方式。乡村治理场域整合涉及思想价值整合、治理主体整合与治理资源整合三个维度,而党组织是多维整合的核心领导者。[①] 首先,基层党组织通过思想价值凝聚,不断增强基层群众对政策与政治活动的认同感,从而提升群众对党的权威领导的信任度并夯实合法性基础。其次,党组织通过整合治理主体,协同基层政府、村委会、社会组织、村民以及红色物业等多元主体共同参与治理过程。在党组织引领下合理设定不同治理主体的角色位置,链接所对应的治理资源并搭建"一核多元"治理体系。再次,党对社会资源的整合是共同体构建得以可持续发展的动能。党组织对多类别资源整合是立足于乡村本土优势的资源再利用,可以盘活各类闲置资源并提升利用率,对乡村治理共同体构建长效发展至关重要。

(二) 内外共生:共同体构建的耦合逻辑

乡村治理场域中,各个治理主体需建构内外部资源联结渠道,保障外部资源输入精准性以及内部资源整合利用全面性。内外部力量从不同维度作用于乡村治理共同体构建,有效弥补了单一作用力不足。这一作用机制呈现耦合特征,因此将内外共生的整合过程抽象为两者的耦合机制进行分析。

一方面,基层党组织通过对内外部资源整合,搭建完备的内部治理结构网络以充分利用外部资源,并以外部资源输入作为内生动力助燃剂。而资源本身具有多重属性,可分为物质资源、人力资源等有形资源,或文化资源、技术资源、组织资源等无形资源。有形资源为推进乡村治理效能提升提供更为直接的动力,例如政策扶持、经济帮扶与人才输入等。而无形资源可以潜移默化地

---

① 张贤明、张力伟:《社会治理共同体:理论逻辑、价值目标与实践路径》,《理论月刊》2021 年第 1 期。

影响村民等主体形成思想认同,构建严密的组织架构,扩大组织覆盖率并提升办事效率等。由此,党组织通过对内外部有形及无形资源的整合,推动了党建引领下乡村治理共同体高质量构建。

另一方面,外源性动力通常以政策工具、经济支持等方式给予乡村治理外部支持。在充分利用外源性动力的同时需专注于地方自身特色与优势,发挥地方自主性,整合本地资源且激发当地居民内驱动力促进治理效能提升。由此,自上而下的外源性动力与自下而上的内源性动力从不同方向有序供能,两者在同一作用面汇合,形成内外共生的整体性合力。这一合力消解了两者单一作用不足,具有互补属性。

(三) 多维整合:乡村治理共同体构建的统合逻辑

1. 思想价值整合:构建认知共同体

党的十八大以来,习近平总书记多次强调要以社会主义核心价值观为价值引领,不断加强农村思想道德建设。乡村思想建设离不开乡村文化振兴。基层党组织思想引领须立足于乡村传统文化根基。费孝通先生在《乡土中国》中强调"从基层社会来说,中国社会是乡土性的",而这一"乡土性"特征在社会发展冲击下依然具有极强的稳定性与延续性,其中被保留或传承下来的良性成分对现代乡村发展仍具有较强的文化认同价值。例如,传统习俗、惯习及非物质文化遗产等资源成为架构本土场域与外在社会的文化桥梁,同样是构建乡村治理共同体的重要思想价值源泉。

其一,乡村治理共同体需要思想价值整合。思想价值认同是构建乡村治理共同体的前提,即凝聚价值认知是保障共同体建设目标一致性的基础。具体而言,在治理共同体构建过程中是否存在统一的思想价值认知对治理活动开展具有显著影响。若各治理主体对共同体构建产生消极认识,以"事不关己高高挂起"的价值认知规避个体责任,会致使部分主体在关系网络内动员其他个体疏离治理中心,该情况下党和政府将难以推进共同体构建的实践策略。反观,若各治理主体在党的方针政策引领下达成价值共识,对治理活动具有高度信任与责任意识,则各治理主体会自发自愿积极参与基层治理活动,并号召其他成员共同参与,以实现公共利益最大化。

其二,思想价值整合促进认知共同体构建。思想价值是构建治理共同体的认知前提,是构建"认知共同体"的重要组成。乡村治理共同体构建历经"认知初构—形成基础—长效发展"的发展过程,而认知是构建初始。由于思想价值认知整合对维护乡村治理共同体构建的方向具有强大指引力,可以保障在后续共同体形成与长效发展过程中较少出现建设偏航、动力不足甚或是停滞问题。此外,认知共同体构建可以有效化解各治理主体因价值观念冲突导致的行动不和等矛盾,降低治理共同体构建过程中主体内部沟通的难度与成本,进而各主体价值认知达成契合并形成认知共同体。

2. 治理主体整合:构建责任共同体

传统乡村治理场域中主体角色单一化,各主体多聚焦于自身领域发展。新时代以来,在基层党组织引领下加强多元主体协同共治成为基层治理新路径。在党组织的价值引领下,各治理主体达成为乡村发展做出自身最大贡献的共识,进一步强化了各治理主体的责任意识。由此,在乡村治理场域中,党建引领多元治理主体整合是构建责任共同体的重要组成部分,其以体系化的治理主体网络为乡村治理共同体构建赋能。

其一,乡村治理共同体需要治理主体整合。治理主体作为乡村治理共同体构建主导性力量,若缺乏有效整合易出现角色分散化问题,即各主体缺乏共同建设治理共同体的责任意识。在乡村治理场域中,唯有基层党组织具备整合多元主体协同共治的绝对性权威与能力。此外,"国家—政党—社会"关系的结构稳定性对乡村发展影响较大,若某一主体无法架构稳定的三角结构,则会出现"国家"功能主导型的"政府中心主义"或以"社会"功能主导型的"社会中心主义"。具体而言,政府具有官僚体制属性,若过度干预治理活动设计与落实则无法避免陷入官僚化怪圈;而社会主导型因过度追求地方自主性,完全依赖地方治理主体自觉性与资源有效性,从长期发展来看,社会组织与群众等主体盲目追求社会自主发展易导致乡村治理呈现分散化状态。作为引领核心的政党,若无法有效深入治理场域平衡主体关系,则易出现党组织脱嵌与悬浮化问题。为有效避免上述问题出现,治理主体整合便尤为重要。党组织对多元主体加以整合,协调主体间合作关系强化了主体责任担当,保障了责任共同体构建的有序性。[1]

其二,治理主体整合促进责任共同体构建。党组织整合多元主体具有明确指向性。党组织多以制度建设或组织建设方式,吸纳不同治理主体参与治理过程。党组织建设规范性议事制度、责任监督制度拓宽了村民政治参与的

---

[1] 陈纪:《"统合型联动":基层党建引领下的居民自治模式——以T市社区治理创新为例》,《行政管理改革》2022年第10期。

渠道,有效提升村民的政治积极性并加强其政治认同;建设多层级党组织网络架构,拓宽了党组织的覆盖率,搭建楼宇党建、红色物业党建等新型党组织服务架构,将新时代枫桥经验落到实处。可见,党组织通过对治理主体的有效整合,在推动乡村治理效能提升的同时,也进一步增强了党组织基层权威,强化了各主体自觉肩负构建乡村治理共同体的责任。

3. 治理资源整合:构建利益共同体

乡村治理共同体构建离不开内外部资源供给。若资源供给无序,不仅无法保障资源利用率,更易导致资源活力降低致使无效资源供给。因此,需要加强治理资源整合,保障治理资源精准输送,并通过在治理场域中制定符合多数群体的共同利益目标,吸纳多元主体构建具有一致利益追求的共同体。

其一,乡村治理共同体构建需要资源整合。治理资源作为重要"能量",对治理共同体构建具有重要助推作用。资源配置是利益分配的前置性体现,若各治理主体盲目追求个体利益最大化,则易出现资源过度开发。这一问题进一步导致资源"零和博弈"。而党组织通过加强治理资源整合,将不同群体加以聚合,形成利益共同体,这一利益更多指向"非零和博弈"下的共同发展。地方甚至出现个别能人带动群体发展的区域化规模经济,进而发展特色产业小镇,形成良性竞争状态。此外,加强治理资源整合可以实现分散资源集约化使用,保障内外部资源整合利用。

其二,治理资源整合促进利益共同体构建。基层党组织在整合多元治理主体的基础上,针对各个主体的功能与治理优势,在治理主体间实现资源合理配置。例如,党组织与政府通过发展数字化技术,搭建数字治理平台、协商议事平台等,保障村民参与治理活动升级。技术作为重要的治理资源与工具,是重要的赋能载体,可以有效简化治理情景复杂度,促进乡村治理模式数字化转型,进一步强化治理效能提升与社会价值传递的双重功能。此外,资源整合以特色化或规模化产业升级实现治理主体的共同利益捆绑,乡村高质量发展下治理主体皆可以分享治理资源利用最大化带来的利益成果。由此,以资源整合方式加强利益共同体搭建这一举措保障了乡村主体间合作粘性,促进了乡村治理共同体构建。

综上所述,基层党组织是乡村治理共同体构建的政治基础,其发挥了统领全局的核心引领作用,应置于顶层统领地位。党建引领下内外力量共生与多维度整合是乡村新内生发展的重要特征,即基层党组织以"内外共生—多维整合"引领机制促进乡村治理共同体构建。由此,基于浦东海沈村的地方实践总结归纳党建引领乡村治理共同体构建的经验性做法,构建理论逻辑图,试图提供一定程度的学理性阐释。(如图2所示)。

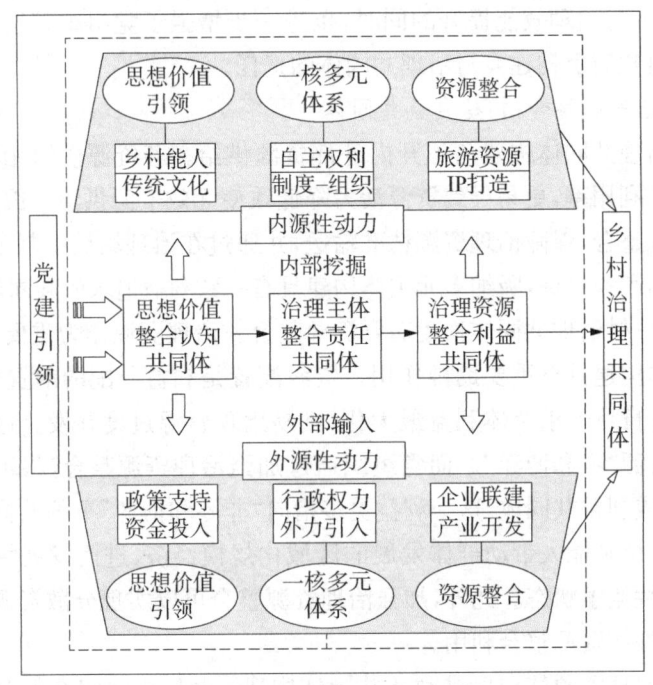

图2 党建引领乡村治理共同体构建理论逻辑

资料来源:作者自制。

五、结语

坚持以党建引领乡村治理共同体构建是新时代基层治理现代化的重要抓手,更是基层党建的时代重点。从上海市浦东新区海沈村的治理经验来看,以党的思想价值引领"共同体建设方向"、以一核多元治理体系夯实"共同体形成基础"、以党的资源整合促进"共同体长效发展"呈现了党建引领乡村治理共同体构建的实践样态。基于新内生发展理论视角透视海沈村党建引领乡村治理共同体构建的经验做法,本文总结归纳了"内外共生—多维整合"的理论逻辑框架。一方面,从"内生共生—治理共同体耦合",说明乡村治理共同体构建中党组织将内外部力量从不同发力方向耦合作用于同一受力面,确保内外部资源的充分融合与利用。另一方面,说明"多维整合—治理共同体统合逻辑",乡村治理共同体构建中党组织以"思想价值整合"构建认知共同体、以"治理主体整合"构建责任共同体、以"治理资源整合"构建利益共同体的内生机理。

本文仍存在一定不足之处,由于上海作为超大城市,所赋能乡村治理共同体构建的内外资源相对中西部农村地区更为丰富。因此,以浦东海沈村为典型案例分析所归纳的经验模式在普适性与可推广性上有待进一步探讨。针对党建引领乡村治理共同体构建的内在机理,可在后续研究中涵盖范围更广的案例素材,以期总结提炼更全面的理论解释。

人工智能助力基层党建工作的三维叙事
——优势、困境和策略

朱国效*

摘　要：现如今，人工智能与基层党建工作的契合程度越来越高，运用人工智能技术助力基层党建，逐渐成为实现基层党建工作高质量发展的必然要求。人工智能可以帮助基层党组织进行智能化的管理与决策，个性化党员的管理与教育，以及更好地进行党建宣传与社会动员，其优势显而易见。但是我们同样应该看到，中国现有的应用和监管体系不完善、技术形式主义、数据安全、信息茧房、人才短缺等问题阻碍了人工智能助推基层党建工作向更深层次发展。未来，我们应当从构建合理的制度机制、加强内容建设与完善人才培养机制这三个方面入手，不断克服人工智能应用到基层党建工作中遇到的困难，助推基层党建工作实现高质量发展。

关键词：人工智能；基层党建；风险隐患；应对策略

一、人工智能助力基层党建的优势

人工智能作为科技领域最前沿的技术之一，自问世以来正在深刻改变着人们的生产生活方式。同样，中国的基层党建工作也受到其深刻的影响，人工智能助力基层党建所释放出来的优势日益显著。

（一）智能化管理与决策：提升了党建工作的科学性与精准性

基层党建工作的内容复杂多变，并且要时刻应对基层群众不同的需求。

---

* 作者简介：朱国效，中共上海市浦东新区委员会党校助教，研究方向为马克思主义基本原理和党的建设。

以往基层党建工作所做出的决策多数情况下要依赖领导干部的个人经验和管理水平，但是这种传统的方法在面对日益复杂的社会形势时，一般很难取得实质性的进展。而人工智能技术可以充分利用数据驱动的决策支持系统，进而显著提升党建工作的科学性与精准性。具体来说，首先人工智能带来了大数据分析与决策支持。基于大数据分析的人工智能技术为基层党建的决策过程提供了科学依据。大量的实践经验说明，通过机器学习算法处理大量的社会经济数据，可以帮助党组织更好地理解社区动态和群众需求，从而做出更加符合实际情况的决策。例如，人工智能可以通过分析社区内不同年龄段、职业背景、教育水平的人群分布以及他们的社会活动数据，预测未来某些政策的接受度和潜在影响。这种数据驱动的决策模式不仅提高了决策效率，还减少了因信息不足或偏见导致的错误决策。此外，大数据分析还可以用于发现党建工作中的潜在问题和趋势。例如，通过对基层党建数据的深度挖掘，人工智能能够识别出党组织管理中的薄弱环节，例如党员的活跃度变化、支部工作开展情况等，从而为党组织提供提前干预和策略调整的建议。

其次是自然语言处理（NLP）同党建工作相契合。自然语言处理技术是人工智能的重要分支之一，其通过对文本数据的分析，为基层党建提供了新的信息提炼方式。研究指出，通过 NLP 技术，党组织能够有效分析来自不同渠道的文字数据，如党员的意见反馈、会议纪要和政策文件，从中提炼出有价值的信息，帮助党组织更好地理解基层声音。例如，通过 NLP 对党员意见进行分析，党组织可以快速识别出基层党员对当前政策的看法和建议。这不仅有助于党组织调整工作策略，还可以提高党员对组织的认同感和参与感。尤其在当前互联网和社交媒体普及的时代，NLP 技术可以帮助党组织快速从庞大的文本数据中找到关键问题，确保决策更加科学和民主。

最后是人工智能强化了模拟与预测技术。人工智能中的模拟与预测技术同样在基层党建的长期规划中发挥着重要作用。通过历史数据和环境因素的分析，人工智能可以帮助党组织预测未来可能出现的社会挑战，并提前制定应对方案。例如，人工智能可以通过对社会经济发展趋势进行分析，预测某些政策的长期影响，帮助党组织在制订年度或更长周期的工作计划时更加游刃有余。这种预见性和前瞻性的决策支持，特别适用于应对基层治理中不可预测的变化，如突发事件的管理、政策的舆情反应等。通过智能预测技术，党组织可以在复杂的社会环境中保持决策的主动性和科学性。

(二) 个性化党员教育与管理：增强了党组织的凝聚力与战斗力

党员教育与管理是基层党建工作的核心内容之一。传统的党员教育方式常常要借助书本、课堂等传统媒介，这些陈旧的方式往往难以满足不同党员的个性化需求。人工智能技术的发展，为党员教育与管理的个性化和精细化提供了新的可能。

首先，人工智能可以提供个性化的学习与教育。人工智能在个性化学习中的应用已逐渐成熟，通过学习分析技术，人工智能可以跟踪每位党员的学习进度、兴趣偏好和知识掌握情况，并据此为其推荐最适合的学习内容和学习方式。这一点在党建工作中尤为重要，因为党员的教育需要与其实际工作环境、个人发展阶段以及组织需求相契合。例如，对于刚入党的青年党员，人工智能可以推荐更多的党史知识和党建理论基础课程，而对于长期在基层一线工作的党员，人工智能可以为其推送社区治理、社会服务等实践性较强的课程。这种个性化的学习方式不仅提高了党员的学习效率，也增强了他们对组织的归属感。同时，研究还表明，基于人工智能的个性化学习不仅限于内容的推荐，人工智能还可以通过学习数据的分析，动态调整党员的学习路径和学习节奏，以确保每个党员都能最大限度地吸收学习内容。这种动态调整的机制有助于提升党员的学习效果，并在组织内部形成良性竞争和进步的氛围。

其次，人工智能可以将党员管理智能化。党员的管理工作是基层党建的重点，也是难点。传统的管理方式多依赖纸质档案和人工操作，信息更新慢、管理效率低。人工智能在党员管理中的应用，可以显著提高管理的效率和精度，实现党员管理的智能化和自动化。有研究表明，利用人工智能技术，可以通过构建智能化的党员管理平台，实现对党员的全生命周期管理。这个平台可以记录和分析每位党员的行为数据，包括其参与党组织活动的次数、学习表现、思想汇报等，从而为党组织提供全面的党员画像。通过对这些数据的深度分析，党组织可以实时了解党员的思想动态，及时发现党员中可能存在的思想问题或纪律问题，并采取相应的措施进行教育引导。这种基于数据的管理模式，极大地增强了党员管理的科学性和精细化水平，确保每位党员都能始终与组织的高度保持一致。此外，人工智能还可以通过智能考核系统，自动生成党员的考核报告。这个系统不仅可以减轻党务工作者的工作量，还能够确保考核的公平性和客观性。通过智能化考核，党组织可以更加准确地评价每位党员的工作表现和思想状况，从而激励党员不断提升自身素质和能力。

最后，人工智能的参与有利于加强党内沟通与协作。人工智能技术还可以大幅提升党组织内部的沟通与协作效率。通过智能聊天机器人、语音识别等技术，党组织可以实现党员与组织之间的实时互动，极大地缩短了信息传递的时间。例如，党组织可以通过人工智能助手及时向党员推送最新的政策解读、活动通知和学习资料，而党员也可以通过智能系统实时向组织提交意见建议或咨询问题。这种智能化的互动方式，不仅提高了信息传递的效率，还增强了党员对党组织的参与感和信任度。更为重要的是，人工智能技术还可以通过数据分析识别出组织内部的沟通瓶颈，帮助党组织优化内部沟通机制，确保每位党员都能及时、准确地获取所需的信息。这种沟通的顺畅性，对提升党组织的凝聚力和战斗力至关重要。

(三) 党建宣传与社会动员：扩大了党的影响力与号召力

基层党建工作的重要目标之一是通过宣传党的政策、理念和成就，增强党在群众中的影响力和号召力。传统的党建宣传方式主要依赖线下活动和传统媒体，覆盖面有限且难以精准影响到目标受众。人工智能技术在党建宣传中的应用，能够显著提升宣传的广度和深度，扩大党的影响力。

首先，人工智能可以将党组织的宣传策略进行精准化处理。人工智能技术可以通过对社交媒体、互联网搜索行为和舆情数据进行分析，实现党建宣传的精准化。研究指出，通过大数据和机器学习技术，党组织可以精准定位目标受众，分析其关注的热点话题、兴趣领域和社交行为，从而制定更加有效的宣传策略。例如，党组织可以利用人工智能系统识别出特定社区或群体对某些政策的关注度，然后根据这些分析结果制定针对性的宣传内容。这种精准化的宣传方式，不仅能够提高宣传的效果，还可以有效避免资源浪费。此外，人工智能还可以帮助党组织进行舆情监测，及时发现和应对负面舆论，确保党的政策与理念能够被正确理解和传播。这种基于数据的宣传策略，不仅使党的声音能够在复杂的舆论环境中更加清晰地传播出去，也增强了党的公信力和影响力。

其次，人工智能擅长自动生成并优化宣传内容。人工智能技术还可以通过自然语言生成技术自动生成宣传文案、新闻稿件和宣传标语，极大地提高党建宣传的效率。这一技术的应用不仅解放了人力资源，还能够确保宣传内容的一致性和准确性。例如，人工智能可以基于对党的政策文件、会议记录和媒体报道的分析，自动生成符合宣传需求的文案，并通过多渠道发布到目标受众中。与此同时，人工智能还可以通过对用户反馈数据进行分析，实时优化宣传内容和传播策略，确保宣传内容更具吸引力和说服力。这种智能化的内容生成与优化,不仅提高了党建宣传的效率,还能使宣传内容更加精准、动态地适应目标受众的需求和期望,进而提高宣传的影响力和效果。

最后,人工智能可以帮助基层党组织创新他们的宣传方式。人工智能技术还为党建宣传带来了许多创新的形式,特别是在虚拟现实(VR)、增强现实(AR)和混合现实(MR)等新兴技术的支持下,党组织可以为党员和群众提供全新的互动体验。例如,通过 VR 技术,党组织可以制作虚拟的红色教育基地,党员和群众可以通过佩戴 VR 设备亲自参观和学习党的历史、重大事件及革命精神。这种沉浸式的学习和宣传方式,不仅增强了宣传的感染力,还极大地提高了党员和群众的参与感。另外,AR 技术也可被用于党建宣传的现场活动中,例如在党史展览中,通过 AR 眼镜或手机应用,观众可以看到丰富的多媒体内容,进一步理解展品的历史背景和意义。这些新颖的宣传方式不仅能够吸引更多的年轻群体参与党建工作,还能在全社会范围内更广泛地传播党的声音。

二、人工智能助力基层党建面临的现实困境

尼尔·波兹曼曾经说过:"每一种技术都既是包袱又是恩赐,不是非此即彼的结果,而是利弊同在的产物。"[1]在中国,将人工智能技术运用到基层党建工作中仍处在起步阶段。人工智能技术的蓬勃发展既为基层党组织的工作提供了新的思路,也带来了新的挑战。在多种因素的影响下,人工智能助力基层党建在监管、数据安全、内容与形式、人才队伍建设等方面存在短板,需要引起我们的重视。

(一)人工智能技术的应用和监管体系需要完善

人工智能作为一项新的技术,它在党建领域施展拳脚必然要对已有的工作体系和工作逻辑造成冲击。有学者指出,人工智能发展便利了社会生活,但也在客观上对法律规则的重构提出了现实诉求。[2]党的十八大以来,党和政府根据人工智能技术发展的新情况新问题出台了多项法律法规,但是这些法律法规大多数聚焦于宏观层面的引导和概括,在实践层面依然缺乏精细化的指

---

[1] [美]尼尔·波兹曼:《技术垄断:文化向技术投降》,何道宽译,中信出版集团 2019 年版,第 3 页。
[2] 高奇琦、张鹏:《论人工智能对未来法律的多方位挑战》,《华中科技大学学报(社会科学版)》2018 年第 1 期。

导。虽然我们国家公布了《生成式人工智能服务管理暂行办法》，但是暂行办法只是法规的一种形式，涉及面窄且具有较强的局部性；而基层党建工作事务繁多，信息复杂，现有的暂行办法很难兼顾到基层党建问题的方方面面。另外，基层党组织的工作人员在利用人工智能技术开展基层党建时，只有技术的使用权，对这项技术的底层算法逻辑并没有一个深入的了解，那么这样一来通过监管来保障党建工作权威性的可行性大大降低。最后，当前的基层党组织并没有对人工智能技术应当应用于哪些领域进行正式界定，将人工智能技术在党建工作中泛化容易导致人们对这项新技术产生误解，影响基层党建工作的正常开展。

（二）技术形式主义问题需要纠正

随着人工智能技术和基层网络党建的深度融合，越来越多的基层党组织推出了各式各样的党建 App、党建微信公众号、党建微信小程序等虚拟党建平台。首先要充分肯定基层各级党组织为适应互联网时代的党建工作所做的努力，但是我们也必须要看到这种做法带来了一个非常现实且棘手的问题。那就是由于缺乏技术维护和管理人员，有相当一部分基层党建网络系统彻底沦为"僵尸平台"。其次，过度留痕也成为技术形式主义的一个具体表现。部分基层党组织为实现基层党建工作的信息化管理，要求大小事务都需要在网络平台上留有记录，做到线上和线下的同步。这种做法的出发点可以理解，但是事实上却给基层的党员干部带来沉重的负担，造成了工作系统信息超载、管理人员信息疲劳等一系列问题。最后，智能算法的滥用还有可能造成技术依赖。一些党员干部为"省事儿图方便"，党建事务无论大小全部都放在党建信息化平台上进行处理，与其他党员干部或者群众的沟通也主要通过社交媒体进行。这样一来不仅容易疏远党员与党组织的关系，还有可能会带来党员干部脱离实际、脱离群众的风险。

（三）数据安全未得到有效保障

人工智能技术在为基层党建带来便利的同时，也会带来一系列的问题，首要的便是数据安全问题。第一，人工智能技术有可能对党组织和党员个人的隐私权造成威胁。在人工智能技术大量运用的智慧党建平台，党组织或者党员个人要想使用智慧党建平台的全部功能，就必然要让渡相当一部分的数据所有权和使用权。由于多种因素的客观存在，例如平台管理者或者用户自身的安全意识不到位，平台存在安全技术漏洞等多重原因引发私密信息泄露，导致党组织和党员个人的数据隐私权遭到侵犯。第二,人工智能技术可能会使一些关键数据彻底沦为可交易的商品,最终造成这些关键数据被滥用。目前,中国大部分地区的基层党组织并不具备单独开发智慧党建平台的技术能力,他们大多依靠互联网技术公司进行软件开发和辅助运行。即便有很少一部分发达地区的基层党组织有能力搭建党建平台,但是该平台运行的核心算法依旧来自互联网技术公司。由于互联网技术公司背后运营的逻辑是资本逻辑,他们有时会出于商业利益或者其他利益的考量,优先考虑经济效益而不是社会效益,例如将收集得来的党组织和党员数据进行交易,造成党建数据泄露从而危害党建数据安全。此外,部分互联网技术公司出于节省运营成本的考虑,并没有针对其开发设计的平台搭建起与之配套的数据安全保护体系,不法分子就有机会攻破防火墙窃取私密信息。这样不仅侵犯了党员个人的隐私权,还会对党组织的政治安全造成威胁。

(四)"信息茧房"问题亟待解决

"信息茧房"是指人们关注的信息领域会习惯性地被自己的兴趣所引导,从而将自己的生活桎梏于像蚕茧一般的"茧房"中的现象。在智能算法和人工智能技术大量应用的当代社会,人工智能技术会大量收集用户的信息,为用户的行为特征进行模拟画像,再根据用户的行为特征将其感兴趣的内容利用算法推送到他们的智能终端,使得用户选择性获取的内容与用户的兴趣爱好及行为习惯逐渐趋同。事实上"信息茧房"这个概念在互联网诞生之前就已经存在,但是人工智能技术的广泛使用让这个"茧房"越来越牢固。互联网时代网络信息纷繁复杂,大多数用户真正感兴趣的内容难免带有娱乐化、通俗化、生活化的色彩,而这些特点与传统意义上的党建内容是背道而驰的。党建信息具有较强的政治性和严肃性,这就容易造成党建信息不太容易吸引人们的眼球或引起读者的兴趣,从而使得党建信息无法和算法推荐技术相互配合达到更好的传播效果,造成党建信息点击阅读量普遍较低、传播速度慢、传播范围窄等一系列问题。因此主流意识形态凝聚社会共识的难度大大增加,基层党建的工作也会比以往更加难做。

(五)基层党组织缺乏人工智能方面的专业人才

尽管人工智能技术发展速度迅猛,倘若要实现可持续发展,必然要建立起一个庞大的人才培养体系,保证始终有新鲜血液注入这一领域。人工智能技术内容复杂,涉及面广,需要大量的复合型人才。运用好人工智能技术不仅需要掌握编程语言、机器学习、离散数学、统计学、计算机视觉等专业性较强的科目,还需要有丰富的实践经历去应对各种突发情况。只有具备以上素养,才能根据不同的应用场景开发出不同的大模型和应用程序。驾驭人工智能技术需要的是复合型人才,要求其既具备较强的专业性,又具备一定的行业性。根据领英大数据显示,全球人工智能人才的总体供给大约为340万人,其中深度学习人才仅有9.5万人,而中国的人工智能人才总数仅为5万。这一数据反映了中国在人工智能领域的专业人才储备相对较少,与全球其他国家相比,中国的人工智能人才数量远远不能满足当前产业发展的需求,具体到基层党建这一特殊领域的专业人才则更为稀缺。这一短板直接影响了基层党建的智能化发展,成为了人工智能技术嵌入基层党建工作的一大障碍。

三、人工智能助力基层党建的策略构想

党的二十届三中全会通过的《中共中央关于进一步全面深化改革推进中国式现代化的决定》多次提及人工智能这个概念,比如在健全网络综合治理体系方面,要求"完善生成式人工智能发展和管理机制";在完善公共安全治理机制上,要求"建立人工智能安全监管制度"。在浦东开发开放30周年庆祝大会上习近平总书记也强调:"要聚焦关键领域发展创新型产业,加快在集成电路、生物医药、人工智能等领域打造世界级产业集群"。人工智能技术是一项颠覆性技术,如果运用得当将会释放出无限的潜能。因此,我们不必过度担忧人工智能技术在基层党建工作中所产生的问题,而是应该积极应对,结合实际情况提出有效的应对策略。

(一)构建适应人工智能技术特点的制度机制

人工智能要想完全释放其在基层党建工作中的潜力离不开合理的制度机制,合理有效的制度机制可以帮助基层党组织规避风险,放大机遇。

首先,我们要强化制度保证,推动相关领域的法律法规不断完善。新时代以来,党和国家高度关注互联网领域新兴技术的发展,近年来针对人工智能这一关键领域,国家出台了多项法律法规,目的是规范人工智能技术的合理使用和健康发展。但是我们必须要意识到,关于党建信息化以及党建智能化的法律规章制度依然不够健全,这是我们下一步应当努力的方向。我们要尽快出

台人工智能领域的法律法规，尤其是与基层智能党建相关的法律法规，为人工智能技术助力基层党建保驾护航。

早在2022年9月，上海通过《上海市促进人工智能产业发展条例》（以下简称《条例》），《条例》于10月1日起实施，这是人工智能领域的首部省级地方法规。《条例》还规定了市有关部门可以就人工智能产业发展过程中的轻微违法行为等制定依法不予行政处罚清单。允许试错也将使科学家在该领域的探索更加大胆，激发其创新活力。《条例》对目前人工智能产业发展现存主要问题与核心问题的针对性极强，在人工智能大规模应用落地的制度保障方面进行了开创性的探索。

其次，我们应该建立起富有针对性的领导机制。我们应当努力提升基层党员干部综合运用人工智能技术的能力，不断完善基层党组织领导干部和领导集体的选拔用人机制。我们可以尝试让基层党委牵头成立一个关于智能党建的委员会或者领导小组，为基层智能党建各项活动的开展掌舵，确保人工智能技术的应用服务于党的基层治理。

再次，我们应当进一步优化现有的监管机制，加强对私密数据的保护。政府部门要积极作为加强监管，加大对数据违法犯罪行为的惩戒力度。党建智能平台的设计和制造方也应当提高政治意识和大局意识，自我监管，自我约束，建立起一个凝聚各方的行业共识，使用最新的技术手段对基层党建信息进行加密，提高基层智能党建平台的访问权限，保证党建数据安全可控。基层党组织以及党员干部在日常工作中也应当加强保密培训，提高党员干部在信息时代的信息安全意识，杜绝泄密的可能性。

最后，基层党组织还应该重视绩效管理，构建在人工智能背景下基层党建工作的绩效考评机制。基层党组织要对已有成绩进行分析论证，找到需要持续创新提高的优点和需要立即终止的缺点。对管理人员的绩效考核不仅要完善内部评价，还要积极引入第三方评价，例如群众的感受评价和科技企业的技术评价，尽量确保评价的客观性。对已有的智能化党建平台的绩效考核要做到公正无私，严格把关智能化党建平台发布的内容，对于那些更新缓慢或长期处于不活跃状态的平台进行责令整改或者取缔，保障基层智能化党建平台的高质量发展。

（二）加强智能化党建平台的内容建设

加强智能化党建平台的内容建设，丰富和完善其内容是提升党建工作质

量、推动党建信息化进程的必由之路。做好新时代智能化党建平台的内容建设,我们可以尝试从以下几个步骤展开:

首先,我们可以打造一个党建资源百宝箱,建立一个覆盖面较广的党建资源数据库。俗话说内容为王,智能化党建平台成功运行的关键点在于其内容不仅要量大管饱,还要能够服众。基层党组织应当整合各类党建资源,包括党史、党章、党规、政策文件、领导讲话等基础内容,形成一个全面、系统的党建资源库。除此之外,无论内容还是形式都要做到实时更新,我们可以增加包括党建知识问答、在线课程、党员学习心得在内的创新性内容,增加互动吸引大众,提升公众的参与度。平台还要做到同党中央保持高度一致,按时更新党的最新理论成果,确保平台能够及时跟进党的最新思想理论和政策动态,满足党员和基层党组织的学习需求。

其次,平台的内容不仅要做到精准投放,还要做到具有个性,适当迎合大多数党员群众的审美趣味。基层党组织通过大数据和人工智能技术,可以轻松实现精准推送和个性化定制。智能化党建平台应根据党员的学习习惯、兴趣爱好和岗位需求,自动推送相应的党建内容。例如,算法一般会将与每日工作密切相关的案例分析和政策解读推送给基层干部;而为了照顾到更广大的人民群众,智能算法一般会将通俗易懂的党史党建知识推送给他们。通过这种方式,能够提高党员的学习效率,增强学习的针对性和实效性。同时,智能化党建平台应允许用户自主选择学习内容和路径,满足不同层次、不同类别党员的个性化需求。再次是要强化互动性与参与度。智能化党建平台的内容建设不应仅限于单向的信息传递,而是更应注重互动性和参与度的提升。可以引入多种形式的互动功能,如在线讨论、实时问答、虚拟课堂等,鼓励党员积极参与,分享心得和经验。平台还可以设置党建知识竞赛、学习积分制等激励机制,调动党员的学习积极性,形成良好的学习氛围。通过增强互动性,平台不仅能够提升内容的吸引力,还能加强党内沟通和经验交流,有效推动党的思想建设。

最后,还需要保障内容的权威性和规范性。智能化党建平台的内容建设必须保证信息的权威性和规范性。这要求平台在内容发布前进行严格的审核,确保信息来源可靠、内容准确无误。同时,应制定明确的内容管理规范,对不符合要求的内容及时进行清理和修订。此外,还应建立内容反馈机制,及时收集党员的意见和建议,不断优化和改进平台内容的质量及呈现方式,确保平台始终保持高质量、高标准的内容输出。

在2023年的10月，由浦东建设与中国银行上海市浦东分行打造的"复兴壹号"智慧党建平台正式上线。"复兴壹号"智慧党建平台契合了浦东建设不断探索具有新时代特征、引领区特点和企业特色的党建品牌深化培育理念，充分运用数字化的优势创新党建工作，将传统的工作方式、方法与现代网络信息技术有机结合，打造高效、便捷的"一站式""一网通"党员教育管理数字化平台，释放党员教育管理的叠加效应、聚合效应、倍增效应。这个平台涵盖党组织建设、党员学习教育、党组织生活、党费收缴管理、融媒体中心、互动专区、群团工作、文化建设、运营管理等九大功能模块，有效实现党支部间互联互通、党员学习沉浸互动、发展党员全过程监管、数据统计优化智能等目标，有效将党的政治优势、组织优势转化为治理效能，让"数智化党建"赋能企业高质量发展更放异彩。

(三) 完善基层党组织人工智能技术人才培养机制

完善基层党组织人工智能技术人才培养机制，是推动基层党建高质量发展的关键所在。人工智能技术的发展要求基层党员领导干部必须具备一定的科技素养，人工智能时代的科技素养具体指的是"具备理解人工智能的运作方式，并能与人工智能协作的知识、技能、情感、态度、价值观等素养的综合"。[1] 首先，应当重视党建智能化的人才培育体系，主要分为内部培养和外部引进两种方式。内部培养要求我们的各级党组织加大对基层党组织的扶持力度，多多开展技能培训会、理论研讨会，帮助基层党员干部提升包括智能技术和信息安全在内的多项能力，争取使每位基层的党建工作人员都能独当一面。外部引进则要求我们充分研究并构建起智能党建技术人才的双向甚至多向交流机制，打造一支基本业务能力过硬又善于运用新技术的干部队伍。例如，宝山区推出了一项全新的基层治理试点项目，旨在通过AI助手赋能年轻社工，特别是95后这一新兴群体，成为"全科社工"。这一项目不仅代表了科技公司在AI领域的领先地位，更预示着基层治理模式的全新升级。通过智能分析与决策支持，年轻的社工们在面对社区管理中的棘手问题时可以更加自信和从容。这一创新举措大大提升了基层治理的效率，并且有望在其他地区推广。其次，我们还要坚持以人民为中心的基本立场，通过各种丰富多彩的趣味活动或者教育培训增加广大群众的互联网知识，提高他们辨别真假信息的能力，克

---

[1] 罗亮：《人工智能驱动思想政治教育创新的时代价值与实践策略》，《思想理论教育》2021年第3期。

服智能算法带来的负面影响,打破信息茧房。

除了主动提高基层党员干部的科技素养以外,我们还要学会善于借助外力,具体来说就是利用科创企业的智力优势。基层党组织可以加强与科创企业的合作,例如选派主要领导干部前往科创企业的研发管理部门挂职锻炼,或者聘请科创企业的技术人员为基层智能化党建平台的运营提供技术指导,帮助基层的党员干部提高工作水平,补齐人才队伍的短板。

图书在版编目（CIP）数据

中国式现代化与浦东引领区建设 / 邢炜等主编. -- 上海：上海社会科学院出版社，2025. -- ISBN 978-7-5520-4763-9

Ⅰ. D675.13

中国国家版本馆 CIP 数据核字第 2025JY5279 号

中国式现代化与浦东引领区建设

主　　编：	邢　炜　张武君
责任编辑：	应韶荃
封面设计：	李　廉
出版发行：	上海社会科学院出版社
	上海顺昌路 622 号　邮编 200025
	电话总机 021-63315947　销售热线 021-53063735
	https://cbs.sass.org.cn　E-mail：sassp@sassp.cn
照　　排：	南京前锦排版服务有限公司
印　　刷：	苏州市古得堡数码印刷有限公司
开　　本：	710 毫米×1000 毫米　1/16
印　　张：	19.75
字　　数：	342 千
版　　次：	2025 年 7 月第 1 版　2025 年 7 月第 1 次印刷

ISBN 978-7-5520-4763-9/D·762　　　　　　定价：98.00 元

版权所有　翻印必究